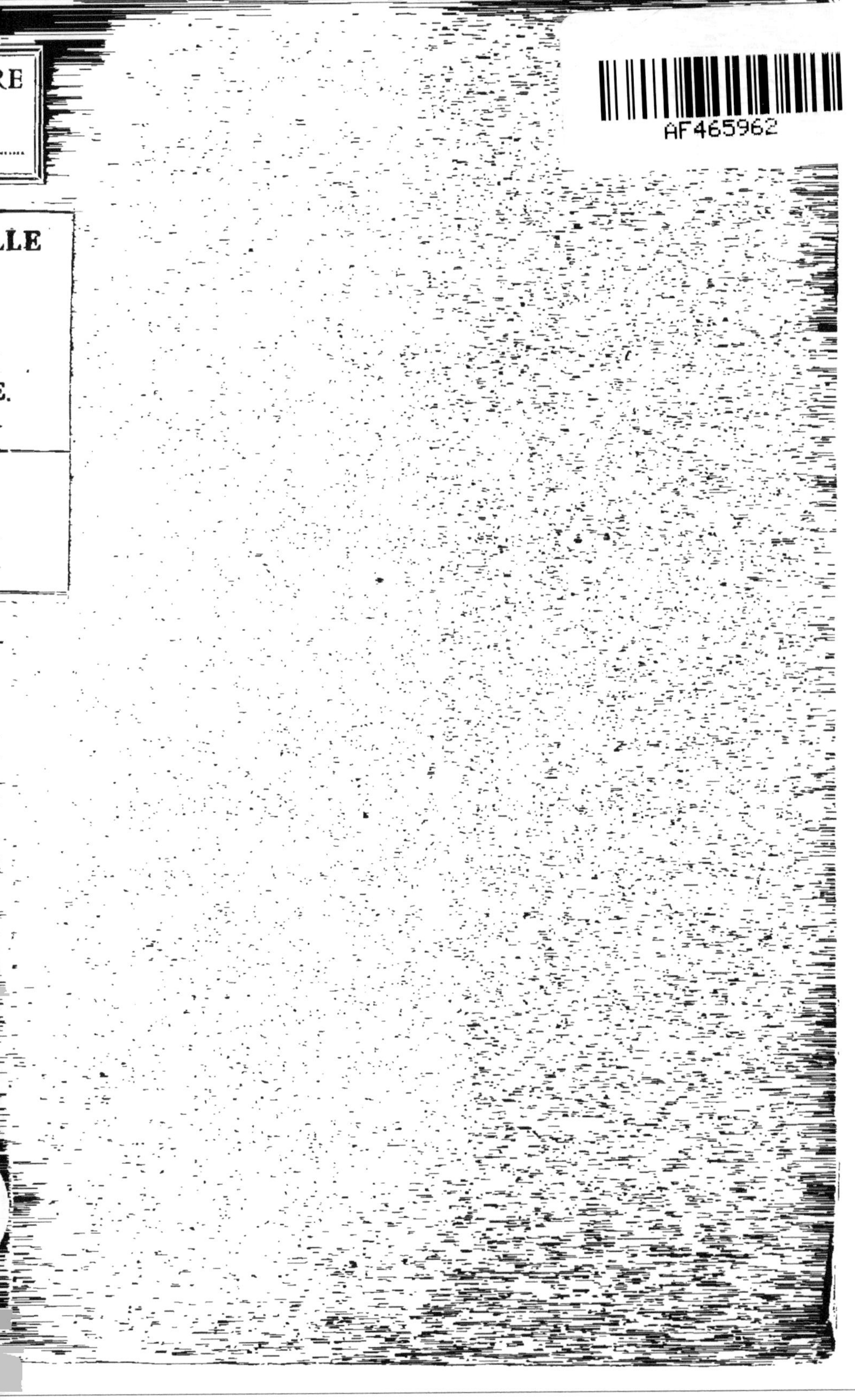
AF465962

10 vol. publiés en plus de 100 liv.; 50 c. la liv. de 2 feuilles.

L'ouvrage complet, 37 fr. 50 c.—En payant 75 livr. à la fois ou partiellement, on recevra celles en sus *gratis*.

COURS COMPLET

DE

LANGUE FRANÇAISE

Grammatical, Littéraire, Philosophique, Politique, Moral et Religieux,

THÉORIQUE ET ESSENTIELLEMENT PRATIQUE

OU

MÉTHODE RATIONNELLE, PROGRESSIVE ET ANTI-UNIVERSITAIRE,

A l'aide de laquelle on peut, dans un très-court espace de temps, se rendre maître de toutes ses pensées et de la langue française;

PAR **BESCHERELLE** JEUNE,

Professeur de Langues anciennes et modernes.

PARTIE ÉLÉMENTAIRE :

LECTURE 1 vol. — **GRAMMAIRE**, avec Exercices et Corrigé, 3 vol — **LOGIQUE**, avec Modèles d'Analyse, 2 vol.

PARTIE LITTÉRAIRE :

SYNONYMES, Exercices et Corrigé, 2 vol. — **POÉSIE**, 1 vol. — **RHÉTORIQUE**, 1 vol.

Tous ceux qui suivront ce Cours seront en état non-seulement de bien *parler* et de bien *écrire*, mais encore de faire un *discours*.

1er Volume. — LECTURE.

PARIS,

L'AUTEUR, RUE DE RIVOLI, 10.

1852

COURS COMPLET

DE

LANGUE FRANÇAISE,

COMPRENANT :

1° LA LECTURE ;
2° LA GRAMMAIRE ;
3° LA LOGIQUE ;
4° LES SYNONYMES ;
5° LA POÉSIE ;
6° LA RHÉTORIQUE.

Par BESCHERELLE jeune, Professeur.

Tous ceux qui suivront ce Cours, dans toutes ses parties, seront non-seulement en état de bien *parler* et de bien *écrire*, mais encore de faire ou de prononcer un *discours*.

PARIS,
LÉAUTEY, IMPRIMEUR,
Rue Saint-Guillaume, 21, faub. St.-Germain.

1850.

COURS COMPLET

DE

LANGUE FRANÇAISE,

COMPRENANT :

1° LA LECTURE ;

2° LA GRAMMAIRE ;

3° LA LOGIQUE ;

4° LES SYNONYMES ;

5° LA POÉSIE ;

6° LA RHÉTORIQUE.

Par BESCHERELLE jeune, Professeur.

[illegible]

PARIS

[illegible], IMPRIMEUR,

Rue [illegible], 31, [illegible]

1850.

COURS COMPLET

DE

LANGUE FRANÇAISE.

LECTURE.

Imprimerie de Léautey, rue Saint-Guillaume, 21.

COURS COMPLET

DE

LANGUE FRANÇAISE,

THÉORIQUE ET ESSENTIELLEMENT PRATIQUE,

Commençant à la **Lecture** et finissant à la **Rhétorique**.

Par **BESCHERELLE** jeune,

Professeur de langues anciennes et modernes,
auteur de la *Grammaire nationale*, etc., et de *l'Orthographe d'usage*
EN 60 LEÇONS.

Felix qui rerum potuit cognoscere causas.

LECTURE.

PARIS,
L'AUTEUR, RUE SAINT-HONORÉ, 293.

1850.

COURS COMPLET

DE

LANGUE FRANÇAISE,

THÉORIQUE ET ESSENTIELLEMENT PRATIQUE,

Conforme à la [illegible]

Par BESCHERELLE Jeune

Professeur de langues anciennes et modernes

Auteur de la [illegible]

EN 60 LEÇONS.

[illegible]

LECTURE

PARIS,

L'AUTEUR, RUE SAINT-HONORÉ, 208.

1850.

PRÉFACE.

Il y a sur la langue française un nombre infini de Gammaires, de méthodes et de traités; mais, jusqu'à présent, on n'avait pas su en former un corps complet de doctrines. Nous ne parlerons pas de la *Grammaire* de MM. Noël et Chapsal qui laisse tant à désirer ! ni de la Grammaire des Grammaires qui ne décide rien, encore moins parlerons-nous de MM. Lamare et Boniface. Si leurs ouvrages étaient plus développés et moins systématiques, s'ils faisaient mieux connaître les véritables lois qui régissent notre langue ; ils rendraient d'incontestables services à l'enseignement ; mais ce ne sont que des aperçus, souvent pleins de profondeur, sur des questions de métaphysique, bons pour ceux qui aiment à se bercer l'intelligence dans de vaporeuses généralités et assez peu utiles à ceux qui veulent apprendre.

Ce fut dans le but de régénérer la Grammaire en lui donnant un nouvel aliment pour l'observation de la nature, et à l'aide d'une étude plus soignée des faits que nous publiâmes la *Grammaire nationale*. Aussi avec quelle ardeur, quel enthousiasme ne fût-elle pas accueillie, non-seulement dans toutes les parties de la France, mais encore à l'étranger ! C'est que cet ouvrage, bien différent de tous ceux qui l'avaient précédé, n'établissait pas de règles *à priori ;* c'est que, pour la première fois, il montrait le génie de la langue se développant sous la main de nos grands hommes ; c'est qu'il était comme l'écho vivant de l'*usage*. Personne ne s'y est trompé, et si nous avions pu douter un seul instant du succès de notre livre, l'éloge qu'en ont fait les organes de l'opinion publique, les suffrages dont l'ont honoré la plupart des sociétés savantes, auraient suffi pour nous convaincre que nous avions réellement atteint le but que nous nous étions proposé. Mais un accueil aussi flatteur ne nous a pas aveuglé sur les imperfections et les lacunes de notre livre.

Le Cours complet de langue française que nous publions vient donc combler tout ce qui manquait à notre première œuvre. Depuis la Lecture jusqu'à la Rhétorique il contient tout ce qu'il est utile et indispensable de savoir pour arriver à la connaissance parfaite de notre belle langue. *Théorique et essentiellement pratique*, il forme un faisceau vraiment complet de doctrines où toutes les parties, comme les anneaux d'une chaîne, se lient étroitement les unes aux autres. En un mot, il est disposé de telle sorte qu'un commençant qui ne sait rien puisse, après avoir étudié chaque partie de notre cours, et sans le secours de tout autre livre, être en état de bien parler et de bien écrire. A cet effet, notre ouvrage comprend dans l'ordre suivant :

1° La LECTURE;

2° L'ORTHOGRAPHE D'USAGE et L'ORTOGRAPHE DE PRINCIPES;

3° Le PARTICIPE PRÉSENT et le PARTICIPE PASSÉ;

4° La PONCTUATION;

5° La PRONONCIATION ;

6° L'ANALYSE LOGIQUE et L'ANALYSE GRAMMATICALE;

7° La CONSTRUCTION;

8° Le GENRE DES MOTS;

9° Les SYNONYMES;

10° La POÉSIE suivie d'un DICTIONNAIRE DE RIMES;

12° La RHÉTORIQUE.

Nous ne croirions pas encore notre ouvrage complet si nous ne le faisions suivre :

1° D'une liste de TOUS LES VERBES FRANÇAIS avec leurs PARTICIPES PRÉSENTS et PARTICIPES PASSÉS déclinables et indéclinables ;

2° D'une liste de TOUS LES VERBES PRONOMINAUX variables ou invariables ;

3° D'une liste complète de TOUS LES HOMONYMES ;

4° D'une liste complète de TOUS LES MOTS COMPOSÉS avec leur variabilité ou leur invariabilité ;

5° Enfin, d'une liste de TOUS LES MOTS en *al* qui prennent *s* au pluriel ou se terminent en *aux*.

Depuis longtemps, l'enseignement sentait la nécessité d'un pareil livre. En effet, de la Lecture à la Rhétorique, quel chemin à parcourir ! que de livres, que de méthodes diverses à étudier ! et, en cela, le choix n'est pas des moins embarrassants. Vingt professeurs, vingt systèmes. Auquel faut-il accorder la préférence ? Aussi entendons-nous demander, tous les jours, quel est le meilleur Traité de lecture ? quelle est la meilleure Grammaire ? quelle est la meilleure Logique ? quelle est la meilleure Rhétorique ? A ces questions, nous l'avouerons, nous avons toujours été très embarrassé de répondre. Pour nous, nous ne voudrions pas qu'on apprît la Lecture avec *Boniface*, la Grammaire avec *Chapsal*, la Rhétorique avec *Leclerc*, tel autre science avec tel autre auteur ; mais nous voudrions un seul et même livre, une seule et même méthode, un seul et même auteur, un seul et même maître, pour l'enseignement de toutes ces parties. Dans notre conviction intime, rien n'est plus funeste au progrès des études que le changement de méthodes. Changer de méthodes avec un élève, c'est absolument comme changer de nourrices avec un enfant : l'esprit de l'un, comme le corps de l'autre, s'en trouve profondément altéré. C'est dans le but de remédier à un mal trop réel et trop généralement senti que nous nous sommes mis à l'œuvre, et que nous avons entrepris de fondre, en un seul, tous les livres sur la Langue française, afin qu'il servît, désormais, de guide et de régulateur suprême.

L'ouvrage forme six volumes. Le premier contient la *Lecture*; le second, la *Grammaire*, dans toutes ses parties; le troisième, les *Exercices;* le quatrième, le *Corrigé;* le cinquième, les *Synonymes;* le sixième, la *Poésie* et la *Rhétorique*.

Nous avons entrepris ce travail, avec d'autant plus d'empressement et de plaisir, qu'il manquait tout à fait à l'enseignement, et qu'il nous était demandé depuis longtemps, non-seulement de toutes les parties de la France, mais, disons-le sans exagération comme sans vanité, de tous les points du monde civilisé.

Honoré du suffrage d'un grand nombre de chefs d'institution, notre *Cours* s'adresse à toutes les classes de la société, à ceux qui savent, comme à ceux qui ne savent pas, à ceux qui étudient, comme à ceux qui enseignent, aux gens du monde, aux étrangers. Comme la Grammaire nationale, il renferme des milliers de phrases puisées aux meilleures sources, et qui, toutes, indépendamment de leur but spécial, ont l'inappréciable avantage de parler au cœur, et de former le goût et l'esprit.

Puisse le public accueillir ce nouvel ouvrage comme il a déjà accueilli tous les autres, nous n'ambitionnons pas d'autre récompense !

COURS COMPLET
DE LANGUE FRANÇAISE.

LECTURE.

PREMIERE PARTIE.

PREMIÈRE LEÇON.

A, B, C, D, E, F, G, H, I, J, K, L, M, N, O, P, Q, R, S, T, U, V, X, Y, Z, W.

a, b, c, d, e, f, g, h, i, j, k, l, m, n, o, p, q, r, s, t, u, v, x, y, z, w.

DEUXIÈME LEÇON.

Ba, Be, Bi, Bo, Bu.
Ca, Ce, Ci, Co, Cu.
Da, De, Di, Do, Du.
Fa, Fe, Fi, Fo, Fu.
Ga, Ge, Gi, Go, Gu.
Ha, He, Hi, Ho. Hu.
Ja, Je, Ji, Jo, Ju.
Ka, Ke, Ki, Ko, Ku.
La, Le, Li, Lo, Lu.
Ma, Me, Mi, Mo, Mu.
Na, Ne, Ni, No, Nu.
Pa, Pe, Pi, Po, Pu.

Qua,	Que,	Qui,	Quo,	Quu.
Ra,	Re,	Ri,	Ro,	Ru.
Sa,	Se,	Si,	So,	Su.
Ta,	Te,	Ti,	To,	Tu.
Va,	Ve,	Vi,	Vo,	Vu.
Xa,	Xe,	Xi,	Xo,	Xu.
Za,	Ze,	Zi,	Zo,	Zu.

TROISIÈME LEÇON.

Ab,	Eb,	Ib,	Ob,	Ub.
Ac,	Ec,	Ic,	Oc,	Uc.
Ad,	Ed,	Id,	Od,	Ud.
Af,	Ef,	If,	Of,	Uf.
Ag,	Eg,	Ig,	Og,	Ug.
Ah,	Eh,	Ih,	Oh,	Uh.
Aj,	Ej,	Ij,	Oj,	Uj.
Ak,	Ek,	Ik,	Ok,	Uk.
Al,	El,	Il,	Ol,	Ul.
Am,	Em,	Im,	Om,	Um.
An,	En,	In,	On,	Un.
Ap,	Ep,	Ip,	Op,	Up.
Aq,	Eq,	Iq,	Oq,	Uq.
Ar,	Er,	Ir,	Or,	Ur.
As,	Es,	Is,	Os,	Us.
At,	Et,	It,	Ot,	Ut.
Av,	Ev,	Iv,	Ov,	Uv.

Ax, Ex, Ix, Ox, Ux.
Az, Ez, Iz, Oz, Uz.

QUATRIÈME LEÇON.

Se prononcent A les mots qui s'écrivent par :

a, ac, ach, ha, ap, as, at, aac.

Pa-pa, da-da, ba-ba, tabac, al-ma-nach, ca-bas, ca-de-nas, ca-ne-vas, cer-ve-las, ga-le-tas, bas, pas, tas, chat, rat, é-tat, sol-dat, sé-nat, plat, es-to-mac, ma-la-ga, ce-là, ga-la, ho-là, pa-no-ra-ma, an-go-ra, o-pé-ra, er-ra-ta, no-ta, il va, vi-sa, le drap, les draps, un a-ca-cia, un li-las, le bras, le re-pas, le gras, le sol-dat, il man-gea, il son-gea, un coq har-di, les a-vo-cats, les dé-bats, le dio-ra-ma, un ma-te-las, un ga-le-tas, du taf-fe-tas, un rat, un mât, de l'or-geat, un at-ten-tat, u-ne fem-me, des fem-mes, un jour so-len-nel, des jours so-len-nels, pru-dem-ment, vio-lem-ment, ar-dem-ment, ex-cel-lem-ment.

CINQUIÈME LEÇON.

Bla, Ble, Bli, Blo, Blu.
Cla, Cle, Cli, Clo, Clu.
Fla, Fle, Fli, Flo, Flu.
Gla, Gle, Gli, Glo, Glu.
Kla, Kle, Kli, Klo, Klu.
Pla, Ple, Pli, Plo, Plu.

A-bo-mina-ble, sem-bla-ble, ca-pa-ble, bla-mâ-ble, dis-so-lu-ble, ex-plo-si-ble, cla-que, cla-quer, clas-se, clar-té, cla-ve-cin, cli-mat, clo-a-que, clo-por-te, clo-tû-re, gla-cé, gla-ner, glis-sa-de, glo-be, glu, pla-ce, pla-fond, pla-ge, plan, pla-nè-te, plant, plan-te, pla-que, plat, pla-te, pla-ta-ne, pla-ti-ne, plé-ni-tu-de, pli, pli-er, plis-ser, plomb, plon-ger, plu-me, plu-mer, la plu-part, plus-tard, plus-tôt, plu-ton.

SIXIÈME LEÇON.

Bra,	Bre,	Bri,	Bro,	Bru.
Cra,	Cre,	Cri,	Cro,	Cru.
Dra,	Dre,	Dri,	Dro,	Dru.
Fra,	Fre,	Fri,	Fro,	Fru.
Gra,	Gre,	Gri,	Gro,	Gru.
Pra,	Pre,	Pri,	Pro,	Pru.
Tra,	Tre,	Tri,	Tro,	Tru.
Vra,	Vre,	Vri,	Vro,	Vru.
Cha,	Che,	Chi,	Cho,	Chu.

Bras, cho-co-lat, bre-tel-le, bri-que, bro-che, je me br-ûle, le plan-cher cra-que, je cra-che, je me cra-va-te, je crie, la ta-ble fait cric-crac, il par-le d'un cro-co-di-le, le pa-vé est crot-té, ce chou est crû, cet-te dra-gée est a-mè-re, un dra-gon, des dra-gons, un dra-me, des dra-mes, un dra-peau, des dra-peaux, ce chi-en est bien dres-sé, c'est un bon dril-le, cet-te mé-de-ci-ne est u-ne dro-gue, ce chat est drô-le, l'her-be est drue, quel fra-cas ! l'o-rage a fra-cas-sé les ar-bres, la for-tu-ne est fra-gi-le, l'air est frais, la nuit est fraî-che, un hom-me sim-ple et franc, j'ad-mi-re vo-tre fran-chi-se, il par-le fran-che-ment, je me frap-pe, tu te frap-pes, il se frap-pe, nous nous frap-pons, vous vous frap-pez, ils se frap-pent, j'ai vu une fré-ga-te, un chê-ne, un frè-ne, une fri-cas-sée, du fri-cot, un fripon, u-ne fri-pon-ne-rie, un mer-lan frit, la fri-tu-re, un fris-son, je fris-son-ne, de la fri-tu-re, u-ne cho-se fri-vo-le, c'est u-ne fri-vo-li-té, le vent est froid, les nuits sont froi-des, du fro-ma-ge, des fro-ma-ges, du fro-ment, u-ne fron-de, le front, la fron-tiè-re, un fron-tis-pi-ce, qui s'y frot-te s'y pi-que, un re-pas fru-gal, l'es-pé-ran-ce est fu-gi-ti-ve, la pom-me est un bon fruit, à la grâ-ce de Dieu, mon-ter en gra-de, ce pou-let est gras, cet en-fant est grand, cet hom-me est gra-ve, il par-le gra-ve-ment, il a gra-vi la col-li-ne, u-ne jo-lie gra-vu-re, bon gré, mal gré, de gré à gré, c'est un grec, il est grê-lé, il grê-le, le che-val a des gre-lots, ga-re à la grif-fe du chat, ce chi-en est un grif-fon, le chat grif-fe, u-ne cô-te-let-te sur le gril, u-ne hor-ri-ble gri-ma-ce, u-ne grè-ve, du gros fil, u-ne gros-se tê-te, du gru-au, u-ne pra-ti-que, un pré, un en-fant pré-co-ce, u-ne pré-fa-ce, un pré-fet, un pré-ju-di-ce, un pré-ju-gé, un pré-lat, un pré-lu-de, un prê-tre, ce-la est pro-ba-ble, u-ne prune, u-ne tra-ce, u-ne tra-gé-die, un tré-sor, un tri-cot, un trô-ne, u-ne truf-fe, le vrai, u-ne vril-le.

SEPTIÈME LEÇON.

a, à, â, — e, é, ée, è, ê, ë, i, î, — o, ô, — u, û.

Il va à Ro-me, u-ne pat-te, de la pâ-te, je me pro-mè-ne, tu te pro-mè-nes, u-ne pel-le-tée, u-ne cor-vée, un au-tel d'é-gli-se, un hô-tel de rue, l'é-té, je me lè-ve ma-tin, quel gros mâ-tin ! Cet ar-bre est un hê-tre, mon li-vre n'est pas le vô-tre, ce bâ-ton n'est pas le nô-tre, ce-la est sûr, il va met-tre la plu-me sur le pu-pi-tre, c'est la fê-te de sa mè-re, il va en mer, il y a un mè-tre de ca-li-cot, don-ne ton é-cot, cet-te som-me est due, el-le est e-xi-guë. Cet hom-me a u-ne bel-le tê-te, u-ne i-dée, un ca-na-pé, du ca-fé, du thé, u-ne fée, u-ne dra-gée, u-ne pou-pée, un cu-ré, un ab-bé, u-ne gi-rof-flée, am-bi-guë, con-ti-guë.

HUITIÈME LEÇON.

gna, gne, gni, gno, gnu.

Je ga-gne, il ga-gna, un ga-gnant, un a-gneau, a-gnès, a-gnus, il a é-té con-dam-né au ba-gne, u-ne in-flu-en-ce bé-ni-gne, u-ne in-flu-en-ce ma-li-gne, la be-so-gne, la cha-ro-gne, il a la ro-gne, da-me ci-go-gne, c'est un i-vro-gne, quel-le tro-gne, com-me il gro-gne, il ac-com-pa-gne sa mè-re à la cam-pa-gne, il a mon-té au mât de co-ca-gne, il a vu la mon-ta-gne, u-ne li-gne, u-ne vi-gne, un si-gne, u-ne con-si-gne, un cy-gne, le chat é-gratigne, je le tré-pi-gne, il me dé-si-gna à ce gro-gnon, un cham-pi-gnon, des cham-pi-gnons, un com-pa-gnon, des com-pa-gnons, un gro-gnon, des gro-gnons, un ma-qui-gnon, des ma-qui-gnons, un mi-gnon, des mi-gnons, un ro-gnon, des ro-gnons, un tro-gnon, des tro-gnons, ce-la me ré-pu-gne.

NEUVIÈME LEÇON.

Se prononcent É les mots qui s'écrivent par :

e, ei, ey, ecs, et, est, etc, ai, aie, aient, ait, ais, aix, ay, he, hai.

Un au-tel, du sel, un grec, un hom-me cru-el, un li-vre, tel quel, un pei-gne, la rei-ne, le dey, le bey, un ba–lai, un dé-lai, un es-sai, ce li-las est frais, jo-li mois de mai, cela est vrai, ce vin est très frais, un pou-let, des pou-lets, un fi-let, des fi–lets, un mets, des mets, un pro–cès, des pro–cès, un ac–cès, des ac-cès, un ab–cès des ab–cès, il va a-près, il mar–che au-près, un ex–près, un cy-près, un ex-cès, un dé–cès, des os-se-lets, des re-grets, des suc-cès, un plu-met, des plu-mets, un bal-let, un ar-chet, un ban–quet, des ban-quets, un ba-te-let, un bei-gnet, des bei-gnets, un bi-det, des mets, des en-tre–mets, des é–checs, à son as-pect, il est cir-cons–pect, un por–te–respect, des por-te-res–pects, mes, tes, ses, u–ne craie, des craies, u-ne raie, des raies, il di–sait, ils di-saient, il di-rait, ils di–raient, il vou-lait, ils vou-laient, il vou–drait, ils vou–draient, un trait, du lait, un ma-rais, un pa–lais, il al-lait, ils al–laient, il i–rait, ils i–raient, la paix, un por–te–faix, des porte-faix, il pa–yait, ils pay–aient, u-ne her-be, des her-bes, un hê-tre, des hê-tres, la hai-ne, la haie.

DIXIÈME LEÇON.

psa, *pse*, *psi*, *pso*, *psu*.

Un psau-me, des psau–mes, un psau-tier, des psau-tiers, le psal–mis–te, un pseu-do–ny–me, des pseu–do-ny-mes, u-ne psi–ché.

ONZIÈME LEÇON.

VOYELLES SIMPLES.

e, e, i, o, u.

VOYELLES COMPOSÉES.

aa,	ae,	ai,	ao,	au,
ea,	ee,	ei,	eo,	eu,

ia, ie, ii, io, iu,
oa, oe, oi, oo, ou,
ua, ue, ui, uo, uu.

Je, me, te, se, nous, vous, leur, là, i-ci, co-co, bo-bo, brou-ha-ha, ba-ba, il tom-be, il tom-ba, A-a-ron, u-ne mai-son a-é-rée, du vin d'Aï, un peu d'ai-de ne fait pas de mal, un ai-gle est un oi-seau de proie, u-ne ai-guil-le, u-ne ai-gret-te, u-ne ai-le de pou-let, un peu d'ail, je n'ai-me pas l'ail, j'ai-me, tu ai-mes, il ai-me, nous ai-mons, vous ai-mez, ils ai-ment, ce-la est ai-sé, a-oût, a-o-riste, a-oû-te-ron, u-ne au-ber-ge, l'au-ro-re, j'ai du pain, tu en as aus-si, il en a plus que toi, nous en a-vons au-tant que lui, al-ler à l'au-tel, l'au-teur de la na-tu-re, u-ne beau-té, un beau-pè-re, un beau-frè-re, un beau-fils, des beaux-fils, u-ne cau-se, u-ne cau-se-rie, un cau-seur, de l'eau, des eaux, une é-chel-le, un é-che-lon, la mer E-gée, un é-go-ïs-te, de l'é-go-ïs-me, u-ne é-pée, u-ne cuil-le-rée, u-ne as-siet-tée, u-ne i-dée, un zo-ï-le, zo-o-la-trie, zo-o-lo-gie, un zo-o-lo-gis-te, un che-val fai-ble, u-ne voix fai-ble, un sloop, un sou-hait, un souf-flet, un sou, un sou-ci, u-ne sœur, un vœu, des vœux, les bon-nes mœurs, un bœuf, des bœufs, un œuf, des œufs, un o-a-sis, un bois, u-ne voix, u-ne fois, de la boue, du bou-din, de la bour-be, en-ten-dez-vous la mer brui-re? trop grat-ter cuit, trop par-ler nuit, je dis que oui, un duel, u-ne duè-gue, u-ne é-qua-tion, l'or-dre é-ques-tre, u-ne é-quer-re, l'é-qui-li-bre, u-ne é-qui-vo-que, u-ne pi-qû-re, le feu, le jeu, les dieux, des pieux, un oi-seau, des oi-seaux, u-ne oie, un oi-son, des oi-sons, du foie, un fouet, la foi, un roi, la loi, la soie, des noix, du cu-ra-çao, des no-yaux, la gueu-le du loup, un œil, des yeux, un aïeul, nos aïeux.

DOUZIÈME LEÇON.

Sca,	Scè,	Sci,	Sco,	Scu.
Squa,	Sque,	Squi,	Squo,	Squ.
Pha,	Phé,	Phi,	Pho,	Phu.
Tho,	The,	Thi,	Tho,	Thu.

Un scal-pel, un scan-da-le, des li-vres scan-da-leux, la va-ni-té est le sceau de la mé-dio-cri-té, u-ne â-me scé-lé-ra-te, un es-prit scé-lé-rat, u-ne scè-ne co-mi-que, un scep-tre, u-ne scie, un scieur, scier du bois, la scien-ce est pro-fi-ta-ble à tout le mon-de, de la sciu-re, a-voir le scor-but, le si-gne du scor-pion, la sculp-tu-re, un sculp-teur, sculp-ter, un a-do-les-cent, l'a-do-les-cen-ce, la con-va-les-cence, u-ne con-des-cen-dan-ce, u-ne ré-mi-nis-cen-ce, u-ne ef-fer-ves-cence, u-ne con-scien-ce é-las-ti-que, u-ne as-cen-sion, u-ne des-cen-te en pa-ra-chû-te, des fu-sils en fais-ceaux, des dis-ci-ples la-bo-rieux, u-ne scè-ne tra-gi-que, un sque-let-te, un squir-re, fai-re u-ne cho-se à ses ris-ques et pé-rils, al-ler jus-qu'à Ro-me, le pha-re du Hâ-vre, un pha-ri-sien, un phar-ma-cien, u-ne phar-ma-cie, vous êtes le phé-nix de ces bois, c'est un phé-no-mè-ne, c'est un phi-lan-tro-pe, Phi-lip-pe, phi-lo-mè-le, un bon phi-lo-so-phe, u-ne dou-ce phi-lo-so-phie, un ou-vra-ge phi-lo-so-phi-que, vi-vre phi-lo-so-phi-que-ment, u-ne phra-se, un pho-que, un phos-pho-re, un phy-si-cien en-sei-gne la phy-si-que, cet en-fant a u-ne heu-reu-se phy-sio-no-mie, Tha-lie est u-ne des neuf mu-ses, du thé noir, du thé vert, pren-dre le thé, le thé-â-tre de Cor-neil-le é-lè-ve l'â-me, ce-lui de Ra-ci-ne l'at-ten-drit, le thé-â-tre des ma-rion-net-tes, le thé-â-tre de Sé-ra-phin, un doux zé-phyr, le thon est un pois-son de mer, il y a dans ce jardin du thym, il est en fleur.

TREIZIÈME LEÇON

Se prononcent AN les mots qui s'écrivent par :

an and, ans, ant, anc, ang, han, amp, end, ens, ent, eng, hen, emps, empt, aen, aon, ean.

Un ar-ti-san, des ar-ti-sans, un ca-dran, des ca-drans, un can-can, des can-cans, un car-can, des car-cans, un char-la-tan, des char-la-tans, un cour-ti-san, des cour-ti-sans, un di-van, des di-vans, un é-cran, des é-crans, un é-per-lan, des é-per-lans, un faon, des faons, un paon, des paons, un taon, des taons, la vil-le de Laon, la vil-le de Caen, ma-man, un mer-lan, des mer-lans, un pay-san, des pay-sans, un ru-ban, des ru-bans, un sul-tan, des sul-tans, un tur-ban, des tur-bans, un ty-ran, des ty-rans, un vol-can, des vol-cans, un banc, des bancs, un é-tang, des é-tangs, du fer-blanc, un ha-reng, des ha-rengs, un o-rang-ou-tang, des o-rangs-ou-tangs, le flanc droit, le flanc gau-che, un hom-me franc, le rang, le sang, le champ, les champs, le camp, les camps, un chant, des chants, le chant des oi-seaux, le cou-chant, le mé-chant, le pen-chant, le tran-chant, l'ac-ci-dent, l'ad-ju-dant, le chien-dent, le con-fi-dent, u-ne dent, les dents, un in-ten-dant, des in-ten-dants, un fai-né-ant, des fai-né-ants, un gé-ant, des gé-ants, un en-fant, des en-fants, un é-lé-phant des é-lé-phants, un ac-cent, des ac-cents, un ac-ci-dent, des ac-ci-dents, un con-tre-sens, des con-tre-sens, un é-lé-ment, des é-lé-ments, le temps, des con-tre-temps, un guet-à-pens, des guets-à-pens, un pa-rent, des pa-rents, un ar-pent, des ar-pents, un han-gard, des han-gards, Hen-ri-Qua-tre, roi de Fran-ce, per-son-ne n'est e-xempt de la mort, un in-di-gent, des in-di-gents, un ré-gent, des ré-gents, un ser-gent, des ser-gents, un men-diant, des men-diants, l'o-rient, l'oc-ci-dent, un cerf-vo-lant, des cerfs-vo-lants, un é-tu-diant, des é-tu-diants, un in-sollent, des in-so-lents, un al-le-mand, des al-le-mands, un bri-gand, des bri-gands, un cha-land, des cha-lands, un dif-fé-rend, un fri-and, un ga-lant, un gland, un mar-chand, un tis-se-rand, des tis-se-rands, un mal af-fli-geant, u-ne nou-vel-le af-fli-gean-te, un hom-me chan-geant, u-ne fem-me chan-gean-te, un tra-vail dé-cou-ra-geant, u-ne be-so-gne dé-cou-ra-gean-te, un a-vis dé-so-bli-geant, u-ne i-dée dé-so-bli-gean-te, un re-gard ou-tra-geant, des re-gards ou-tra-geants, j'ap-prends, tu ap-prends, il ap-prend, je rends, tu rends, il rend, j'at-tends, tu at-tends, il at-tend, je fends, tu fends, il fend, je prends, tu prends, il prend, je sus-pends, tu sus-pends, il sus-pend, je vends, tu vends, il vend.

QUATORZIÈME LEÇON.

Sla,	Sle,	Sli,	Slo,	Slu.
Sma,	Sme,	Smi,	Smo,	Smu.
Spa,	Spe,	Spi,	Spo,	Spu.
Squa,	Sque,	Squi,	Squo,	Squ.
Sta,	Ste,	Sti,	Sto,	Stu.

Un sla-ve, des sla-ves, un sloop, des sloops, un spa-hi, des spa-his, un spar-tia-te, des spar-tia-tes, u-ne spar-tia-te, la vil-le de Spar-te, en Grè-ce, u-ne spa-tu-le, il a des spas-mes, u-ne spé-cia-li-té, spé-cia-le-ment, spé-ci-eu-se-ment, spé-ci-fi-que, un spé-ci-men, un spec-ta-cle, des spec-ta-cles, un spec-ta-teur, u-ne spec-ta-tri-ce, un spec-tre, des spec-tres, un spé-cu-la-teur, des spé-cu-la-teurs, cet en-fant est spi-ri-tu-el, il par-le spi-ri-tu-el-le-ment, un gou-ver-ne-ment sta-ble, il faut a-voir de la sta-bi-li-té dans sa con-dui-te, des eaux sta-gnan-tes, u-ne sta-tue de pierre, u-ne sta-tue co-los-sa-le, un stè-re de bois, un champ sté-ri-le, u-ne li-vre ster-ling, un sty-let, un sti-mu-lant, un sto-i-cien.

QUINZIÈME LEÇON.

Se prononcent IN les mots qui s'écrivent par :

in, yn, int, ins, ing, inct, inq, ens, ent, aim, ain, ains, aint, ein, eing, eins, eint.

Le syn-dic est tom-bé en syn-co-pe, il vint, il tint, il ob-tint, il s'abs-tint, il con-vint, il de-vint, il in-ter-vint, il main-tint sa pa-ro-le, il par-vint à la plus hau-te di-gni-té, il pré-vint le coup, il se res-sou-vint de sa pro-mes-se, il re-tint u-ne pla-ce, il sou-tint son o-pi-nion, un ar-le-quin, des ar-le-quins, un as-sas-sin, des as-sas-sins, un bam-bin, des bam-bins, un bas-sin, des bas-sins, du bou-din, un bro-de-quin, un bul-le-tin, un ci-ta-din, un co-quin, un cous-sin, un dau-phin, un des-tin, un de-vin, un dia-blo-tin, des gamins, des gour-dins, des jar-dins, des la-pins, des ma-ga-sins, des mou-lins, des or-phe-lins, des rai-sins, des re-quins, des se-rins, je m'abs-tins, tu con-vins, il de-vint, je main-tins, tu ob-tins, il par-vint, je pré-vins, tu re-de-vins, il se res-sou-vint, cet en-fant a bien de l'ins-tinct, cinq cents francs, les in-té-rêts sont dis-tincts, te-nez des dis-cours suc-cincts, u-ne li-vre ster-ling, il mon-tra les poings, il man-gea des con-fi-tu-res de coing, un e-xa-men, des e-xa-mens, un hy-men, des hy-mens, le jar-din d'E-den, le bien, le mien, le tien, le sien, un chien, des chiens, un ga-lé-rien, des ga-lé-riens, un ci-to-yen, des ci-to-yens, un en-tre-tien, des en-tre-tiens, un his-to-rien, des his-to-riens, un lien, des liens, un mé-ca-ni-cien, des mé-ca-ni-ciens, un mu-si-cien, des mu-si-ciens, un pa-ri-sien, des pa-ri-siens, un phar-ma-cien, des phar-ma-ciens, un chré-tien, des chré-tiens, un vau-rien, des vau-riens, un a-fri-cain, des a-fri-cains, un a-mé-ri-cain, des a-mé-ri-cains, un daim, des daims, nous a-vons faim, il y a là un es-saim d'a-beil-les, il ron-ge son frein, un bain, du pain, un nain, u-ne main, le sein de la ter-re, je le plains, tu le plains, il le plaint, c'est un pe-tit saint, je me con-trains, tu te con-trains, il se con-traint, j'at-teins, tu at-teins, il at-teint, j'at-tein-drai, tu at-tein-dras, il at-teindra, j'at-tein-drais, il at-tein-drait, je feins, tu feins, il feint, je teins, tu teins, il teint, je peins, tu peins, il peint, je pein-drai, je pein-drais, je vaincs, tu vaincs, il vainc, nous vain-quons, vous vain-quez, ils vain-quent, il a fait un sous-seing pri-vé où il a mis son seing.

SEIZIÈME LEÇON.

Scla,	Scle,	Scli,	Sclo,	Sclu.
Scra,	Scre,	Scri,	Scro,	Scru.
Spha,	Sphe,	Sphi,	Spho,	Sphu.
Spla,	Sple,	Spli,	Splo,	Splu.

Es-cla-ve, es-cla-va-ge, u-ne es-clan-dre, des es-clan-dres, un scri-be, des scri-bes. scro-fu-leux, des scro-fu-leux, un scru-pu-le, des scru-pu-les, par-ler scru-pu-leu-se-ment, des â-mes scru-pu-leu-ses, un scru-ta-teur, des scru-ta-teurs, le pre-mier pas de l'in-gra-ti-tu-de est de scru-ter les mo-tifs du bien-fai-teur, un scru-tin, des scru-tins, u-ne sphè-re, des sphè-res, un sphinx est un mons-tre fa-bu-leux, le climat d'An-gle-ter-re cau-se le spleen, vi-vre a-vec splen-deur, fai-re un re-pas splen-di-de, vi-vre splen-di-de-ment.

DIX-SEPTIÈME LEÇON.

Se prononcent E les mots qui s'écrivent par :

e, ée, ei, ef, ed, et, ez, er, éent, hé, ai, ais, ait, aient, ay, æ.

Un er-mi-te, des er-mi-tes, u-ne er-reur, des erreurs, u-ne es-ca-pa-de, des es-ca-pa-des, u-ne es-ca-la-de, des es-ca-la-des, un es-ca-lier, des es-ca-liers, un es-ca-mo-teur, des es-ca-mo-teurs, un es-car-got, des es-car-gots, u-ne es-car-mou-che, des es-car-mou-ches, un es-car-pin, des es-car-pins, un es-cla-ve, des es-cla-ves, un es-co-grif-fe, des es-co-grif-fes, u-ne es-comp-te, des es-comp-tes, u-ne es-cor-te, des es-cor-tes, u-ne es-cou-a-de, des es-cou-a-des, un es-croc, des es-crocs, un es-pa-ce, des es-pa-ces, un Es-pa-gnol, des Es-pa-gnols, u-ne es-pa-gno-let-te, des es-pa-gno-let-tes, un es-pa-lier, des es-pa-liers, u-ne es-pè-ce, des es-pè-ces, u-ne trom-peu-se es-pé-ran-ce, de trom-peu-ses es-pé-ran-ces, un es-piè-gle, des es-piè-gles, un es-pion, des es-pions, u-ne es-pla-na-de, des es-pla-na-des, un es-poir, des es-poirs, un es-prit, des es-prits, un es-sai, des es-sais, un es-suie-main, des es-suie-main, u-ne es-ta-fet-te, des es-ta-fet-tes, u-ne es-tam-pe, des es-tam-pes, un hom-me es-ti-ma-ble, des hom-mes es-ti-ma-bles, un mau-vais es-to-mac, de mau-vais es-to-macs, u-ne bou-chée, deux bou-chées, u-ne cou-dée, des cou-dées, u-ne i-dée, des i-dées, u-ne on-dée, des on-dées, u-ne fée, des fées, un tro-phée, des tro-phées, u-ne dra-gée, des dra-gées, u-ne al-lée, des al-lées, u-ne as-sem-blée, des as-sem-blées, u-ne ge-lée, des ge-lées, u-ne gi-bou-lée, des gi-bou-lées, u-ne ar-mée, des ar-mées, un pyg-mée, des pyg-mées, u-ne an-née, des an-nées, l'an-née mil huit cent qua-ran-te-neuf, u-ne che-mi-née, des che-mi-nées, u-ne gui-née, des guinées, u-ne é-pée, des é-pées, u-ne pou-pée, des poupées, u-ne cuil-le-rée, des cuil-le-rées, u-ne ma-rée, des ma-rées, u-ne clef, des clefs, des nerfs, des cerfs, un ef-fort, des ef-forts, ef-fa-cer, ef-fa-rou-cher, un cheval ef-fa-rou-ché, des che-vaux ef-fa-rouchés, ef-fec-ti-ve-ment, ce-la est ar-ri-vé ef-fec-tive-ment, ef-fectuer un paie-ment, un na-tu-rel ef-fé-miné, un ef-fet de com-merce, ef-feuiller une rose, un re-mède ef-fi-ca-ce, des re-mè-des ef-fi-caces, ef-flan-quer un cheval, un ef-fort, des ef-forts, s'ef-for-cer, ef-fra-yant, un son-ge ef-fra-yant, des spec-ta-cles ef-fra-yants, trem-bler d'ef-froi, un ef-fron-té, des ef-frontés, ef-fron-té-ment, par-ler a-vec ef-fu-sion, un bei-gnet, des bei-gnets, un chef-d'œu-vre, des chefs-d'œu-vre, un en-fant é-veil-lé, des en-fants é-veil-lés, meil-leur, un meil-leur sort, de meil-leurs jours, u-ne meil-leu-re nuit, de meil-leu-res nuits, u-ne rei-ne, u-ne rei-net-te, trei-ze pom-mes de rei-net-te, u-ne nei-ge é-pais-se, com-me la nei-ge tom-be, il a nei-gé tou-te la nuit, un pei-gne, des pei-gnes, un pei-gnoir, des pei-gnoirs, il pei-gne son chien tous les ma-tins, un pied, des pieds, un pied de mou-ton, des pieds de mou-ton, vous et moi, u-ne ban-quet-te, des ban-quet-tes, u-ne cas-set-te, des cas-set-tes, u-ne noi-set-te, des noi-set-tes, u-ne vio-let-te, des vio-let-tes, u-ne toi-let-te, des toi-lettes, u-ne ser-viet-te, des ser-viet-tes, u-ne as-siet-te, des as-siet-tes, u-ne lu-net-te, des lu-net-tes, u-ne miet-te, des miet-tes, u-ne o-me-let-te, des o-me-lettes, un nez, des nez, vous li-sez, vous li-siez, vous lirez, vous li-riez, il faut que vous li-siez, il fau-drait que vous lus-siez, il faut que vous a-yez lu, il fal-lait que vous eus-siez lu, vous ai-mez, vous fi-nis-sez, vous re-ce-vez, vous ren-dez, un é-pi-cier, des é-pi-ciers, un bou-lan-ger, des bou-lan-gers, un bou-cher, des bouchers, un frui-tier, des frui-tiers, un cor-don-nier, des cor-don-niers, un hor-lo-ger, des hor-lo-gers, un bi-jou-tier, des bi-jou-tiers, un mé-nui-sier, des mé-nuisiers, un char-pen-tier, des char-pen-tiers, un ca-ros-sier, des ca-ros-siers, un li-mo-na-dier, des li-mo-na-diers, un é-tran-ger, des é-tran-gers, le pre-mier, les pre-miers, le der-nier, les der-niers, un fer-mier, des fer-miers, il crée, ils créent, il a-grée, ils a-gréent, il sup-plée, ils sup-pléent, il mau-grée, ils mau-gréent, ce li-vre ré-crée, ces li-vres ré-créent, il pro-crée, ils pro-créent, les Hé-breux ont pas-sé la mer à pied sec, un hec-to-li-tre, des hec-to-li-tres, un hé-ros, des hé-ros, u-ne hé-ro-ï-ne, des hé-ro-ï-nes, un hé-ris-son, des hé-ris-sons, un hé-ri-ta-ge, des hé-ri-ta-ges, un hé-ron, des hé-rons, j'ai u-ne mai-son, ce chien est ai-[illegible], je vous ai-de-rai, j'ai ai-mé, j'ai fi-ni, j'ai re-çu, j'ai ren-du, j'ai-me-rai, je fi-ni-rai, je re-ce-vrai, je ren-drai, il ai-mait, il fi-nis-sait, il re-ce-vait, il ren-dait, tu ai-me-rais, tu fi-ni-rais, tu re-ce-vrais, tu ren-drais, il pa-raît, il pa-rais-sait, ils pa-rais-saient, il pa-raî-trait, ils pa-raî-traient, il pa-yait, ils pa-yaient, il ba-la-yait, ils ba-la-yaient, il cra-yon-nait, ils cra-yon-naient, un fœ-tus, des fœ-tus, un Œ-di-pe, des Œ-di-pes, un con-ci-le œ-cu-mé-ni-que.

DIX-HUITIÈME LEÇON.

Prononcez i tous les mots qui s'écrivent par :

i, ie, ient, id, it, iz, is, il, ic, ix, hi, hy, ïe, ya.

Un af-fran-chi, des af-fran-chis, u-ne fo-lie, des fo-lies, u-ne ma-la-die, des ma-la-dies, un en-ri-chi, des en-ri-chis, un mou-ve-ment ir-ré-flé-chi, des mou-ve-ments ir-ré-flé-chis, u-ne mo-nar-chie, des mo-nar-chies, lun-di, mar-di, mer-cre-di, jeu-di, ven-dre-di, sa-me-di, du su-cre can-di, un é-tour-di, u-ne co-mé-die, des co-mé-dies, u-ne tra-gé-die, des tra-gé-dies, un in-cen-die, des in-cen-dies, u-ne mé-lo-die, des mé-lo-dies, u-ne pou-lie, des pou-lies, un en-fant puli, u-ne jeu-ne fil-le po-lie, des en-fants po-lis, des jeu-nes fil-les po-lies, il s'al-lie, ils s'al-lient, il ap-pré-cie, ils ap-pré-cient, il ap-pro-prie, ils ap-pro-prient, il s'as-so-cie, ils s'as-so-cient, il bal-bu-tie, ils bal-bu-tient, il ca-lom-nie, ils ca-lom-nient, ce té-moin cer-ti-fie, ces té-moins cer-ti-fient, cet en-fant com-mu-nie, ces en-fants com-mu-nient, ce pein-tre co-pie, ces pein-tres co-pient, cet en-fant crie, ces en-fants crient, il en-vie, ils en-vient, cet en-fant s'es-tro-pie, ces en-fants s'es-tro-pient, ce ci-to-yen s'ex-pa-trie, ces ci-to-s'ex-pa-trient, cet en-fant ex-pie sa fau-te, ces en-fants ex-pient leurs fau-tes, ce com-mis ex-pé-die, ces com-mis ex-pé-dient, cet hom-me s'ex-ta-sie, ces hom-mes s'ex-ta-sient, l'exer-ci-ce for-ti-fie, ces exer-ci-ces for-ti-fient, u-ne fau-te hu-mi-lie, des fau-tes hu-mi-lient, il m'in-ju-rie, ils nous in-ju-rient, le mar-chand in-ven-to-rie ses mar-chan-di-ses, les mar-chands in-ven-to-rient leurs mar-chan-di-ses, le cou-pa-ble se jus-ti-fie, les cou-pa-bles se jus-ti-fient, il se ma-rie au-jour-d'hui, el-les se marient au-jour-d'hui, le prê-tre of-fi-cie, les prê-tres of-fi-cient, il or-tho-gra-phie bien, ils or-tho-gra-phient mal, l'ar-bre plie, les ar-bres plient, cet en-fant re-mer-cie son maî-tre, ces en-fants re-mer-cient leurs maî-tres, cet hom-me scie du bois, ces hom-mes scient du bois, il se sou-cie peu de ce-la, ils se sou-cient peu de ce qu'on leur dit, il sup-plie, ils sup-plient, un nid d'oi-seaux, des nids d'oi-seaux, u-ne bre-bis, deux bre-bis, dix bre-bis, un a-vis, des a-vis, un cru-ci-fix, des cru-ci-fix, u-ne per-drix, des per-drix, un re-pas ex-quis, des re-pas ex-quis, du Cha-blis, du chè-ne-vis, un chås-sis, un com-mis, un de-vis, un lam-bris, un mar-quis, un lo-gis, un par-vis, un pays, un ru-bis, du riz, un tail-lis, vis-à-vis, dix bre-bis, un bon ap-pé-tit, un grand ban-dit, un bel-es-prit, un bis-cuit, des bis-cuits, un cons-crit, des cons-crits, un é-dit, des é-dits, un ha-bit, des ha-bits, un lit, des lits, un ma-nus-crit, des ma-nus-crits, un pro-fit, des pro-fits, un pros-crit, des pros-crits.

un ré-cit, des ré-cits, un ba-bil, des ba-bils, un ba-ril, des ba-rils, un che-nil, des che-nils, un fu-sil, des fu-sils, un gril, des grils, un ou-til, des ou-tils, un nom-bril, des nom-brils, un pé-ril, des pé-rils, du per-sil, des sour-cils, mon-ter les pier-res a-vec un cric, ces crics sont d'un grand prix, un hi-bou, des hi-boux, ce sont des oi-seaux hi-deux, hier, a-vant-hier, un ca-hier, des ca-hiers, u-ne hi-ron-del-le, des hi-ron-del-les, u-ne his-toi-re, de bel-les his-toi-res, un hi-ver sec, un hi-ver ri-gou-reux, u-ne tra-hi-son, ce roi a été tra-hi, un ty-pe, des ty-pes, un ty-po-gra-phe, des ty-po-gra-phes, la ty-po-gra-phie, a-voir le ty-phus, un ty-ran, des ty-rans, une ty-ran-nie, un pou-voir ty-ran-ni-que, un gou-ver-ne-ment ty-ran-ni-que, des gou-ver-ne-ments ty-ran-ni-ques, un mar-tyr, des mar-tyrs, un zé-phyr, des zé-phyrs, un hy-men, un hy-mé-née, un hy-po-cri-te, des hy-po-cri-tes, u-ne hy-dre, u-ne ab-baye, des ab-bayes.

DIX-NEUVIÈME LEÇON.

Prononcez UN tous les mots qui s'écrivent par :

un, unt, um, uns, hum, eun.

Un im-por-tun, des im-por-tuns, de l'a-lun, au-cun hom-me n'est e-xempt de la mort, il n'a pas le sens com-mun, quel-qu'un est-il à jeun ? un tri-bun, des tri-buns, cet en-fant est brun, ces en-fants sont bruns, du par-fum, des par-fums, il est ve-nu en temps op-por-tun, un dé-funt, des dé-funts, un em-prunt, des em-prunts, vo-tre très-hum-ble ser-vi-teur, vos très-hum-bles ser-vi-teurs, il s'est pros-ter-né hum-ble-ment, ils ont par-lé hum-ble-ment, être im-por-tun à quel-qu'un, ce-la est im-por-tun, c'est un doux par-fum, il est res-té long-temps à jeun, un droit com-mun, des che-mins com-muns, ce mar-chand vend des par-fums, la vil-le fait un em-prunt d'un mil-lion.

VINGTIÈME LEÇON.

Prononcer EU tous les mots écrits par :

eu, euf, eut, eur, eux, heu, eue, ai, œi, œu, œufs.

A-dieu, un a-veu, des a-veux, neuf bœufs, du bleu, un bou-te-feu, un che-veu, des che-veux, un dé-sa-veu, des dé-sa-veux, un dieu, des dieux, un en-jeu, des en-jeux, un es-sieu, des es-sieux, un fes-se-Ma-thieu, des fes-se-Ma-thieux, du feu, les feux, un Hé-breu, des Hé-breux, un lieu, des lieux, un mi-lieu, des mi-lieux, mor-bleu, un mo-yeu, des mo-yeux, un ne-veu, des ne-veux, par-bleu, pal-sem-bleu, un peu, un preux, un vœu, des vœux, tè-te-bleu, ven-tre-bleu, la ban-lieue u-ne lieue, deux lieues, u-ne queue, des queues, des bœufs, des œufs, il pleut, il veut, il peut, un ac-cueil, des ac-cueils, un cer-cueil, des cer-cueils, du cer-feuil, un chè-vre-feuil-le, des chè-vre-feuil-les, por-ter le deuil, é-vi-ter un é-cueil, un é-cu-reuil, des é-cu-reuils, un fau-teuil, des fau-teuils, un œil, l'œil de Dieu, l'or-gueil, un re-cueil, des re-cueils, le seuil de la porte, un hom-me bien-fai-sant, un ac-cueil sa-tis-fai-sant, nous fai-sons ce qu'il veut, u-ne cou-leu-vre, des cou-leu-vres, u-ne bon-ne œu-vre, de bon-nes œu-vres, il n'y a qu'heur et mal-heur, l'heu-re du dî-ner, l'heu-re de la pri-è-re, heu-reu-se-ment, il ar-ri-ve heu-reu-se-ment, un rè-gne heu-reux, un hom-me heu-reux, ne heur-tez ja-mais la rai-son, ce-la heur-te le sens com-mun, le che-val s'est heur-té con-tre le mur, quel-le heu-re est-il? il est deux heu-res, mon-sieur est sor-ti, ces mes-sieurs sont à la maison, un crime af-freux, des en-fants ca-pri-cieux, un dis-cours cha-leu-reux, des dis-cours creux, un en-fant dou-ce-reux, des en-fants dou-ce-reux, un en-tre-deux, des en-tre-deux, un che-min é-pi-neux, des che-mins é-pi-neux, un hom-me hai-neux, des hom-mes hai-neux, un oi-seau hi-deux, des oi-seaux hi-deux, un ac-te hon-teux, des ac-tes hon-teux, un drap mo-ël-leux, des draps mo-ël-leux, un é-vé-ne-ment mi-ra-cu-leux, des é-vé-ne-ments mi-ra-cu-leux, un en-fant or-gueil-leux, des en-fants or-gueil-leux, un temps o-ra-geux, des temps o-ra-geux, un jour plu-vieux, des jours plu-vieux, un en-fant pa-res-seux, un quar-tier po-pu-leux, des quar-tiers po-pu-leux, un hom-me vo-lup-tueux, des hom-mes vo-lup-tueux.

VINGT-ET-UNIÈME LEÇON.

Se prononcent ON les mots qui s'écrivent par :

on, hon, ond, ons, ont, onc, ong, om, omb, ompt, aon, un.

Nous a-vons des bon-bons, a-yez hon-te de vo-tre mau-vai-se con-dui-te, un dra-gon, des dra-gons, un vi-lain jar-gon, un cham-pi-gnon, des cham-pi-gnons, nous ai-mons, nous fi-nis-sons, nous re-ce-vons, nous ren-dons, nous nous le-vons, nous dé-jeu-nons, nous dî-nons, nous sou-pons, nous nous cou-chons, un nom, un pro-nom, un pré-nom, un sur-nom, du plomb, la vil-le de Hon-fleur, cet en-fant est hon-teux, un che-veu blond, des che-veux blonds, un au-teur fé-cond, on lui fait hon-te, un gond, des gonds, un pla-fond, des pla-fonds, un trou pro-fond, un fonds de mar-chand de vin, il me con-fond, un se-cond, un va-ga-bond, le ber-ger tond ses bre-bis, la pou-le pond ses œufs, il ré-pond bien, l'ar-bre rompt, je ré-ponds, tu ré-ponds, il ré-pond, je cor-romps, tu cor-romps, il cor-rompt, j'in-ter-romps, tu in-ter-romps, il in-ter-rompt, ce jonc est long, un tronc, des troncs, u-ne pom-pe, des pom-pes, u-ne bom-be, des bom-bes, un com-pè-re, des com-pè-res, u-ne om-bre, des ombres, u-ne tom-be, des tom-bes, un tri-om-phe, des tri-om-phes, le com-ble de la gloi-re, un taon, des taons, un faon, des faons, un paon, des paons, du punch, le dé-troit du Sund, il est prompt dans ses ré-pon-ses, ils sont prompts à ren-dre ce qu'on leur a prê-té, un mo-ri-bond, des mo-ri-bonds, le fond du sac.

VINGT-DEUXIÈME LEÇON.

Se prononcent O des mots qui s'écrivent par :

o, oc, oi, on, op, os, ot, au, aud, aulx, aût, aux, eau, ho, hau, u.

Un bo-bo, des bo-bos, un co-co, des co-cos, un ca-ca-o, des ca-ca-os, un cre-do, des cre-do, un é-cho, des é-chos, un do-mi-no, des do-minos, un in-fo-lio, des in-fo-lio, un in-oc-ta-vo, des in-oc-ta-vo, un nu-mé-ro, des nu-mé-ros, un pia-no, des pia-nos, un so-lo, des so-los, un zé-ro, des zé-ros, un ac-croc, des ac-crocs, un es-croc, des es-crocs, un broc, des brocs, un croc, des crocs, un oi-gnon, des oi-gnons, un poi-gnet, des poi-gnets, u-ne poi-gnée de main, des poi-gnées de main, le gen-dar-me a em-poi-gné quel-qu'un, il lui res-te un moi-gnon, il a du si-rop, ce che-val prend le ga-lop, il court trop, un gros bâ-ton, des gros bâ-tons, le cha-os, un en-clos, des en-clos, ce parc est clos, ces œufs sont é-clos, un hé-ros, des hé-ros, nos bons pa-rents, vos bons a-mis, un pro-pos, des pro-pos, un re-pos, des repos, un a-bri-cot, des a-bri-cots, un ha-ri-cot, des ha-ri-cots, un bil-lot, des bil-lots, un ca-chot, des ca-chots, un ca-not, des ca-nots, un char-riot, des char-riots, un com-plot, des com-plots, un co-que-li-cot, des co-que-li-cots, un es-car-got, des es-car-gots, un fa-got, des fa-gots, un gi-got, des gi-gots, un gre-lot, des gre-lots, un i-diot, des i-diots, un î-lot, des î-lots, un ja-bot, des ja-bots, un ja-ve-lot, des ja-ve-lots, un mar-mot, des mar-mots, un ma-te-lot, des ma-te-lots, un pa-vot, des pa-vots, un pot, des pots, un ra-bot, des ra-bots, un sot, des sots, un tri-pot, des tri-pots, al-ler au trot, un tur-bot, des tur-bots, je li-rai bien-tôt, j'é-cri-rai aus-si-tôt, tôt ou tard, un en-tre-pôt, des en-tre-pôts, un dé-pôt, des dé-pôts, un im-pôt, des im-pôts, un a-gneau, des a-gneaux, un a-lo-yau, des a-lo-yaux, un an-neau, des an-neaux, un ar-bris-seau, des ar-bris-seaux, un ba-teau, des ba-teaux, un beau gar-çon, de beaux gar-çons, un ber-ceau, des ber-ceaux, un bois-seau, des bois-seaux, un bour-reau, des bour-reaux, un bo-yau, des bo-yaux, un bu-reau, des bu-reaux, un ca-deau, des ca-deaux, un car-reau, des car-reaux, un ca-veau, des ca-veaux, un cer-ceau, des cer-ceaux, un cer-neau, des cer-neaux, un cha-meau, des cha-meaux, un cha-peau, des cha-peaux, un châ-teau, des châ-teaux, un co-peau, des co-peaux, un ci-seau, des ci-seaux, un dra-peau, des dra-peaux, un gâ-teau, des gâ-teaux, un jet d'eau, des jets d'eau, un ha-meau, des ha-meaux, un la-pe-reau, des la-pe-reaux, un man-teau, des man-teaux, un ma-que-reau, des ma-que-reaux, un mar-teau, des mar-teaux, un moi-neau, des moi-neaux, un mor-ceau, des mor-ceaux, un mu-seau, des mu-seaux, un na-seau, des na-seaux, un nou-veau cha-peau, des nou-veaux cha-peaux, le ni-veau de la mer, un oi-seau, des oi-seaux, u-ne peau d'an-guil-le, un per-dreau, des per-dreaux, un pla-teau, des pla-teaux, un plu-meau, des plu-meaux, un poi-reau, des poi-reaux, un ra-meau, des ra-meaux, un ra-teau, des ra-teaux, un ro-seau, des ro-seaux, un ruis-seau, des ruis-seaux, un seau d'eau, des seaux d'eau, le sceau de l'E-tat, les sceaux du ro-yaume, un ta-bleau, des ta-bleaux, un tau-reau, des tau-reaux, un tom-beau, des tom-beaux, un ton-neau, des ton-neaux, un trou-peau, des trou-peaux, un tu-yau, des tu-yaux, un vais-seau, des vais-seaux, un veau, des veaux, un ba-daud, des ba-dauds, un ca-bil-laud, des ca-bil-lauds, un temps chaud, des temps chauds, un cour-taud, des cour-tauds, un cra-paud, des cra-pauds, un é-cha-faud, des é-cha-fauds, un haut de-gré, des hauts de-grés, un ma-raud, des ma-rauds, un mo-ri-caud, des mo-ri-cauds, un ni-gaud, des ni-gauds, un noi-raud, des noi-rauds, un pa-taud, des pa-tauds, un ré-chaud, des ré-chauds, un rou-geaud, des rou-geauds, un ar-ti-chaut, des ar-ti-chauts, un as-saut, des as-sauts, un dé-faut, des dé-fauts, un hé-raut, des hé-rauts, un saut, des sauts, un hô-tel gar-ni, des hô-tels gar-nis, un ho-chet, des ho-chets, un ho-ri-zon des ho-ri-zons, un hau-ban, des hau-bans, u-ne hau-teur, des hau-teurs, les hau-teurs de Mont-mar-tre, u-ne haus-se, u-ne hau-te col-li-ne, u-ne faulx, des faulx, de l'ail, des aulx, les eaux de mé-na-ge, du rhum, de l'o-pium, un Te-de-um, des Te-de-um.

VINGT-TROISIÈME LEÇON.

Se prononcent OU les mots qui s'écrivent par :

ou, oue, ouent, oud, oup, oul, ous, out, oux, hou, ua, aoul.

U-ne com-mo-de en a-ca-jou, de l'a-ma-dou, un bam-bou, des bam-bous, un bi-jou, des bi-joux, un cail-lou, des cail-loux, un car-ca-jou, des car-ca-jous, un chou, des choux, un clou, des clous, un cou, des cous, un cou-cou, des cou-cous, un fi-lou, des fi-lous, un fou*, des fous, un ge-nou, des ge-noux, un hi-bou, des hi-boux, un jou-jou, des jou-joux, un li-cou, des li-cous, un loup-ga-rou, des loups-ga-rous, un ma-tou, des ma-tous, du mou pour le chat, où al-lez-vous? nous ou vous, un pou, des poux, un sa-pa-jou, des sa-pa-jous, un sou, des sous, un tou-tou, des tou-tous, un trou, des trous, un ver-rou, des ver-rous, u-ne ba-joue, des ba-joues, il fait de la boue, u-ne houe, des houes, u-ne joue, des joues, un souf-flet sur la joue, il fait la moue, la proue d'un vais-seau, u-ne roue, des roues, il a-voue, ils a-vouent, il dé-noue ses sou-liers, ils dé-nouent leurs sou-liers, il dé-sa-voue sa fau-te, ils dé-sa-vouent leurs fau-tes, il se dé-voue, ils se dé-vouent, il é-choue, ils é-chouent, il s'en-goue, ils s'en-gouent, il s'en-roue, ils s'en-rouent, l'en-fant joue, les en-fants jouent, l'or-gueil-leux se loue, les or-gueil-leux se louent, il secoue son joug, ils se-couent leurs ta-pis, il troue sa po-che, ils trouent leur po-che, il se voue au sei-gneur, el-les se vouent au cloî-tre, le tail-leur coud, le meu-nier moud, il dé-coud, il re-coud, il y a dans la fo-rêt beau-coup de loups, un loup, des loups, un coup de cou-teau, des coups de cou-teaux, je couds, tu couds, il coud, je mouds, tu mouds, il moud, on lui a tâ-té le pouls, le père Ar-noult, il est absous, sens des-sus, des-sous, sous la ta-ble, le sel s'est dis-sous, un ren-dez-vous pour tous les mor-tels, le cour-roux du ciel, un é-poux, des époux, un ja-loux, des ja-loux, un poil roux, des poils roux, u-ne toux o-pi-niâ-tre, du hou-blon, u-ne hou-let-te, des hou-let-tes, u-ne houp-pe, des houp-pes, la mer est hou-leu-se, un hour-va-ri, il l'a jo-li-ment hous-pil-lé, u-ne hous-se, des hous-ses, un hom-me saoûl, des hom-mes saoûls.

VINGT-QUATRIÈME LEÇON.

Se prononcent U les mots qui s'écrivent par *u, ue, uent, ut, us, ult, ux, hu, eu*.

Il est bar-bu, il a bu, ce che-val est four-bu, cet en-fant est im-bu de bons prin-ci-pes, j'en suis con-vain-cu, elle en est con-vain-cue, ils en sont con-vain-cus, el-les en sont con-vain-cu-es, un é-cu, des é-cus, ce gé-né-ral a é-té vaincu, ces gé-né-raux ont é-té vain-cus, ils ont bien vé-cu, il est as-si-du, ils sont as-si-dus, ce pou-let est très do-du, ces pou-lets sont très do-dus, un in-di-vidu, des in-di-vi-dus, un mal-en-ten-du, des mal-en-ten-dus, un pen-du, des pen-dus, ce mou-ton est ton-du, ces mou-tons sont ton-dus, cet-te mai-son se-ra ven-due, ces mai-sons se-ront ven-dues, si cet-te som-me é-tait due, si ces som-mes é-taient dues, du beur-re fon-du, un chien per-du, u-ne rue, des rues, u-ne re-vue, des re-vues, u-ne sang-sue, des sang-sues, u-ne sta-tue, des statues, u-ne char-rue, des char-rues, u-ne en-tre-vue, des en-tre-vues, u-ne tor-tue, des tortues, u-ne is-sue, des is-sues, u-ne lai-tue, des lai-tues, u-ne mas-sue, des mas-sues, u-ne mo-rue, des mo-rues, u-ne vue, des vues, u-ne re-te-nue, des re-te-nues, u-ne co-que-ci-grue, des co-que-ci-grues, un af-fût, des af-fûts, il s'en fut, un at-tri-but, des at-tri-buts, un but, des buts, un dé-but, des dé-buts, un ins-ti-tut, des ins-ti-tuts, un sa-lut, des sa-luts, un tri-but, des tri-buts, il ac-cou-rut, il a-per-çut, il ap-pa-rut, il con-cou-rut, il con-çut, il con-nut, il cou-rut, il crut, il dé-plut, il dis-cou-rut, il dis-pa-rut, il mé-con-nut, il mou-rut, il pa-rut, il plut, il pour-vut, il put, il re-çut, il ré-so-lut, il se-cou-rut, il sur-vé-cut, il sut, il vé-cut, il vou-lut, un cul-de-sac, des culs-de-sac, un cul-de-lam-pe, des culs-de-lam-pe, un a-bus, des a-bus, un nez ca-mus, des nez camus, un bruit con-fus, des bruits con-fus, un dis-cours dif-fus, des dis-cours dif-fus, du jus de ci-tron, du ver-jus, il ne pleut plus, un in-trus, des in-trus, un ta-lus, des ta-lus, le flux et le re-flux, l'hu-mi-di-té, huer quel-qu'un, u-ne co-hue, ce li-vre, je l'ai eu, ces li-vres, tu les as eus, la plu-me, je l'ai eue, les plu-mes, nous les a-vons eues.

VINGT-CINQUIÈME LEÇON.

Prononcez E les mots qui s'écrivent par

e, es, ent.

Un hom-me, des hom-mes, une fem-me, des fem-mes, un li-vre, des li-vres, un con-te, des con-tes, un pro-di-ge, des pro-di-ges, un pay-sa-ge a-gré-a-ble, des pay-sa-ges a-gré-a-bles, un mas-sa-cre é-pou-van-table, des mas-sa-cres é-pou-van-ta-bles, un su-per-be ca-ros-se, de su-per-bes ca-ros-ses, un ba-var-da-ge in-sup-por-ta-ble, des ba-var-da-ges in-sup-por-ta-bles, u-ne da-me ai-ma-ble, des da-mes ai-ma-bles, un dra-me ter-ri-ble, des dra-mes ter-ri-bles, u-ne per-son-ne hon-nê-te, des per-son-nes hon-nê-tes, u-ne tem-pê-te hor-ri-ble, des tem-pê-tes hor-ri-bles, u-ne ins-ti-tu-tri-ce ins-trui-te, des ins-ti-tu-tri-ces ins-trui-tes, un jeu-ne hom-me, des jeu-nes gens, un prin-ce af-fa-ble, des prin-ces af-fa-bles, u-ne é-cri-tu-re il-li-si-ble, des é-cri-tu-res il-li-si-bles, u-ne cho-se im-pos-si-ble, des cho-ses im-pos-si-bles, un ju-ge in-cor-rup-ti-ble, des ju-ges in-cor-rup-ti-bles, u-ne ar-mée in-vin-ci-ble, des ar-mées in-vin-ci-bles, un é-di-fi-ce ma-gni-fi-que, des é-di-fi-ces ma-gni-fi-ques, u-ne bon-ne nour-ri-ce, de bon-nes nour-ri-ces, u-ne sim-ple chau-miè-re, de sim-ples chau-miè-res, u-ne gran-de vo-liè-re, de gran-des vo-liè-res, u-ne lar-ge ri-viè-re, de lar-ges ri-viè-res, u-ne pe-ti-te co-quil-le, de pe-ti-tes co-quil-les, un son-ge in-cro-ya-ble, des son-ges in-cro-ya-bles, u-ne promp-te dé-fai-te, de promp-tes dé-fai-tes, un ê-tre dif-for-me, des ê-tres dif-for-mes, u-ne cau-se fa-ci-le, des cau-ses fa-ci-les, u-ne mo-de ri-di-cu-le, des mo-des ri-di-cu-les, u-ne in-sul-te gros-siè-re, des in-sul-tes gros-siè-res, u-ne cou-tu-me nou-vel-le, des cou-tu-mes nou-vel-les, il ai-me, ils ai-ment, il chan-te, ils chantent, il ar-ro-se, ils ar-ro-sent, il dan-se, ils dan-sent, il se dé-gui-se, ils se dé-gui-sent, il fa-vo-ri-se, ils fa-vo-ri-sent, il se fri-se, ils se fri-sent, cet hom-me pris-e, ces hom-mes pri-sent, les hom-mes pro-po-sent, Dieu dis-po-se, il se ra-se, ils se ra-sent, un en-fant qui se flat-te, des en-fants qui se flat-tent, je sou-pe, tu sou-pes, il sou-pe, nous sou-pons, vous sou-pez, ils sou-pent, je m'ha-bil-le, tu t'ha-bil-les, il s'ha-bil-le, nous nous ha-bil-lons, vous vous ha-bil-lez, ils s'ha-bil-lent, je ren-tre, tu ren-tres, il ren-tre, nous ren-trons, vous ren-trez, ils ren-trent, je me cou-che, tu te cou-ches, il se cou-che, nous nous couchons, vous vous cou-chez, ils se cou-chent.

VINGT-SIXIÈME LEÇON.

Prononcez OI les mots qui s'écrivent par :

oi, oie, oient, oid, oigt, ois, oit, oy, eoi, oc, ouet.

De l'ar-gent de bon a-loi, il est res-té coi, un con-voi, des con-vois, un ef-froi, des ef-frois, un em-ploi, des em-plois, un en-voi, des en-vois, il faut a-voir la foi, u-ne loi, des lois, moi, toi, soi, un oc-troi, des oc-trois, u-ne pa-roi, des pa-rois, quoi, pour-quoi, un ren-voi, des ren-vois, un roi, des rois, un tour-noi, des tour-nois, u-ne cour-roie, des cour-roies, du foie de veau, u-ne joie, les joies de ce monde, u-ne lam-proie, des lam-proies, une oie, des oies, u-ne proie, des proies, de la soie, un ver à soie, une voie d'eau, des voies d'eau, le chien a-boie, les chiens a-boient, le vais-seau côtoie, les vais-seaux cô-toient, il me cou-doie, ils me cou-doient, la feuil-le se dé-ploie, les feuil-les se dé-ploient, le mar-chand nous em-ploie, les mar-chands nous em-ploient, son maî-tre l'en-voie au mar-ché, les maî-tres les en-voient au mar-ché, son œil flam-boie, ses yeux flam-boient, le ca-non fou-droie, les ca-nons fou-droient, l'en-fant se four-voie, les en-fants se four-voient, le ba-teau tour-noie, les ba-teaux tour-noient, il net-toie ses sou-liers, ils net-toient leurs sou-liers, ce na-geur se noie, ces na-geurs se noient, cet ar-bre ploie, ces ar-bres ploient, il me ren-voie, ils nous ren-voient, le maî-tre ru-doie l'é-co-lier, les maî-tres ru-doient les é-co-liers, l'É-tat sou-doie les trou-pes, les É-tats sou-doient leurs trou-pes, l'eau tour-noie, les eaux tour-noient, il me tu-toie, ils se tu-toient, l'ar-bre ver-doie, les ar-bres ver-doient, le froid, les froids, le doigt, les doigts, un dé-troit, des dé-troits, un toit, des toits, un hom-me a-droit, des hom-mes a-droits, un en-droit, des en-droits, un droit, des droits, un pas-sa-ge é-troit, des pas-sa-ges é-troits, un bel ex-ploit, de beaux ex-ploits, un pas-se-droit, des pas-se-droit, il boit, il croit, le jour croît, le jour dé-croît, au-tre-fois, u-ne fois, un an-chois, des an-chois, du bois, des bois, un bour-geois, des bour-geois, un car-quois, des car-quois, de l'em-pois, un haut-bois, un jo-li mi-nois, de jolis mi-nois, le mois, les dou-ze mois de l'an-née, quel-que-fois, se ca-cher en ta-pi-nois, tou-te-fois, trois vil-la-geois, un poids, des poids, un con-tre-poids, des con-tre-poids, un choix, des choix, u-ne croix, des croix, une noix, des noix, une voix, des voix, de la poix, des pe-tits pois, la vil-le de Troyes, un prin-ce ro-yal, un ro-yau-me, la poê-le, de la moel-le, je m'as-seois, tu t'as-seois, il s'as-seoit, qu'ils s'as-seoient, je sur-seois, tu sur-seois, il sur-seoit, je m'as-seoi-rai, tu t'as-seoi-ras, il s'as-seoi-ra, nous nous as-seoi-rons, vous vous as-seoi-rez, ils s'as-seoi-ront, un jouet, des jouets, un fouet, des fouets, un rouet, des rouets, un oi-seau, des oi-seaux, un voi-le, des voi-les.

VINGT-SEPTIÈME LEÇON.

afe, affe, aphe, ef, effe, ephe, if, ife, iffe, iphe, yphe, of, offe, ophe.

U-ne a-gra-fe, des a-gra-fes, u-ne ca-ra-fe, des ca-ra-fes, u-ne gi-ra-fe, des gi-ra-fes, ap-pren-dre l'or-tho-gra-phe, un ty-po-gra-phe, des ty-po-gra-phes, un gé-o-gra-phe, des gé-o-gra-phes, un pa-ra-fe, des pa-ra-fes, un his-to-rio-gra-phe, des his-to-rio-gra-phes, un bi-bli-o-gra-phe, des bi-bli-o-gra-phes, un au-to-gra-phe, des au-to-gra-phes, une é-pi-gra-phe, des é-pi-gra-phes, une é-pi-ta-phe, des é-pi-ta-phes, un pa-ra-gra-phe, des pa-ra-gra-phes, un cal-li-gra-phe, des cal-li-gra-phes, un té-lé-gra-phe, des té-lé-gra-phes, un tes-ta-ment o-lo-gra-phe, des tes-ta-ments o-lo-gra-phes, un sté-no-gra-phe, des sté-no-gra-phes, un chef, des chefs, un fief, des fiefs, un gri-ef, des gri-efs, u-ne nef, des nefs, un re-lief, des re-liefs, un gref-fe, des gref-fes, Jo-seph, un ca-nif, des ca-nifs, un cap-tif, des cap-tifs, un ef-fec-tif, des ef-fec-tifs, un mo-tif, des mo-tifs, un pur-ga-tif, des pur-ga-tifs, un vo-mi-tif, des vo-mi-tifs, du suif, un oi-sif, des oi-sifs, un ré-cif, des ré-cifs, un es-quif, des es-quifs, un fu-gi-tif, des fu-gi-tifs, u-ne grif-fe, des grif-fes, u-ne chif-fe, des chif-fes, un es-co-gry-phe, des es-co-gry-phes, un hié-ro-gly-phe, des hié-ro-gly-phes, un lo-go-gry-phe, des lo-go-gry-phes, u-ne é-tof-fe, des é-tof-fes, u-ne stro-phe, des stro-phes, un phi-lo-so-phe, des phi-lo-so-phes, u-ne a-pos-tro-phe, des a-pos-tro-phes, u-ne com-mu-ne li-mi-tro-phe, des com-mu-nes li-mi-tro-phes.

VINGT-HUITIÈME LEÇON.

ac, aque, ec, èque, ic, ique, oc, oque, uc, uque.

Un bac, des bacs, un bi-vouac, des bi-vouacs, un cor-nac, des cor-nacs, un cul-de-sac, des culs-de-sac, un ha-mac, des ha-macs, un ha-vre-sac, des ha-vre-sacs, un lac, des lacs, un sac, des sacs, un tac, des tacs, un til-lac, des til-lacs, u-ne at-ta-que, des at-ta-ques, u-ne ca-sa-que, des ca-sa-ques, u-ne cla-que, des cla-ques, un clo-a-que, des clo-a-ques, u-ne pla-que, des pla-ques, u-ne ba-ra-que, des ba-ra-ques, ve-nez a-vec moi, il tient dans son bec un fro-ma-ge, un é-chec, des é-checs, un grec, des grecs, les hé-breux pas-sè-rent la mer à pied sec, u-ne bi-bli-o-thè-que, des bi-bli-o-thè-ques, u-ne fem-me grec-que, des fem-mes grec-ques, u-ne hy-po-thè-que, des hy-po-thè-ques, u-ne pas-tè-que, des pas-tè-ques, un a-lam-bic, des a-lam-bics, de l'ar-se-nic, du mas-tic, u-ne mon-ta-gne à pic, un pro-nos-tic, des pro-nos-tics, un syn-dic, des syn-dics, un tra-fic, des tra-fics, u-ne chi-que, des chi-ques, u-ne bri-que, des bri-ques, de la mu-si-que, u-ne ré-pli-que, des ré-pli-ques, u-ne tri-que, des tri-ques, u-ne tac-ti-que, des tac-ti-ques, u-ne re-li-que, des re-li-ques, u-ne mo-sa-ï-que, des mo-sa-ï-ques, u-ne tu-ni-que, des tu-ni-ques, un can-ti-que, des can-ti-ques, un bloc, des blocs, un choc, des chocs, un soc, des socs, un troc, des trocs, un coq, des coqs, u-ne co-que, des co-ques, u-ne é-qui-vo-que, des é-qui-vo-ques, u-ne lo-que, des lo-ques, u-ne to-que, des to-ques, u-ne bro-lo-que, des bro-lo-ques, u-ne dé-fro-que, des dé-fro-ques, un col-lo-que, des col-lo-ques, un pho-que, des pho-ques, un a-qué-duc, des a-qué-ducs, un duc, des ducs, un ar-chi-duc, des ar-chi-ducs, du stuc, la nuque, u-ne per-ru-que, des per-ru-ques.

VINGT-NEUVIÈME LEÇON.

ail, *eil*, *ille*, *euil*, *ouil*, *aille*, *eille*, *euille*, *ouille*.

Un at-ti-rail, des at-ti-rails, un ber-cail, des ber-cails un ca-mail, des ca-mails, un ca-ra-van-sé-rail, des ca-ra-van-sé-rails, un dé-tail, des dé-tails, un é-pou-van-tail, des é-pou-van-tails, un é-ven-tail, des éven-tails, un gou-ver-nail, des gou-ver-nails, un poi-trail, des poi-trails, un por-tail, des por-tails, un sé-rail, des sé-rails, u-ne ba-tail-le, des ba-tail-les, u-ne cail-le, des cail-les, u-ne é-cail-le, des é-cail-les, u-ne fu-tail-le, des fu-tail-les, u-ne mail-le, des mail-les, u-ne fer-raille, des fer-rail-les, u-ne mé-dail-le, des mé-dail-les. u-ne mu-rail-le, des mu-rail-les, de la pail-le, u-ne vo-lail-le, des vo-lail-les, il bail-le, il le cha-mail-le, il en-tail-le, il faut qu'il s'en ail-le, un ap-pa-reil, des ap-pa-reils, un con-seil, des con-seils, un or-teil, des or-teils, un ré-veil, des ré-veils, un so-leil, des so-leils, un som-meil, des som-meils, un vieil ar-bre, un cou-vert ver-meil, un hom-me sans pa-reil, u-ne a-beil-le, des a-beil-les, u-ne bou-teil-le, des bou-teil-les, u-ne cor-beil-le, des cor-beil-les, u-ne cor-neil-le, des cor-neil-les, u-ne gro-seil-le, des gro-seil-les, u-ne mer-veil-le, des mer-veil-les, u-ne o-reil-le, des o-reil-les, u-ne treil-le, des treil-les, la veil-le, des veil-les, u-ne vieil-le, des vieil-les, il con-seil-le, il som-meil-le, il sur-veille, il veil-le, u-ne ai-guil-le, des ai-guil-les, u-ne bas-til-le, des bas-til-les, u-ne bé-quil-le, des bé-quil-les, u-ne bil-le, des bil-les, u-ne cé-dil-le, des cé-dil-les, u-ne char-mil-le, des char-mil-les, u-ne che-nil-le, des che-nil-les, u-ne che-vil-le, des che-vil-les, u-ne fa-mil-le, des fa-mil-les, u-ne fil-le, des fil-les, u-ne gen-til-le fil-le, de gen-til-les fil-les; u-ne gril-le, des gril-les, u-ne gue-nil-le, des gue-nil-les, u-ne jon-quil-le, des jon-quil-les, u-ne len-til-le, des len-til-les, u-ne man-til-le, des man-til-les, u-ne pa-co-til-le, des pa-co-til-les, u-ne quil-le, des quil-les, de la va-nil-le, u-ne vé-til-le, des vé-til-les, u-ne vril-le, des vril-les, il a-pos-til-le, il bril-le, il se dés-ha-bil-le, il é-par-pil-le, il é-tril-le, il four-mil-le, il fré-til-le, il gas-pil-le, il gril-le, il s'ha-bil-le, il na-sil-le, il pé-til-le, il sour-cil-le, un aïeul, des aïeuls, un til-leul, des til-leuls, un é-pa-gneul, des é-pa-gneuls, un fil-leul, des fil-leuls, un seuil, des seuils, du cer-feuil, u-ne feuil-le, des feuil-les, un chè-vre-feuil-le, des chè-vre-feuil-les, un é-cu-reuil, des é-cu-reuils, un ac-cueil, des ac-cueils, un che-vreuil, des che-vreuils, un fau-teuil, des fau-teuils, un re-cueil, des re-cueils, a-voir de l'or-gueil, il ac-cueil-le, il re-cueil-le, u-ne an-douil-le, des an-douil-les, u-ne ci-trouil-le, des ci-trouil-les, u-ne dé-pouil-le, des dé-pouil-les, u-ne gar-gouil-le, des gar-gouil-les, u-ne gre-nouil-le, des gre-nouil-les, de la houil-le, u-ne pa-trouil-le, u-ne que-nouil-le, de la rouil-le, il s'age-nouil-le, il bar-bouil-le, il bre-douil-le, il se brouil-le, il cha-touil-le, il se dé-bar-bouil-le, il dé-pouil-le, il far-fouil-le, il fouil-le, il ga-zouil-le, il gri-bouil-le, il se mouil-le.

TRENTIÈME LEÇON.

an, am, en, em, ant, ent, ance, anse, ence, ense.

in, im, on, om.

Ma-man, a-dam, un an, des ans, un ar-ti-san, des ar-ti-sans, un qui-dam, des qui-dams, un ty-ran, des ty-rans, un vé-té-ran, un pay-san, des pay-sans, un di-van, des di-vans, un am-bi-gu, un am-bi-tieux, de l'am-bi-tion, un am-ble, de l'am-bro-sie, u-ne am-bu-lan-ce, u-ne é-tof-fe am-ple, de l'am-pleur, u-ne am-pou-le, un am-pu-té, les an-cê-tres, un an-cien, u-ne an-cre, u-ne em-bar-ca-tion, un em-bar-ras, un em-bau-me-ment, u-ne em-bû-che, un em-bel-lis-se-ment, u-ne em-bou-chu-re, un em-bran-che-ment, un em-bras-se-ment, u-ne em-bus-ca-de, de l'en-cens, un en-cen-soir, un en-chaî-ne-ment, de l'en-cre, un en-fer, un en-ga-ge-ment, un en-gor-ge-ment, u-ne en-jam-bée, un en-jô-leur, un en-lè-ve-ment, un en-sei-gne-ment, un en-sem-ble, un tam-bour, du jam-bon, u-ne an-se, u-ne con-tre-dan-se, u-ne pon-te, u-ne pan-se, u-ne dé-fen-se, u-ne dé-pen-se, u-ne dis-pen-se, u-ne of-fen-se, u-ne ré-com-pen-se, l'a-bon-dan-ce, la con-fian-ce, l'o-béis-san-ce, la cons-tan-ce, l'es-pé-ran-ce, la puis-san-ce, l'i-gno-ran-ce, u-ne quit-tan-ce, l'a-do-les-cen-ce, la fa-ï-en-ce, u-ne con-fi-den-ce, l'es-sen-ce, u-ne pé-ni-ten-ce, u-ne po-ten-ce, un ar-pent, des ar-pents, un ser-pent, des ser-pents, un chant, des chants, un mé-chant, des mé-chants, un ac-ci-dent, des ac-ci-dents, un tri-dent, des tri-dents, un ad-ju-dant, des ad-ju-dants, un cor-res-pon-dant, des cor-res-pon-dants, un tor-rent, des tor-rents, un pa-ra-vent, des pa-ra-vents, un con-qué-rant, des con-qué-rants, un ins-tant, des ins-tants, un im-bé-cil-le, des im-bé-cil-les, un im-ber-be, des im-ber-bes, un im-pru-dent, des im-pru-dents, un vent im-pé-tu-eux, des vents im-pé-tu-eux, un in-con-nu, des in-con-nus, un in-con-sé-quent, du plomb, u-ne om-bre, de l'om-bra-ge, u-ne om-brel-le, u-ne on-ce, un on-cle, u-ne on-de, un on-gle.

TRENTE-ET-UNIÈME LEÇON.

ciable, sciable, tialle, ciel, tiel, cier, scier, tier, cion, sion, scion, tion, xion, cieux, tieux.

Né-go-cia-ble, pré-ju-di-cia-ble, ap-pré-cia-ble, in-ap-pré-ciable, in-so-cia-ble, so-cia-ble, scia-ble, in-sa-tia-ble, ciel, cir-cons-tan-ciel, ar-ti-ficiel, su-per-fi-ciel, es-sen-tiel, pé-ni-ten-tiel, pré-si-den-tiel, subs-tan-tiel, gra-cier, né-go-cier, pré-ju-di-cier, ap-pré-cier, vi-cier, re-mer-cier, of-fi-cier, li-cen-cier, sup-pli-cier, scier, am-bi-tion, at-ten-tion, o-bli-ga-tion, pré-ten-tion, na-tion, mo-dé-ra-tion, oc-cu-pa-tion, ex-po-si-tion, pré-dic-tion, pré-somp-tion, cor-rup-tion, as-cen-sion, a-ver-sion, ex-pres-sion, con-ver-sion, dis-cus-sion, pas-sion, pen-sion, pro-gres-sion, per-mis-sion, un scion, des scions, com-ple-xion, con-ne-xion, fle-xion, flu-xion, cieux, a-va-ri-cieux, ca-pri-cieux, cons-cien-cieux, dé-li-cieux, gra-cieux, of-fi-cieux, ré-vé-ren-cieux, li-cen-cieux, sen-ten-cieux, si-len-cieux.

TRENTE-DEUXIÈME LEÇON.

eur, euse, eur, rice, eur, eresse.

Un bou-deur, u-ne bou-deu-se, un cau-seur, u-ne cau-seu-se, un men-teur, u-ne men-teuse, un flat-teur, u-ne flat-teu-se, un gron-deur, u-ne gron-deu-se, un trom-peur, u-ne trom-peuse, un vo-leur, u-ne vo-leu-se, un cou-reur, u-ne cou-reu-se, un dan-seur, u-ne dan-seu-se, un val-seur, u-ne val-seu-se, un man-geur, u-ne man-geu-se, un bu-veur, u-ne bu-veu-se, un di-rec-teur, u-ne di-rec-tri-ce, un ins-ti-tu-teur, u-ne ins-ti-tu-tri-ce, un fon-da-teur, u-ne fon-da-tri-ce, un spo-lia-teur, u-ne spo-lia-tri-ce, un exé-cu-teur, u-ne exé-cu-tri-ce, un per-sé-cu-teur, u-ne per-sé-cu-tri-ce, un ins-pec-teur, u-ne ins-pec-tri-ce, un in-ven-teur, u-ne in-ven-tri-ce, un ven-geur, u-ne ven-ge-res-se, un pé-cheur, u-ne pé-che-res-se, un en-chan-teur, u-ne en-chan-te-res-se.

TRENTE-TROISIÈME LEÇON.

CH prononcé comme K; PH prononcé comme F; TH prononcé comme T.

CH.

A-chro-ma-ti-que, a-na-chro-nis-me, bac-cha-nal, ca-chu-cha, cher-so-nè-se, chi-ro-man-cie, cho-lé-ra-mor-bus, a-na-cho-rè-te, chry-sa-li-de, chré-tien, chry-so-ca-le, é-cho, ma-cha-bée, py-ro-tech-nie, ar-cha-ïs-me, cha-os, ar-chon-te, li-chen, cha-ryb-de, cho-lé-ri-ne, cho-ris-te, christ, chro-no-lo-gie, chlo-re, Mel-chi-sé-dec, chal-déen, poly-tech-ni-que, s-cho-las-ti-que, chlo-ru-re, al-ma-nach, ar-chan-ge, ca-ta-chrè-se, ché-li-doi-ne, chœur, chro-ni-que, chrê-me, cho-lé-ri-que, coch-lé-a-ria, ex-ar-chat, chro-ma-ti-que, chro-no-mè-tre, ich-thy-o-pha-ge, Na-bu-cho-do-no-sor, ter-psi-cho-re, ich-tyo-lo-gie.

C représenté par K.

U-ka-se, to-kai, joc-key, kamts-chat-ka, ki-lo-gram-me, s-cha-ko, ky-riel-le, ker-mès, kan, ki-lo-stè-re, nan-kin, ker-mes-se, kios-que, ka-bi-le, ki-lo-mè-tre, pé-kin, kand-ser, ka-ka-to-ès, ka-lé-i-dos-co-pe, co-ke, mo-ka, kal-mouk, kan-gu-roo, ki-lo-mè-tre, an-ky-lo-se.

PH.

A-cé-pha-le, al-pha-bet, am-phi-bie, am-pho-re, an-thro-po-mop-phis-te, an-thro-po-pha-ge, a-pho-ris-me, a-po-cry-phe, a-poph-teg-me, as-phal-te, as-phy-xie, bi-bli-o-gra-phe, bi-bli-o-phi-le, blas-phè-me, phra-se, é-lé-phant, em-pha-se, é-phé-mè-re, é-phé-mé-ri-des, é-pho-res, é-pi-pha-nie, é-pi-ta-phe, eu-phé-mie, eu-phé-mis-me, eu-pho-nie, eu-pho-ni-que, gra-phie, hi-é-ro-gly-phe, hi-é-ro-phan-te, phti-sie, pam-phlet, lo-go-gri-phe, phi-lo-so-phe, phi-lo-so-phie, phos-phore, phos-pho-ri-que, so-phis-me, phi-lo-so-phis-me, stro-phe, sy-co-phan-te, syl-phe, sym-pho-nie, tri-om-phe, tro-phée, phy-si-o-lo-gie, phé-bus, por-phy-re, pro-phè-te, zé-phir, sar-co-pha-ge, sé-ra-phin, sphè-re, sphinx, phé-nix, phé-no-mè-ne, phi-lan-thro-pe, phi-lip-pi-que, phi-lo-lo-gie, phil-tre, phy-si-o-no-mie, bos-pho-re, bu-cé-pha-le, lym-phe, mé-phy-ti-que, ty-phon, ty-phus, stro-phe, ca-tas-tro-phe, chris-to-phe, pho-qué, hy-dro-pho-bie, hy-dro-pho-be, li-mi-tro-phe, li-tho-pha-ge, o-lo-gra-phe.

TH.

Thé-o-rie, thé-o-lo-gie, thé-o-rè-me, thé-o-cra-tie, thé-o-do-re, or-tho-gra-phe, or-tho-doxe, or-tho-pé-di-que, or-tho-lo-gie, or-ni-tho-lo-gie, antho-lo-gie, pa-tho-lo-gie, rhé-teur, rhé-to-ri-que, an-ti-thè-se, pa-ren-thè-se, syn-thè-se, tha-lie, thau-ma-tur-ge, thé, thé-â-tre, thé-ri-a-que, ther-mal, thé-sau-ri-ser, thon, ab-sin-the, té-ré-ben-thi-ne, zé-nith, a-rith-mé-ti-que, au-then-ti-que, a-thlè-te, bi-bli-o-thè-que, ca-tho-li-que, can-tha-ride, co-thur-ne, diph-ton-gue, en-thou-si-as-me, é-pi-tha-la-me, é-pi-thè-te, é-ther, ga-li-ma-thias, thym, lo-ga-rith-me, lu-thier, ma-thé-ma-ti-que, men-the, mé-tho-de, pan-thé-on, pan-thè-re, phti-sie, plé-tho-re, plin-the, pos-thu-me, pi-tho-nis-se, thyr-se, thu-ri-fè-re, sym-pa-thie, an-ti-pa-thie, a-pa-thie, thè-se, a-can-the, a-na-thè-me, a-po-thi-cai-re, go-thi-que, hya-cin-the, hy-po-thè-que, isth-me, la-by-rin-the, lé-thar-gie, a-mé-thys-te.

TRENTE-QUATRIÈME LEÇON.

H muet, H aspiré.

H muet.

Il faut que je m'ha-bil-le, un ha-bi-tant, des ha-bi-tants, un hu-mo-ris-te, des hu-mo-ris-tes, de l'hui-le, des hui-les, un hom-me ha-bi-le, des hom-mes ha-bi-les, u-ne ha-bi-tu-de, des ha-bi-tu-des, l'hu-ma-nité, un lin-ge hu-mec-té, des lin-ges hu-mec-tés, un hum-ble ser-vi-teur, d'hum-bles ser-vi-teurs, u-ne huî-tre, des huî-tres, un huis-sier, des huis-siers, u-ne dou-ce ha-lei-ne, de dou-ces ha-lei-nes, un ha-me-çon, des ha-me-çons, u-ne dou-ce har-mo-nie, de dou-ces har-mo-nies, u-ne re-vue heb-do-ma-dai-re, des re-vues heb-do-ma-dai-res, il faut l'hé-ber-ger, il ne faut pas m'hé-bê-ter, u-ne boî-te her-mé-ti-que, des boî-tes her-mé-ti-ques, u-ne ro-be d'her-mi-ne, des ro-bes d'her-mi-ne, de l'her-be, des her-bes, un hé-ri-tier, des hé-ri-tiers, u-ne heu-re, des heu-res, un heu-reux, des heu-reux, un hia-tus, des hia-tus, le jour d'hi-er, a-vant hi-er, un hi-é-ro-gly-phe, des hi-é-ro-gly-phes, il y eut u-ne gran-de hi-la-ri-té, u-ne hi-ron-del-le, des hi-ron-del-les, u-ne his-toi-re, des his-toi-res, un hyp-po-drô-me, des hyp-po-drô-mes, a-voir u-ne hy-dro-pi-sie, u-ne hy-dre, des hy-dres, u-ne hor-lo-ge, des hor-lo-ges, un hos-pi-ce, des hos-pi-ces, il ab-hor-re le vin, un ad-hé-rent, des ad-hé-rents, a-hu-rir, ap-pré-hen-der, don-ner des ar-rhes, le bon-heur, le mal-heur, un brou-ha-ha, des brou-ha-has, ca-ho-ter, un cahier, des ca-hiers, u-ne ca-hut-te, des ca-hut-tes, u-ne co-hor-te, des co-hor-tes, com-pré-hen-si-ble, in-com-pré-hen-si-ble, en-va-hir, en-va-his-se-ment, red-hi-bi-tion, red-hi-bi-toi-re, ré-ha-bi-li-ter, ré-ha-bi-li-ta-tion, re-haus-ser, re-haus-se-ment, au-jour-d'hui, jus-qu'à au-jour-d'hui, tra-hir, u-ne tra-hi-son, sou-haiter, un sou-hait, des sou-haits, vé-hé-ment, un vé-hicu-le, des vé-hi-cu-les, un ca-tar-rhe, des ca-tar-rhes, de la myr-rhe, un rha-bil-la-ge, des rha-bil-la-ges, la rhé-to-ri-que, le Rhin, un rhi-no-cé-ros, des rhino-cé-ros, un hip-po-po-ta-me, des hip-po-po-ta-mes, un ho-ri-zon, des ho-ri-zons, un hé-breu, des hé-breux, u-ne hé-ca-tom-be, des hé-ca-tom-bes, un hec-to-litre, des hec-to-li-tres, un hé-mi-sphè-re, des hé-misphè-res. un hé-mis-ti-che, des hé-mis-ti-ches, u-ne hémor-rha-gie, un hé-ré-ti-que, des hé-ré-ti-ques, hé-siter, u-ne hé-si-ta-tion, un hon-nê-te hom-me, d'honnê-tes gens, un hô-tel, des hô-tels, in-hu-mer, u-ne in-hu-ma-tion, in-hé-rent, un hy-po-cri-te, des hy-pocri-tes, u-ne hy-per-bo-le, des hy-per-bo-les, le Rhô-ne, du rhum, un rhu-me, les rhu-mes, un rhuma-tis-me, des rhu-ma-tis-mes.

H aspiré.

U-ne hyè-ne, des hyè-nes, un ha-bleur, des hableurs. un ha-sard, des ha-sards, du hou-blon, un hom-me har-di, des hom-mes har-dis, un chien har-gneux, des chiens har-gneux, un spec-ta-cle hideux, des spec-ta-cles hi-deux, u-ne ha-che, des haches, un ha-vre-sac, des ha-vre-sacs, une houe, des houes, une haie, des haies, le bas, le haut, une hau-te mai-son, al-ler en haut, a-voir de la hai ne, je le hais, tu le hais, il le hait, nous le ha-ïs-sons, vous le ha-ïs-sez, ils le ha-ïs-sent, ne hais per-son-ne, mais hais le vi-ce, u-ne hau-teur, les hau-teurs de Montmar-tre, de la houil-le, un hail-lon, des hail-lons, un hé-raut. des hé-rauts, un hé-ros, des hé-ros, u-ne hon-te; un pau-vre hè-re, de pau-vres hè-res, une hou-let-te, des hou-let-tes, un ha-meau, des hameaux. u-ne ham-pe, des ham-pes, u-ne han-che, des han-ches, un han-ne-ton, des han-ne-tons, u-ne ha-qué-née, des ha-qué-nées, un ha-quet, des haquets, une ha-ran-gue, des ha-ran-gues, un ha-ras, des ha-ras, des har-des, un ha-reng, des ha-rengs, une ha-ren-gè-re, des ha-ren-gè-res, un hareng saur, des ha-rengs saurs, un ha-ri-cot, des ha-ri-cots, il ai-me les ha-ri-cots verts, et moi les ha-ri-cots blancs, u-ne ha-ri-del-le, des ha-ri-del-les, u-ne har-pe, des har-pes, un har-pon, des har-pons, ê-tre pen-du à la hart, u-ne her-nie, des her-nies, un hé-ron, des hé-rons, un hé-ros, des hé-ros, u-ne her-se, des her-ses, la Hol-lan-de, du fro-ma-ge de Hol-lan-de, un ho-mard, des ho-mards, un che-val hon-gre, des che-vaux hon-gres, des Hon-grois, la Hon-grie, la hon-te, ne so-yez pas hon-teux, a-voir le ho-quet, un ho-que-ton, u-ne hor-de, des hor-des, un ho-rion, des ho-rions, u-ne hot-te, des hot-tes, un hot-ten-tot, des hot-ten-tots, u-ne hot-ten-tot-te, u-ne houp-pe, des houp-pes, u-ne houp-pe-lan-de, des houp-pe-lan-des, u-ne hou-ri, les hou-ris de Ma-ho-met, u-ne hous-se, des hous-ses, u-ne hous-si-ne, des hous-si-nes, u-ne houx, des houx, un ho-yau, des ho-yaux, un hé-ron, des hé-rons, un hus-sard, des hus-sards, un hu-tin, des hu-tins, u-ne hut-te, des hut-tes, je vous sup-plie de ne pas me haïr, un pois hâ-tif, des pois hâ-tifs, ne han-tez pas les mau-vais lieux, dis-moi qui tu han-tes, je te di-rai qui tu es, hap-per, il l'a hap-pé, ha-ran-guer, u-ne bel-le ha-ran-gue, il faut ha-ran-guer le peu-ple, le roi a é-té ha-ran-gué, har-ce-ler, je suis har-ce-lé, har-na-cher, un che-val en-har-na-ché, un har-nais, des har-nais, com-me il est har-na-ché, hâ-ter, ne vous hâ-tez pas trop, hé-ris-ser, des mon-ta-gnes hé-ris-sées de fo-rêts, heur-ter, ne me heur-tez pas, vous heur-tez le bon sens, his-ser, il a his-sé son pa-vil-lon, ho-cher, un ho-chet, des ho-chets, il ho-che la tê-te, hon-nir, hon-ni soit qui mal y pen-se, il a é-té hon-ni, hous-pil-ler, je l'ai hous-pil-lé com-me il faut, hur-ler, je l'ai en-ten-du hur-ler, les hur-le-ments des a-ni-maux, hen-nir, les hen-nis-se-ments des che-vaux, la trom-pet-te les fait hen-nir, il quit-ta la haî-re, u-ne hal-le, des hal-les, cro-yez-vous ê-tre à la hal-le ? u-ne fem-me de la hal-le, des fem-mes de la hal-le, u-ne hal-le-bar-de, des hal-le-bar-des, un hal-lier, des hal-liers, u-ne hal-te, la hal-te, al-lons, hal-te-là ! un ha-mac, des ha-macs, un hê-tre, des hê-tres, un hi-bou, des hi-boux, la hi-é-rar-chie ad-mi-nis-tra-ti-ve, met-tre le ho-là, u-ne hu-che, des hu-ches, un hu-gue-not, des hu-gue-nots, un huit, les huit, il faut compter tous les huit, u-ne hu-ne, des hu-nes, u-ne hup-pe, des hup-pes, le ha-sard, un jeu de ha-sard, des jeux de ha-sard, je suis hors de moi, il est hors de lui, nous som-mes hors de nous, en-har-dir, il s'est en-har-di, vous vous ê-tes en-har-di, ils se sont en-har-dis.

TRENTE-CINQUIÈME LEÇON.

sa, ça, son, çon, su, çu.

Il a-mas-sa, il ef-fa-ça, il la dé-la-ça, el-le se dé-las-sa, il a-ga-ça, il em-bras-sa, il pla-ça, il cas-sa, il gri-ma-ça, il chas-sa, il en-tre-la-ça, il se dé-las-sa, il pla-ça, il pas-sa, il tra-ça, il en-tas-sa, il me-na-ça, il sur-pas-sa, il rem-pla-ça, il se las-sa, nous a-mas-sons, nous ef-fa-çons, nous la dé-la-çons, nous nous dé-las-sons, nous a-ga-çons, nous em-bras-sons, nous pla-çons, nous cas-sons, nous gri-ma-çons, nous chas-sons, nous en-tre-la-çons, nous nous dé-las-sons, nous pla-çons, nous pas-sons, nous tra-çons, nous en-tas-sons, nous me-na-çons, nous sur-pas-sons, nous rem-pla-çons, aous pas-sons, un son, des sons, un ar-çon, des ar-çons, un bas-son, u-ne le-çon, u-ne bois-son, un li-ma-çon, un cais-son, un ma-çon, un é-cus-son, un ca-le-çon, un po-lis-son, un gar-çon, un hé-ris-son, un poin-çon; un chaus-son, un ha-me-çon, du cres-son, u-ne ran-çon, un ca-pa-ra-çon, un pail-las-son, u-ne con-tre-fa-çon, u-ne mois-son, un bos-su, des bos-sus, un hom-me cos-su, des hom-mes cos-sus, un tis-su, des tis-sus, j'ai su ma le-çon, j'ai fait ce-la à mon in-su, il est is-su d'u-ne gran-de fa-mil-le, j'ai re-çu, j'ai per-çu, j'ai a-per-çu, j'ai con-çu, j'ai é-té dé-çu.

TRENTE-SIXIÈME LEÇON.

se, ze, son, zon.

se, ze.

Ga-ze, to-pa-ze, a-lê-ze, tra-pè-ze, bon-ze, bron-ze, on-ze, dou-ze, trei-ze, qua-tor-ze, quin-ze, sei-ze, mé-lè-ze, ga-zer, bron-zer, ro-se, ru-se, thè-se, an-ti-thè-se, do-se, di-o-cè-se, a-na-ly-se, bri-se, mar-qui-se, fran-chi-se, va-li-se, cri-se, cor-ne-mu-se, ar-que-bu-se, mu-se, de la cé-ru-se, ra-ser, cho-se, in-fu-ser, re-fu-ser, u-ser, a-bu-ser, dé-sa-bu-ser, phra-se, o-ser, ba-ser, em-bra-ser, com-po-ser, ar-ro-ser, ex-cu-ser.

son, zon.

Ga-zon, ho-ri-zon, bla-son, sai-son, foi-son, tra-hi-son, toi-son, dé-man-geai-son, cloi-son, rai-son, gué-ri-son, ex-ha-lai-son, poi-son, mai-son, di-a-pa-son, sa-lai-son, li-ai-son.

TRENTE-SEPTIÈME LEÇON.

oin, ouin.

Ba-bouin, ba-ra-gouin, bé-douin, cha-fouin, ma-rin-gouin, mar-souin, et sa-gouin, coing, poing, point, be-soin, foin, té-moin, coin, groin, soin, sain-foin, ben-join, loin, re-coin, tin-toin, ta-la-poin.

TRENTE-HUITIÈME LEÇON.

Mots où se trouve la lettre Y.

Un a-co-ly-te, des a-co-ly-tes, u-ne a-na-ly-se, des a-na-ly-ses, un li-vre a-po-cry-phe, des li-vres a-po-cry-phes, le chy-le, u-ne chry-sa-li-de, des chry-sa-li-des, un cy-près, des cy-près, une dy-nas-tie, des dy-nas-ties, un é-ly-sée, des é-ly-sées, un am-bry-on, des am-bry-ons, u-ne é-ty-mo-lo-gie, un é-ry-si-pè-le, des é-ry-si-pè-les, un gym-na-se, des gym-na-ses, du gyp-se, un ho-mo-ny-me, des ho-mo-ny-mes, u-ne hy-a-cin-the, des hy-a-cin-thes, u-ne hy-dre, l'hy-giè-ne, la phy-si-que, u-ne ky-ri-el-le, des ky-ri-el-les, u-ne af-fec-ti-on la-cry-ma-le, des af-fec-ti-ons la-cry-ma-les, le la-rynx, la lym-phe, un ly-cée, des ly-cées, u-ne ly-re, des ly-res, un lynx, des lynx, un mar-tyr, des mar-tyrs, souf-frir le mar-ty-re, un myo-pe, des myo-pes, de la myr-rhe, un mys-tè-re, des mys-tè-res, la my-tho-lo-gie, u-ne pa-ra-ly-sie, des pa-ra-ly-sies, un pa-né-gy-ri-que, des pa-né-gy-ri-ques, du por-phy-re, un pres-by-tè-re, des pres-by-tè-res, l'E-gyp-te, un pro-sé-ly-te, des pro-sé-ly-tes, un pry-ta-née, un sa-ty-re, des sa-ty-res, le sty-le, un sy-co-mo-re, des sy-co-mo-res, u-ne syl-la-be, des syl-la-bes, la syl-lep-se, un syl-lo-gis-me, des syl-lo-gis-mes, un syl-phe, des syl-phes, un sym-bo-le, des sym-bo-les, u-ne sy-mé-trie, des sy-mé-tries, u-ne sym-pho-nie, un symp-tô-me, des symp-tô-mes, u-ne sy-na-go-gue, des sy-na-go-gues, u-ne syn-co-pe, des syn-co-pes, u-ne syn-ta-xe, des syn-ta-xes, un syn-dic, des syn-dics, un sy-no-de, des sy-no-des, un sy-no-ny-me, des sy-no-ny-mes, un sys-tè-me, des sys-tè-mes, un sy-phon, des sy-phons, un ty-pe, des types, un ty-ran, des ty-rans, u-ne ma-chi-ne hy-drau-li-que, des ma-chi-nes hy-drau-li-ques, de l'hy-dro-gè-ne, un my-ria-mè-tre, des my-ria-mè-tres, un phy-si-cien, des phy-si-ciens, la phy-sio-lo-gie, un hyp-po-grif-fe, des hyp-po-grif-fes, un Scy-the, des Scy-thes, la Sy-rie, un hym-ne, des hym-nes, de l'hy-so-pe, u-ne syn-thè-se, un thyr-se, des thyr-ses, le tym-pan, il nous bri-se le tym-pan, a-voir le ty-phus, un zé-phir, des zé-phirs, le dieu Zé-phi-re, un hy-per-bo-le, des hy-per-bo-les, la phy-sio-lo-gie, un po-ly-gra-phe, des po-ly-gra-phes, u-ne é-co-le po-ly-tech-ni-que, des é-co-les po-ly-tech-ni-ques, un hy-dro-pho-be, des hy-dro-pho--bes, l'hy-dro-pho-bie, u-ne nym-phe, des nym-phes, un nym-phœ-a, des nym-phœ-a.

FIN DE LA PREMIÈRE PARTIE.

DEUXIEME PARTIE

TRENTE-NEUVIÈME LEÇON.

Les trois cho-ses les plus dif-fi-ci-les sont de tai-re un se-cret, d'ou-bli-er u-ne in-ju-re, et de bien u-ser de son loi-sir.

Les trois choses les plus difficiles, sont de taire un secret, d'oublier une injure, et de bien user de son loisir.

On é-prou-ve l'or par le feu, la fem-me par l'or, et l'hom-me par la fem-me.

On éprouve l'or par le feu, la femme par l'or, et l'homme par la femme.

La vue d'un i-vro-gne est la meil-leu-re le-çon de so-brié-té que l'on puis-se don-ner.

La vue d'un ivrogne est la meilleure leçon de sobriété que l'on puisse donner.

La plus né-ces-sai-re de tou-tes les scien-ces est d'ap-pren-dre à la ga-ran-tir de la con-ta-gion d'un mau-vais e-xem-ple.

La plus nécessaire de toutes les sciences est d'apprendre à se garantir de la contagion d'un mauvais exemple.

Le seul bien qui ne peut nous ê-tre en-le-vé, c'est le plai-sir d'a-voir fait une bon-ne ac-tion.

Le seul bien qui ne peut nous être enlevé, c'est le plaisir d'avoir fait une bonne action.

L'a-va-re ne pos-sè-de pas son bien, mais c'est son bien qui le pos-sè-de.

L'avare ne possède pas son bien, mais c'est son bien qui le possède.

L'es-pé-ran-ce est le son-ge d'un hom-me é-veil-lé.

L'espérance est le songe d'un homme éveillé.

La fé-li-ci-té du corps con-sis-te dans la san-té, et cel-le de l'es-prit dans le sa-voir.

La félicité du corps consiste dans la santé, et celle de l'esprit dans le savoir.

Parmi les bê-tes sau-va-ges, la plus à crain-dre est le tyran; par-mi les a-ni-maux do-mes-ti-ques, c'est le doc-teur.

Parmi les bêtes sauvages, la plus à craindre est le tyran; parmi les animaux domestiques, c'est le docteur.

QUARANTIÈME LEÇON.

Un roi d'E-gyp-te ap-prit à des sin-ges à dan-ser, à quoi ils ré-us-sis-sent ad-mi-ra-ble-ment, par-ce que cet ani-mal ai-me à con-tre-fai-re tou-tes les ac-tions de l'hom-me. Ce spec-ta-cle du-rait de-puis long-temps, lors-qu'un drô-le qui vou-lait ri-re, s'a-vi-sa de je-ter des noix dans la sal-le où ils dan-saient. Tout d'un coup, ils ou-bli-è-rent leurs pas et leurs con-te-nan-ce af-fec-tée, et se je-tè-rent des-sus pê-le-mê-le, sans a-voir é-gard à leurs beaux ha-bits, ni à leurs mas-ques.

Un roi d'Egypte apprit à des singes à danser, à quoi il réussissent admirablement, parce que cet animal aime à contrefaire toutes les actions de l'homme. Ce spectacle durait depuis longtemps, lorsqu'un drôle qui voulait rire s'avisa de jeter des noix dans la salle où ils dansaient. Tout d'un coup, ils oublièrent leurs pas et leur contenance affectée, et se jetèrent dessus pêle-mêle, sans avoir égard à leurs beaux habits, ni à leurs masques.

Les An-glais fai-saient le sié-ge de Ca-dix, en 1702. Com-me la vi-gueur é-tait né-ces-sai-re pour for-cer un pos-te si a-van-ta-geux, le gé-né-ral crut de-voir en-cou-ra-ger ses sol-dats par u-ne ha-ran-gue; elle fut cour-te et sin-gu-liè-re. « An-glais, leur dit-il, qui man-gez tous les jours de bon bœuf et de bon-ne sou-pe, sou-ve-nez-vous bien que ce se-rait le com-ble de l'in-fa-mie de vous lais-ser bat-tre par cet-te ca-nail-le d'Es-pa-gnols, qui ne vi-vent que d'o-ran-ges et de ci-trons. »

Les Anglais faisaient le siége de Cadix, en 1702. Comme la vigueur était nécessaire pour forcer un poste si avantageux, le général crut devoir encourager ses soldats par une harangue : elle fut courte et singulière. « Anglais, leur dit-il, qui mangez de bon bœuf et de bonne soupe, souvenez-vous bien que ce serait le comble de l'infamie de vous laisser battre par cette canaille d'Espagnols qui ne vivent que d'oranges et de citrons. »

QUARANTE-ET-UNIÈME LEÇON.

Al-phon-se, roi d'A-ra-gon, é-tait ve-nu voir les bi-joux d'un jo-ail-lier a-vec plu-sieurs de ses cour-ti-sans;

il fut à pei-ne sor-ti de la bou-ti-que, que le mar-chand cou-rut a-près lui, pour se plain-dre du vol qu'on lui a-vait fait d'un di-a-mant de grand prix. Le roi ren-tra chez le mar-chand, et fit ap-por-ter un grand va-se plein de son ; il or-don-na que cha-cun de ses cour-ti-sans y mît sa main fer-mée, et l'en re-ti-rât tout ou-ver-te. Il com-men-ça le pre-mier. A-près que tout le mon-de y eut pas-sé, il or-don-na au jo-ail-lier de vi-der le va-se sur la ta-ble. Par ce mo-yen, le di-a-mant fut trou-vé, et per-son-ne ne fut dés-ho-no-ré.

Alphonse, roi d'Aragon, était venu voir les bijoux d'un joaillier avec plusieurs de ses courtisans ; il fut à peine sorti de la boutique que le marchand courut après lui, pour se plaindre du vol qu'on lui avait fait d'un diamant de grand prix. Le roi rentra chez le marchand, et fit apporter un grand vase plein de son ; il ordonna que chacun de ses courtisans y mît sa main fermée et l'en retirât tout ouverte. Il commença le premier. Après que tout le monde y eut passé, il ordonna au joaillier de vider le vase sur la table. Par ce moyen, le diamant fut trouvé, et personne ne fut déshonoré.

A-na-cré-on al-lait un jour à Thè-bes, sui-vi d'un do-mes-ti-que, qui por-tait un sac d'ar-gent, et d'un chien qu'il ai-mait beau-coup. Le do-mes-ti-que, pres-sé par un be-soin, s'é-loi-gna de la rou-te, et, en al-lant re-join-dre son maî-tre, ou-bli-a de re-pren-dre le sac qu'il a-vait dé-po-sé. Ar-rivé à Thè-bes, A-na-cré-on s'a-per-çoit que son chien lui man-que, et le do-mes-ti-que se rap-pel-le qu'il n'a plus son sac. A-na-cré-on, ne pou-vant ter-mi-ner ses af-fai-res, fau-te d'ar-gent, re-tour-ne quel-ques jours a-près à sa cam-pa-gne ; et, com-me il pas-sait près de l'en-droit où son do-mes-ti-que s'é-tait ar-rê-té, le chien l'a-per-çoit, vient à lui, le con-duit près du sac, qu'il n'a-vait pas quit-té ; puis il ex-pi-re, n'a-yant point man-gé de-puis ce temps.

Anacréon allait un jour à Thèbes, suivi d'un seul domestique, qui portait un sac d'argent, et d'un chien qu'il aimait beaucoup. Le domestique, pressé par un besoin, s'éloigna de la route, et, en allant rejoindre son maître, oublia de reprendre le sac qu'il avait déposé. Arrivé à Thèbes, Anacréon s'aperçoit que son chien lui manque, et le domestique se rappelle qu'il n'a plus son sac. Anacréon, ne pouvant terminer ses affaires, faute d'argent, retourne quelques jours après à sa campagne, et, comme il passait près de l'endroit où son domestique s'était arrêté, le chien l'aperçoit, vient à lui, le conduit près du sac, qu'il n'avait pas quitté ; puis il expire, n'ayant point mangé depuis ce temps.

QUARANTE-DEUXIÈME LEÇON.

Hen-ri IV, n'é-tant en-co-re que roi de Na-var-re, bat-tit com-plè-te-ment le duc de Jo-yeu-se, qui fut tué sur le champ de ba-tail-le. On ap-por-te au vain-queur les bi-joux du vo-lup-tu-eux gé-né-ral. Il dé-dai-gna d'en fai-re u-sa-ge : « Il ne con-vient qu'à des fem-mes et à des co-mé-diens de se pa-rer de bi-joux : le vé-ri-ta-ble or-ne-ment du guer-rier, c'est la pré-sen-ce d'es-prit dans u-ne ba-tail-le, et la clé-men-ce a-près la vic-toi-re. »

Henri IV, n'étant encore que roi de Navarre, battit complètement le duc de Joyeuse, qui fut tué sur le champ de bataille. On apporte au vainqueur les bijoux du voluptueux général. Il dédaigna d'en faire usage : « Il ne convient, dit-il, qu'à des femmes et à des comédiens de se parer de bijoux : le véritable ornement du guerrier, c'est la présence d'esprit dans une bataille et la clémence après la victoire. »

Si un hom-me fort et en é-tat de tra-vail-ler, fait le mé-tier de men-di-ant en Hol-lan-de, on le sai-sit, on le des-cend dans un puits pro-fond, et on lâ-che un ro-bi-net. Si le pau-vre ne pom-pait pas sans re-lâ-che, il se-rait bien-tôt no-yé. Pen-dant que ce mal-heu-reux tra-vail-le, de gra-ves Hol-lan-dais font des pa-ris sur le bord du puits : l'un ga-ge que cet hom-me est lâ-che et pa-res-seux, et que l'eau va l'en-se-ve-lir ; l'au-tre sou-tient le con-trai-re. En-fin, a-près quel-ques heu-res, on re-ti-re le men-di-ant plus mort que vif, et on le ren-voie a-vec cet-te u-ti-le le-çon du tra-vail.

Si un homme fort et en état de travailler, fait le métier de mendiant en Hollande, on le saisit, on le descend dans un puits profond, et on lâche un robinet. Si le pauvre ne pompait pas sans relâche, il serait bientôt noyé. Pendant que ce malheureux travaille, de graves Hollandais font des paris sur le bord du puits : l'un gage que cet homme est lâche et paresseux, et que l'eau va l'ensevelir ; l'autre soutient le contraire. Enfin, après quelques heures, on tire le mendiant plus mort que vif, et on le renvoie avec cette utile leçon du travail.

QUARANTE-TROISIÈME LEÇON.

Si l'é-lé-phant est le plus gros des a-ni-maux, il a don-né mil-le preu-ves qu'il en est aus-si le plus in-tel-li-gent. Un de ces a-ni-maux, mal-trai-té par son cor-nac, c'est ain-si qu'on ap-pel-le son con-duc-teur, s'en é-tait ven-gé en le tu-ant. La fem-me du mal-heu-reux cor-nac, té-moin de ce spec-ta-cle, prit ses deux en-fants, et les je-ta aux pieds de l'a-ni-mal, en-co-re tout fu-rieux, en lui di-sant : *Puis-que tu as tué mon ma-ri, ô-te-moi la vie, ain-si qu'à mes en-fants.* L'é-lé-phant s'ar-rê-te tout court, s'a-dou-cit, et, com-me s'il eût é-té tou-ché de re-gret, prit a-vec sa trom-pe le plus grand de ces deux en-fants, le mit sur son cou, l'a-dop-ta pour son cor-nac, et n'en vou-lut point souf-frir d'au-tre. Ce fait est con-si-gné dans l'his-toi-re na-tu-rel-le de Buffon.

Si l'éléphant est le plus gros des animaux, il a donné mille preuves qu'il en est aussi le plus intelligent. Un de ces animaux, maltraité par son cornac, c'est ainsi qu'on appelle son conducteur, s'en était vengé en le tuant. La femme de ce malheureux cornac, témoin de ce spectacle, prit ses deux enfants, et les jeta aux pieds de l'animal, encore tout furieux, en lui disant : *Puisque tu as tué mon mari, ôte-moi aussi la vie ainsi qu'à mes enfants.* L'éléphant s'arrêta tout court, s'adoucit, et, comme s'il eût été touché de regret, prit avec sa trompe le plus grand de ces deux enfants, le mit sur son cou, l'adopta pour son cornac, et n'en voulut point souffrir d'autre. Ce fait est consigné dans l'histoire naturelle de Buffon.

Si l'é-lé-phant est vin-di-ca-tif, il n'en est pas moins re-con-nais-sant. Un sol-dat de Pon-di-ché-ry, qui a-vait cou-tu-me de por-ter à un de ces a-ni-maux u-ne me-su-re d'*a-rack*, cha-que fois qu'il tou-chait son prêt, a-yant bu un jour plus que de rai-son, et se voy-ant pour-sui-vi par la gar-de, qui vou-lait le con-dui-re en pri-son, se ré-fu-gia sous l'é-lé-phant et s'y en-dor-mit. Ce fut en vain que la gar-de ten-ta de l'ar-ra-cher de cet a-si-le ; l'é-lé-phant le dé-fen-dit a-vec sa trom-pe. Le len-de-main, le sol-dat, re-ve-nu de son i-vres-se, fré-mit à son ré-veil de se voir cou-ché sous un a-ni-mal d'u-ne gros-seur si é-nor-me. L'é-lé-phant, qui sans doute s'a-per-çut de son ef-froi, le ca-res-sa a-vec sa trom-pe pour le ras-su-rer, et lui fit en-ten-dre qu'il pou-vait s'en al-ler.

Si l'éléphant est vindicatif, il n'en est pas moins reconnaissant. Un soldat de Pondychéry, qui avait coutume de porter à un de ces animaux une certaine mesure d'*arack*, chaque fois qu'il touchait son prêt, ayant un jour bu plus que de raison, et, se voyant poursuivi par la garde, qui voulait le conduire en prison, se réfugia sous l'éléphant et s'y endormit, ce fut en vain que la garde tenta de l'arracher de cet asile; l'éléphant le défendit avec sa trompe. Le lendemain, le soldat, revenu de son ivresse, frémit à son réveil de se voir couché sous un animal d'une grosseur si énorme. L'éléphant, qui sans doute s'aperçut de son effroi, le caressa avec sa trompe pour le rassurer, et lui fit entendre qu'il pouvait s'en aller.

QUARANTE-QUATRIÈME LEÇON.

Jean-Jac-ques Rous-seau, cet il-lus-tre écri-vain, fut, dans sa jeu-nes-se, par u-ne sui-te d'é-vé-ne-ments, qu'il ne craint pas d'at-tri-buer à ses fau-tes, con-traint de se ré-dui-re à l'é-tat de do-mes-ti-ci-té. Il se vit sou-vent dans la plus du-re né-ces-si-té. Voi-ci com-ment il ra-con-te lui-mê-me u-ne de ses a-ven-tu-res, où il se trou-va hors d'é-tat de pay-er ses re-pas.

« J'a-vais, dit-il, grand be-soin d'ar-ri-ver en quel-que lieu que ce fût, et le plus pro-che é-tait le mieux; car m'é-tant é-ga-ré dans ma rou-te, je me trou-vai le soir à Mou-don, où je dé-pen-sai le peu qui me res-tait, hors dix creut-zers, qui par-ti-rent le len-de-main à la dî-née; et ar-ri-vé le soir à un pe-tit vil-la-ge, auprès de Lau-san-ne, j'en-trai dans un ca-ba-ret, sans le sou pour pay-er ma cou-chée, et sans sa-voir que de-ve-nir. J'a-vais grand' faim; je fis bon-ne con-tenan-ce, et je de-man-dai à souper, com-me si j'eus-se eu de quoi bien pay-er. J'al-lai me cou-cher sans son-ger à rien; je dor-mis tran-quil-le-ment; et a-près a-voir dé-jeu-né le ma-tin, et cau-sé a-vec l'hô-te, je vou-lus, pour sept batz, à quoi se mon-tait ma dé-pen-se, lui lais-ser ma ves-te en ga-ge; ce bra-ve hom-me la re-fu-sa. Il me dit que, grâ-ces au ciel, il n'a-vait ja-mais dé-pouil-lé per-son-ne; qu'il ne vou-lait pas com-men-cer pour sept batz; que je gar-das-se ma ves-te, et que je le paie-rais quand je pour-rais. Je fus tou-ché de sa bon-té, mais moins que je ne de-vais l'ê-tre, et que je ne l'ai é-té de-puis en y re-pen-sant. Je ne tar-dai guè-re à lui ren-voy-er son ar-gent, a-vec des re-mer-ci-ments, par un hom-me sûr. Mais quin-ze ans a-près, re-pas-sant par Lau-san-ne, à mon re-tour d'I-ta-lie, j'eus un vrai re-gret d'a-voir ou-blié le nom du ca-ba-ret et de l'hô-te. Je l'au-rais é-té voir. Je me se-rais fait un vrai plai-sir de lui rap-pe-ler sa bon-ne œu-vre, et de lui prou-ver qu'elle n'a-vait pas é-té mal pla-cée. Des ser-vi-ces plus im-por-tants, sans doute, mais ren-dus a-vec plus d'os-ten-ta-tion, ne m'ont pas pa-ru si di-gnes de re-con-nais-san-ce, que l'hu-ma-ni-té sim-ple et sans é-clat de cet hon-nê-te hom-me.

Jean-Jacques Rousseau, cet illustre écrivain, fut, dans sa jeunesse, par une suite d'événements, qu'il ne craint pas d'attribuer à ses fautes, contraint de se réduire à l'état de domesticité. Il se vit souvent dans la plus dure indigence. Voici comment il raconte lui-même une de ses aventures, où il se trouva hors d'état de payer son repas.

J'avais, dit-il, grand besoin d'arriver en quelque lieu que ce fût, et le plus proche était le mieux; car m'étant égaré dans ma route, je me trouvai le soir à Moudon, où je dépensai le peu qui me restait, hors dix kreutzers, qui partirent le lendemain à la dînée; et arrivé le soir à un petit village auprès de Lausanne, j'entrai dans un cabaret, sans le sou pour payer ma couchée, et sans savoir que devenir. J'avais grand faim; je fis bonne contenance, et je demandai à souper, comme si j'eusse eu de quoi payer. J'allai me coucher sans songer à rien; je dormis tranquillement; et après avoir déjeuné le matin et causé avec l'hôte, je voulus, pour sept batz, à quoi se montait ma dépense, lui laisser ma veste en gage ; ce brave homme la refusa. Il me dit que, grâces au ciel, il n'avait jamais dépouillé personne ; qu'il ne voulait pas commencer pour sept batz, que je gardasse ma veste, et que je le paierais quand je pourrais. Je fus touché de sa bonté, mais moins que je ne devais l'être, et que je ne l'ai été depuis en y repassant. Je ne tardai guère à lui envoyer son argent, avec des remercîments, par un homme sûr. Mais quinze ans après, repassant par Lausanne, à mon retour d'Italie, j'eus un vrai regret d'avoir oublié le nom du cabaret et de l'hôte. Je l'aurais été voir. Je me serais fait un vrai plaisir de lui rappeler sa bonne œuvre, et de lui prouver qu'elle n'avait pas été mal placée. Des services plus importants, sans doute, mais rendus avec plus d'ostentation, ne m'ont pas paru si dignes de reconnaissance, que l'humanité simple et sans éclat de cet honnête homme.

QUARANTE-CINQUIÈME LEÇON.

Il est d'u-sa-ge, dans les pen-sions, d'a-ver-tir de l'heu-re des re-pas par le son d'u-ne clo-che. Le chat de la mai-son, qui ne trou-vait son dî-ner au réfec-toi-re que quand il a-vait en-ten-du ce son, ne man-quait pas d'y être at-ten-tif. Il ar-ri-va un jour qu'on l'a-vait enfer-mé dans une cham-bre, et ce fut i-nu-ti-le-ment pour lui que la clo-che a-vait son-né : quel-ques heu-res a-près, a-yant é-té dé-li-vré de sa pri-son, son ap-pétit le fit des-cen-dre tout de sui-te au ré-fec-toi-re ; mais il n'y trou-va rien. Au mi-lieu de la jour-née on en-tend son-ner la clo-che, cha-cun veut sa-voir ce que c'est : on trou-ve le chat qui é-tait pen-du à la clo-che, et qui la re-mu-ait de tou-tes ses for-ces pour fai-re ve-nir un se-cond dî-ner.

Il est d'usage, dans les pensions, d'avertir de l'heure des repas par le son d'une cloche. Le chat de la maison, qui ne trouvait son dîner au réfectoire que quand il avait entendu ce son, ne manquait pas d'y être attentif. Il arriva un jour qu'on l'avait enfermé dans une chambre, et ce fut inutilement pour lui que la cloche avait sonné : quelques heures après, ayant été délivré de sa prison, son appétit le fit descendre au réfectoire ; mais il n'y trouva rien. Au milieu de la journée, on entend sonner ; chacun veut savoir ce que c'est ; on trouve le chat qui était pendu à la cloche, et qui la remuait de toutes ses forces pour faire venir un second dîner.

On rap-por-te à peu près la mê-me cho-se d'un chien que l'on nour-ris-ait dans u-ne com-mu-nau-té. Tous ceux de cet-te com-mu-nau-té qui ar-ri-vaient tard, et vou-laient pren-dre leur repas, ti-raient u-ne pe-ti-te son-net-te, et le cui-si-nier pas-sait leur por-tion par le mo-yen d'u-ne boî-te tour-nan-te, qu'on ap-pel-le *tour*, dans les mai-sons re-li-gi-eu-ses. Le chien é-tait at-ten-tif à tous ces mou-ve-ments, par-ce qu'or-di-nai-re-ment on lui a-ban-don-nait quel-ques os dont il se ré-ga-lait. Ces re-ve-nant-bons ne sa-tis-fai-saient pas tou-jours son ap-pé-tit ; né-an-moins il s'en con-ten-tait, lors-qu'un jour, n'a-yant pu rien at-trap-per, il s'a-vi-sa de ti-rer lui-même la son-net-te a-vec sa gueu-le. Le gar-çon de cui-si-ne, cro-yant que c'é-tait u-ne per-son-ne de la com-mu-nau-té, pas-se u-ne por-tion ; le chien ne s'en fait pas faute, et l'a-va-le dans le mo-ment. Le jeu lui pa-raît doux ; il re-com-men-ce le len-de-main, et, sûr de sa pi-tan-ce, ne fait plus sa cour à per-son-ne. Ce-pen-dant le cui-si-nier, qui s'é-tait plu-sieurs fois a-per-çu qu'on lui de-man-dait u-ne por-tion de plus, por-ta ses plain-tes. On fait des re-cher-ches, on e-xa-mi-ne, on sur-prend à la fin le drô-le, qui or-di-nai-re-ment n'at-ten-dait pas que tou-tes les per-son-nes de la com-mu-nauté eus-sent leur por-tion pour de-man-der la sien-ne. On ad-mi-ra la fi-nes-se de cet a-ni-mal ; et pour ne pas le pri-ver du fruit de son in-dus-trie, on con-ti-nua de lui pas-ser sa pi-tan-ce, que l'on com-po-sait de tout ce qui é-tait resté sur les as-siet-tes.

On rapporte à peu près la même chose d'un chien que l'on nourrissait dans une communauté. Tous ceux de cette communauté qui arrivaient tard, et voulaient prendre leur repas, tiraient une petite sonnette, et le cuisinier passait leur portion par le moyen d'une boîte tournante, qu'on appelle *tour*, dans les maisons religieuses. Le chien était attentif à tous ces mouvements, parce qu'ordinairement on lui abandonnait quelques os dont il se régalait. Ces revenant-bons ne satisfaisaient pas toujours son appétit : néanmoins il s'en contentait, lorsqu'un jour, n'ayant rien pu attraper, il s'avisa de tirer lui-même la sonnette avec sa gueule. Le gar-çon de cuisine, croyant que c'était une personne de la communauté, passe une portion; le chien ne s'en fait pas faute, et l'avale dans le moment. Le jeu lui paraît doux ; il recommence le lendemain, et, sûr de sa pitance, ne fait plus sa cour à personne. Cependant le cuisinier, qui s'était plusieurs fois aperçu qu'on lui demandait une portion de plus, porta ses plaintes. On fait des recherches, on examine, on surprend à la fin le drôle, qui ordinairement n'attendait pas que toutes les personnes de la communauté eussent leur portion pour demander la sienne. On admira la finesse de cet animal; et pour ne pas le priver du fruit de son industrie, on continua de lui passer sa pitance, que l'on composait de tout ce qui était resté sur les assiettes.

QUARANTE-SIXIÈME LEÇON.

Trois hom-mes vo-ya-geaient en-sem-ble ; ils ren-con-trèrent un tré-sor, et le par-ta-gè-rent. Ils con-tinuè-rent leur rou-te, en s'en-tre-te-nant de l'u-sa-ge qu'ils fe-raient de leurs ri-ches-ses. Les vi-vres qu'ils a-vaient por-tés é-taient con-som-més, ils con-vin-rent qu'un d'eux i-rait en a-che-ter à la vil-le, et que le plus jeu-ne se char-ge-rait de cet-te com-mis-sion.

Il se di-sait en che-min : Me voi-ci ri-che ; mais je le se-rais bien da-van-ta-ge si j'a-vais é-té seul quand le tré-sor s'est pré-sen-té ; ces deux hom-mes m'ont en-le-vé mes ri-ches-ses ; ne pour-rais-je pas les re-pren-dre, ce-la me se-rait fa-ci-le : je n'au-rais qu'à em-poi-son-ner les vi-vres que je vais a-che-ter ; à mon re-tour, je di-rais que j'ai dî-né à la vil-le, mes com-pa-gnons man-ge-raient sans dé-fi-an-ce, et ils mour-raient ; je n'ai que le tiers du tré-sor, et j'au-rais le tout.

Ce-pen-dant les deux vo-ya-geurs se di-saient : Nous a-vions bien af-fai-re que ce jeu-ne hom-me vînt s'as-so-cier a-vec nous ; nous a-vons é-té o-bli-gés de par-ta-ger le tré-sor a-vec lui ; sa part au-rait aug-men-té les nô-tres, et nous se-rions vé-ri-ta-ble-ment ri-ches : il va re-ve-nir, nous a-vons de bons poi-gnards.

Le jeu-ne hom-me re-vint a-vec des vi-vres : ses com-pa-gnons e-xé-cu-tè-rent leur af-freux pro-jet. Lorsqu'ils l'eu-rent as-sas-si-né, ils man-gè-rent les mets em-poi-son-nés, mou-ru-rent, et le tré-sor n'ap-par-tint à per-son-ne. L'un d'eux al-lait ex-pi-rer, lors-qu'un pas-sant, ac-cou-ru aux cris que lui ar-ra-chaient les ra-va-ges du poi-son, re-çut l'a-veu de leurs cri-mes, en mê-me temps que son der-nier sou-pir.

Trois hommes voyageaient ensemble, ils rencontrèrent un trésor, et le partagèrent ; ils continuèrent leur route, en s'entretenant de l'usage qu'ils feraient de leurs richesses. Les vivres qu'ils avaient portés étaient consommés ; ils convinrent qu'un d'eux irait en acheter à la ville, et que le plus jeune se chargerait de cette commission : il partit.

Il se disait en chemin : Me voilà riche, mais je le serais bien davantage si j'avais été seul quand le trésor s'est présenté ; ces deux hommes m'ont enlevé mes richesses ; ne pourrais-je pas les reprendre? cela me serait facile : je n'aurais qu'à empoisonner les vivres que je vais acheter ; à mon retour, je dirais que j'ai dîné à la ville, mes compagnons mangeraient sans défiance, et ils mourraient ; je n'ai que le tiers du trésor, et j'aurais le tout.

Cependant les deux autres voyageurs se disaient : Nous avions bien affaire que ce jeune homme vînt s'associer avec nous ; nous avons été obligés de partager le trésor avec lui ; sa part aurait augmenté les nôtres, et nous serions véritablement riches ; il va venir, nous avons de bons poignards.

Le jeune homme revint avec les vivres ; ses compagnons exécutèrent leur affreux projet. Lorsqu'ils l'eurent assassiné, ils mangèrent les mets empoisonnés, moururent, et le trésor n'appartint à personne. L'un d'eux allait expirer, lorsqu'un passant, accouru aux cris que lui arrachaient les ravages du poison, reçut l'aveu de leurs crimes, en même temps que son dernier soupir.

QUARANTE-SEPTIÈME LEÇON.

Les A-ra-bes ont beau-coup d'hu-ma-ni-té pour leurs che-vaux ; ja-mais ils ne les frap-pent ; ils les dres-sent à for-ce de ca-res-ses, et ils les ren-dent si do-ci-les, qu'il n'y en a point dans le mon-de qui leur soient com-pa-ra-bles en beau-té et en bon-té. Ils ne les at-ta-chent point dans leurs champs, ils les lais-sent er-rer en pais-sant aux en-vi-rons, d'où ils ac-cou-rent à la voix de leurs maî-tres.

Un pau-vre Ara-be a-vait pour tout bien u-ne ma-gni-fi-que ju-ment. Le con-sul de Fran-ce à Sey-de lui pro-po-sa de la lui ven-dre, dans l'in-ten-tion de l'envo-yer à Louis XIV. L'A-ra-be, pres-sé par le be-soin, ba-lan-ça long-temps; en-fin il y con-sen-tit, et en de-man-da un prix con-si-dé-ra-ble. Le con-sul, n'o-sant de son chef don-ner u-ne si gros-se som-me, é-cri-vit à Ver-sail-les pour en ob-te-nir l'a-gré-ment de la Cour. Louis XIV don-na or-dre qu'el-le fût dé-li-vrée. Le con-sul, sur-le-champ, man-de l'A-ra-be, qui ar-ri-ve mon-té sur sa bel-le ju-ment, et il lui comp-te l'or qu'il a-vait de-man-dé. L'A-ra-be, cou-vert d'u-ne pau-vre nat-te, met pied à ter-re, re-gar-de l'or; il jet-te en-sui-te les yeux sur sa ju-ment, sou-pi-re et lui dit : *A qui vais-je te li-vrer? à des Eu-ro-pé-ens qui t'at-ta-che-ront, qui te bat-tront, qui te ren-dront mal-heu-reu-se : re-viens a-vec moi, ma bel-le, ma mi-gnon-ne; sois la joie de mes en-fants.*

En di-sant ces mots, il sau-ta des-sus, et re-prit la rou-te de sa de-meu-re.

Les Arabes ont beaucoup d'humanité pour leurs chevaux; jamais ils ne les frappent; ils les dressent à force de caresses, et ils les rendent si dociles qu'il n'y en a point dans le monde qui leur soient comparables en beauté et en bonté. Ils ne les attachent point dans leurs champs; ils les laissent errer en paissant aux environs, d'où ils accourent à la voix de leurs maîtres.

Un pauvre Arabe avait pour tout bien une magnifique jument. Le consul de France à Seyde lui proposa de la lui vendre, dans l'intention de l'envoyer à Louis XIV. L'Arabe, pressé par le besoin, balança longtemps; enfin, il y consentit, et en demanda un prix considérable. Le consul, n'osant de son chef donner une aussi grosse somme, écrivit à Versailles pour en obtenir l'agrément de la Cour. Louis XIV donne l'ordre qu'elle fût délivrée. Le consul, sur le champ, mande l'Arabe, qui arrive monté sur sa belle jument, et il lui compte l'or qu'il avait demandé. L'Arabe, couvert d'une pauvre natte, met pied à terre, regarde l'or; il jette ensuite les yeux sur sa ju-ment, soupire, et lui dit : *A qui vais-je te livrer ? A des Européens qui t'attacheront, qui te battront, qui te rendront malheureuse : reviens avec moi, ma belle, ma mignonne ; sois la joie de mes enfants.*

En disant ces mots, il sauta dessus, et reprit la route de sa demeure.

QUARANTE-HUITIÈME LEÇON.

Louis XI, tout mau-vais prin-ce qu'il é-tait, ac-cueil-lait très-fa-vo-ra-blement tou-tes les per-son-nes de qui il es-pé-rait ti-rer des con-nais-san-ces u-ti-les, de quel-que rang qu'el-les fus-sent d'ail-leurs. Il re-ce-vait à sa ta-ble les é-trangers, ainsi que les né-go-ciants de son ro-yau-me, lors-qu'ils é-taient en é-tat de lui don-ner des lu-miè-res sur le com-mer-ce, et il se ser-vait de la li-berté du re-pas pour les en-ga-ger à par-ler a-vec plus de con-fi-an-ce. Un mar-chand, nom-mé Maî-tre-Jean, sé-duit par les bon-tés du roi, qui l'ac-cueil-lait d'u-ne ma-nière plus dis-tin-guée que les au-tres, s'a-vi-sa de de-man-der à ce prin-ce des let-tres de no-bles-se. Le roi les lui ac-cor-da. A quel-que temps de là, le nou-veau no-ble s'é-tant pré-sen-té à Louis XI, le roi, loin de l'ac-cueil-lir com-me à l'or-di-nai-re, af-fec-ta de ne pas le re-gar-der. Maî-tre-Jean, sur-pris d'u-ne sem-bla-ble in-dif-fé-ren-ce, osa se plain-dre au mo-nar-que. — Al-lez, mon-sieur le gen-til-hom-me, quand je vous fai-sais as-seoir à ma ta-ble, je vous re-gar-dais com-me le pre-mier de vo-tre con-di-tion. Au-jour-d'hui, que vous ê-tes le der-nier des no-bles, je croi-rais leur fai-re in-ju-re si je vous faisais plus d'ac-cueil qu'au moin-dre d'en-tre eux.

Louis XI, tout mauvais prince qu'il était, accueillait très favorablement toutes les personnes de qui il espérait tirer des connaissances utiles, de quelque rang qu'elles fussent d'ailleurs. Il recevait à sa table des étrangers, ainsi que les négociants de son royaume, lorsqu'ils étaient en état de lui donner des lumières sur le commerce ; et il se servait de la liberté du repas pour les engager à parler avec plus de confiance. Un marchand, nommé Maître-Jean, séduit par les bontés du roi, qui l'accueillait d'une manière plus distinguée que les autres, s'avisa de demander à ce prince des lettres de noblesse. Le roi les lui accorda. A quelque temps de là, le nouveau noble s'étant s'étant présenté à Louis XI, le roi, loin de l'accueillir comme à l'ordinaire, affecta de ne pas le regarder. Maître-Jean, surpris d'une si grande indifférence, osa se plaindre au monarque. — Allez, monsieur le gentilhomme, quand je vous faisais asseoir à ma table, je vous regardais comme le premier de votre condition. Aujourd'hui que vous êtes le dernier des nobles, je croirais leur faire injure, si je vous faisais plus d'accueil qu'au moindre d'entre eux.

QUARANTE-NEUVIÈME LEÇON.

Py-thias et Da-mon é-taient u-nis de la plus é-troi-te a-mi-tié. De-nys, ty-ran de Sy-ra-cu-se, con-dam-ne, sur u-ne-sim-ple dé-non-cia-tion, Py-thias à la mort. Py-thias de-man-de qu'au-pa-ra-vant il lui soit per-mis d'al-ler ré-gler des af-fai-res im-por-tan-tes qui l'ap-pel-lent dans u-ne vil-le voi-si-ne ; il pro-met de se ren-dre au jour mar-qué, et part a-près que Da-mon a ga-ran-ti cet-te pro-mes-se aux dé-pens de sa pro-pre vie. — Ce-pen-dant les af-fai-res de Py-thias traî-nent en lon-gueur. Le jour des-ti-né à son tré-pas ar-ri-ve. Le peu-ple s'as-sem-ble. On blâ-me, on plaint le trop con-fiant Da-mon qui mar-che tran-quil-le-ment à la mort, trop cer-tain que son a-mi al-lait re-ve-nir, trop heureux s'il ne re-ve-nait pas. Dé-jà le mo-ment fa-tal ap-pro-che, lors-que mil-le cris tu-mul-tu-eux an-non-cent l'ar-ri-vée de Py-thias. Il court, il vo-le au sup-pli-ce; il voit le glai-ve sus-pen-du sur la tête de son a-mi, et, au mi-lieu des em-bras-se-ments, des pleurs, ils se dis-pu-tent le bon-heur de mou-rir l'un pour l'au-tre. Les spec-ta-teurs fon-dent en lar-mes; le roi lui-mê-me se pré-ci-pi-te du trô-ne, et leur de-man-de ins-tam-ment de par-ta-ger u-ne si bel-le a-mi-tié.

Pythias et Damon étaient unis de la plus étroite amitié. Denys, tyran de Syracuse, condamne, sur une simple dénonciation, Pythias à la mort. Pythias demande qu'auparavant il lui soit permis d'aller régler des affaires importantes qui l'appellent dans une ville voisine ; il promet de se rendre au jour marqué, et part après que Damon a garanti cette promesse aux dépens de sa propre vie. — Cependant les affaires de Pythias traînent en longueur. Le jour destiné à son trépas arrive. Le peuple s'assemble. On blâme, on plaint le trop confiant Damon qui marche tranquillement à la mort, trop certain que son ami allait revenir, trop heureux s'il ne revenait pas. Déjà le moment fatal approche, lorsque mille cris tumultueux annoncent l'arrivée de Pythias. Il court, il vole au supplice ; il voit le glaive suspendu sur la tête de son ami, et, au milieu des embrassements, des pleurs, ils se disputent le bonheur de mourir l'un pour l'autre. Les spectateurs fondent en larmes; le roi lui-même se précipite du trône, et leur demande instamment de partager une si belle amitié.

CINQUANTIÈME LEÇON.

La co-lè-re et la fier-té, loin d'ê-tre les pré-ro-ga-ti-ves des grands, en sont l'a-bus et l'op-pro-bre; ils ne mé-ri-tent plus d'ê-tre les maî-tres de leurs su-jets, dès qu'ils ou-blient qu'ils en sont les pè-res.

Char-les VI é-tait doux, af-fa-ble, et ne re-fu-sait au-dien-ce à per-son-ne ; il n'ou-bli-ait ja-mais les ser-vi-ces qu'on lui a-vait ren-dus. Quel-que su-jet qu'il eût de se fâ-cher, il ne mal-trai-ta ja-mais qui que ce fût ; at-ten-tif à ne pas ajou-ter foi aux rap-ports qu'on lui fai-sait, per-sua-dé que la pas-sion ne pou-vait pré-ve-nir de gens de bien : « J'ai-me mieux, di-sait-il, ne pas croi-re le mal où il est, que de m'ex-po-ser à le croi-re où il n'est pas. »

On rap-por-ta un jour à ce prin-ce, qu'un hom-me qu'il a-vait com-blé de grâ-ces, a-vait mal par-lé de lui : « Cela ne peut pas être, ré-pli-qua-t-il, je lui ai fait du bien. » Le mê-me roi, dans u-ne ba-tail-le con-tre les Fla-mands, qui se don-na au com-men-ce-ment de son rè-gne, fâ-ché de voir beau-coup de ses gens tués, vou-lait s'a-van-cer et char-ger lui-mê-me ; mais le duc de Bour-go-gne, l'en a-yant em-pê-ché : « Ah ! faut-il, s'é-cria ce prin-ce, de-meu-rer les bras croi-sés, tan-dis que tant de bra-ves gens meu-rent pour mon ser-vi-ce.

La colère et la fierté, loin d'être la prérogative des grands, en sont l'abus et l'opprobe ; ils ne méritent plus d'être les maîtres de leurs sujets, dès qu'ils oublient qu'ils en sont les pères.

Charles VI était doux, affable, et ne refusait audience à personne ; il n'oubliait jamais les services qu'on lui avait rendus ; quel que sujet qu'il eût de se fâcher, il ne maltraita jamais qui que ce fût ; attentif à ne pas ajouter foi aux rapports qu'on lui faisait, persuadé que la passion ne pouvait prévenir des gens de bien : « J'aime mieux, disait-il, ne pas croire le mal où il est, que de m'exposer à le croire où il n'est pas. »

On rapporta un jour à ce prince, qu'un homme qu'il avait comblé de grâces, avait mal parlé de lui : « Cela ne peut pas être, répliqua-t-il, je lui ai fait du bien. »

Le même roi, dans une bataille contre les Flamands, qui se donna au commencement de son règne, fâché de voir beaucoup de ses gens tués, voulait s'avancer et charger lui-même; mais le duc de Bourgogne, l'en ayant empêché : « Ah! faut-il, s'écria ce prince, demeurer les bras croisés, tandis que tant de braves gens meurent pour mon service. »

FIN DE LA DEUXIÈME PARTIE

—✿—

TROISIÈME PARTIE.

LOUIS,

OU

L'AMOUR FILIAL.

— Pourquoi donc pleurez-vous, mon petit ami? disait au jeune Louis Belmont un inconnu parfaitement vêtu qui passait en cet instant, et qui s'étonnait de voir ainsi tout seul et à une heure aussi matinale, un pauvre enfant se livrant au plus violent désespoir.

— Ah! monsieur, pourquoi je pleure? c'est que je suis bien malheureux.

— Pauvre petit! Et qui donc vous cause tant de chagrin? contez-moi cela.

— C'est une histoire trop longue et trop pitoyable, dit l'enfant, en essuyant ses pleurs avec un lambeau de mouchoir; poursuivez votre route, vous ne pouvez point changer mon sort; je dois souffrir toute ma vie, si telle est la volonté de Dieu.

— Mon ami, répond l'étranger, surpris de ce langage aussi résigné qu'étonnant dans la bouche d'un enfant qui paraissait âgé au plus de douze ans, et dont les vêtements sales et grossiers annonçaient la naissance obscure, j'ai le temps de vous entendre, et si vous voulez m'accorder votre confiance, peut-être vous ne vous en repentirez pas, je pourrai vous être utile.

Louis secoua sa petite tête en signe d'incrédulité et restait dans le silence; il levait ses beaux yeux noirs vers le ciel, la seule protection qu'il implorait désormais et à laquelle il croyait véritablement. Le soleil commençait à dorer la cime des pins, les cultivateurs prenaient le chemin des campagnes, c'était dans une belle matinée du joli mois de mai. A peu de distance de l'enfant un troupeau de moutons broutait l'herbe fraîche et fleurie. L'inconnu, soumis à la magique puissance du Créateur qui se révèle plus encore que toute autre part dans le silence des champs, éprouve le besoin de s'arrêter et de s'asseoir; il admire avec émotion cette belle nature, qui est semblable à la mère la plus tendre, ouvrant ses bras à tous ses fils. Il était depuis un instant livré à cette pieuse méditation qui nous élève dans des régions éthérées lorsque nous possédons une âme sensible et qui aime la vertu, il semblait avoir oublié complétement le petit garçon, qui, à demi-consolé, portait ses regards tantôt sur les moutons qui paissaient à ses pieds, et tantôt sur l'étranger qui méditait.

Bientôt l'inconnu cesse de rêver, il regarde de nouveau Louis, et lui dit :

—Vous ne voulez donc pas m'instruire de tous vos secrets, j'aurais bien désiré les connaître.

Il lui prend alors la main avec amitié et l'attire plus près de lui.

L'enfant n'oppose aucune résistance. Les traits de ce monsieur respirent la plus aimable bienveillance, il sourit maintenant et semble disposé à tout avouer.

—Allons, allons, mon petit ami, un peu de courage, ouvrez-moi votre âme.

Louis, après s'être recueilli pendant quelques minutes, s'exprima ainsi :

—Mon frère Joseph et moi avons eu le malheur de perdre notre père avant d'avoir pu le connaître; notre pauvre mère, dénuée de fortune et sans parens pour lui aider, car elle n'était point de ce pays, nous élevait dans l'amour de Dieu; elle était obligée de travailler pour nous procurer le nécessaire, dont nous manquions souvent, car son ouvrage lui rapportait fort peu; elle était bien triste et bien malheureuse. Quelquefois, nous pressant contre son cœur, elle versait des larmes abondantes, en nous suppliant d'aimer le bon Dieu, qui, disait-elle, n'abandonnait jamais les enfans vertueux.

Un malheur bien grand nous attendait, mon frère et moi, puisque nous devions perdre la seule amie qui nous restait. Mon père était né dans ce village, il y avait une sœur bien riche qui n'avait jamais voulu lui porter secours; elle avait entièrement dédaigné ma mère, qui ne comptait plus sur sa protection. Cette méchante parente habitait une très-belle maison; elle était entourée de domestiques, tandis que nous, sous le toît d'une chétive cabane, nous manquions de pain.

Ma mère voyait approcher le terme de sa vie avec une bien grande douleur; notre sort l'occupait continuellement, et elle ne se lassait point de nous exhorter à la patience.

—Dois-je tout vous dire, monsieur? dit Louis avec la plus grande candeur. N'est-ce pas bien mal, à moi, de vous exprimer toutes mes pensées?

Et il interrogeait l'inconnu, qui l'écoutait avec une attention extrême.

—Ne craignez rien, j'aurai de l'indulgence et la discrétion d'un confesseur.

—Alors, reprit l'enfant, je ne vais plus rien cacher.

Ma mère me disait souvent : « Louis, garde-toi bien d'accuser tes parens, Dieu défend qu'on juge aucune créature ; à lui seul appartient ce droit ; quelle que soit l'injustice dont on t'accable, souffre en silence et conserve ton secret. »

Voilà ce qui me faisait hésiter à vous parler ; mais vous avez l'air si honnête et si bon, et puis, voyez-vous, j'ai le cœur si gros de douleur, qu'en vérité j'ai besoin de tout vous dire. Oh ! je suis d'ailleurs bien sûr que si ma pauvre mère vivait encore, elle m'engagerait elle-même à tout vous confier.

— Aimable enfant, dit l'étranger en admirant la touchante délicatesse de Louis et sa louable déférence aux avis de sa défunte mère.

— Je vous dirai donc alors, monsieur, reprit tristement l'enfant en baissant la voix, que mon frère Joseph était un fort mauvais garçon ; plusieurs fois ses violences et ses emportements avait fait pleurer ma bonne mère ; il se plaignait de son sort et n'avait pas le quart de la patience que je me sentais. Aussi, lorsque je restais seul auprès de ma mère, elle m'embrassait avec tendresse, et me disait : « Louis, j'ai bien du regret de te quitter avant d'avoir pu t'assurer une position dans le monde ; pauvre petit, Dieu seul va désormais prendre pitié de toi ; aime le travail et pratique la vertu, tu en seras récompensé un jour. Oui, j'en ai la précieuse assurance », disait-elle comme inspirée.

Je ne veux point vous instruire des tracasseries continuelles que Joseph donnait à ma mère : c'est déjà vous avoir trop dit du mal de lui.

La sœur de mon père n'avait jamais pu souffrir ma mère, sans doute à cause de sa douceur ; elle l'accablait d'une haine inconcevable qui lui attira toute la mienne. Oh ! je la déteste de toute mon âme, cette méchante femme.

Je me souviens qu'une fois elle nous rencontra, mon frère et moi, elle revenait de la messe, et donnait le bras à une de ses voisines. En la voyant, nous ôtâmes notre casquette par respect, et nous l'appelâmes notre tante.

« Allez-vous-en, petites canailles, nous dit-elle avec mépris, je ne suis point votre parente. »

Je me sentis bien humilié et ne pus retenir mes larmes.

Joseph, en me voyant pleurer, se mit à rire, en me disant :

— Tu es bien imbécile de t'affliger de ces propos, elle nous hait peut-être à cause qu'elle ne nous connaît pas. Ah! s'il m'était permis d'être auprès d'elle quelques jours seulement, elle finirait par ne pouvoir se passer de moi. tant je saurais l'accabler de prévenance.

Surpris de ce que me disait Joseph, je lui répondis :

— Eh quoi, mon frère, tu pourrais témoigner de la tendresse à celle qui nous méconnaît et laisse souffrir notre mère?

— Petit sot, reprit-il, ignores-tu à ton tour qu'elle est riche et que sa fortune nous revient après elle; cela me coûterait si peu de lui faire croire que je l'aime.

Effrayé des sentiments qu'il manifestait, je m'écrie : Mais c'est de l'hypocrisie, cela, Joseph ! Oh! moi, je ne pourrais jamais dire ce que je ne pense pas. Je la hais et ne l'aimerai certainement jamais.

— Tu es une bête, dit encore Joseph en riant.

— Mon frère, lui dis-je, pourquoi affliges-tu si souvent notre excellente mère ? L'aimes-tu ou ne l'aimes-tu pas ?

— J'aime ceux qui me font du bien, répondit Joseph, et ma mère ne peut m'en faire. Croit-elle me nourrir en me prêchant sans cesse la vertu ? Elle m'ennuie, voilà tout.

— Je tombai à genoux, tant mon frère me fit frémir par ces cruelles paroles, que je n'oublierai jamais ; je détournai ma tête, ne voulant plus le regarder ; car je crus voir en lui l'esprit du démon, j'avais peur, et je m'écriai à haute voix : Grâce, mon Dieu ! grâce pour mon trop coupable frère ! Il se mit à rire et s'éloigna de moi, qu'il traitait d'insensé.

Je pleurai toute la nuit en songeant à son mauvais cœur. Je me gardai bien de répéter à ma mère notre conversation ; elle serait morte subitement, tant elle était déjà maigre et affaiblie.

Mais, hélas ! quelques jours après, elle se sentait bien mal, je lui prodiguai les plus tendres soins, et ne la quittai plus. « Louis, me dit-elle, va chercher monsieur le curé, je veux me confesser et obtenir le pardon de mes fautes avant que de paraître devant l'Eternel ; hâte-toi, mon fils, afin que j'aie le temps nécessaire de lui exprimer mes désirs à ton sujet.

Je remplis bientôt son vœu, je revins avec le curé ; c'est à peine si ma mère pouvait se faire entendre, tant elle parlait bas, je n'entendis rien ; car, par discrétion, je m'étais agenouillé bien loin du lit. Un instant elle éleva la voix : « Vous savez, disait-elle, vénérable curé, que je laisse deux enfants privés de tout secours humain ; la sœur de mon époux ne m'a jamais aimée ; Dieu sait pourtant combien j'ai cherché à m'acquérir son amitié, tout fut inutile ; mais si je l'ai offensée sans le savoir, ces orphelins doivent-ils supporter la punition des torts de leur mère ?

— Rassurez-vous, madame, je connais cette femme, je me charge du soin de lui parler de ses devoirs, elle doit protéger les fils de son frère, je vous promets de ne point abandonner leur cause avant de l'avoir gagnée ; priez en paix, ma fille ; que rien ne trouble vos derniers moments.

— Approche, Louis, dit ma mère en soulevant sa main décharnée, viens, mon fils bien aimé, que je te bénisse.

Je pleurai en m'avançant près du lit.

« Ta mère, du haut du ciel, veillera et priera pour toi, pauvre enfant !... »

Elle murmura quelques mots à voix basse, tout fut fini.

Louis s'arrêta, il pleura avec abondance, l'étranger respecta une douleur aussi légitime. Après avoir séché ses yeux et ses petites joues pâlies par l'habitude de la souffrance, il reprit :

— Mon frère entra dans ce moment triste et solennel, le bon prêtre fermait les yeux de ma mère; et moi, à genoux, je me tordais les mains de désespoir.

— Pauvres enfants, dit le curé en nous considérant tous deux avec la plus touchante bonté, vous venez de faire une perte bien douloureuse, modérez pourtant votre chagrin, Dieu aura soin de vous.

Mais Joseph avait l'œil sec, le curé s'en aperçut, et, lui lançant un regard courroucé, il lui dit :

— Joseph! Joseph! Dieu punit aussi un enfant sans cœur pour sa mère. Pourquoi, comme votre vertueux frère, n'avez-vous pas assisté à la dernière bénédiction maternelle? cela est fort mal.

Joseph ne dit rien. Il éprouvait peut-être du repentir?

Le bon curé alluma un cierge auprès du corps de notre mère, il me saisit par la main et me releva, car j'étais toujours à genoux; il me dit quelques paroles de consolation; mais il sortit avec nous et referma la porte en emportant la clef.

Nous allions chez notre parente; je pleurai pendant toute la route.

Nous sommes enfin dans le village; monsieur le curé frappe hardiment à la porte de la plus belle maison, dont toutes les jalousies étaient peintes en vert. On ouvre aussitôt.

— Puis-je parler à mademoiselle Belmont? dit-il en s'adressant à la servante.

Nous fûmes introduits vers sa maîtresse; elle était dans un beau et spacieux salon, orné de tableaux superbes; deux gros chiens étaient couchés à ses pieds, une chatte avec ses deux petits dormaient sur ses genoux. Au bruit que nous fîmes en entrant, tous les animaux se levèrent à la fois, mais elle resta clouée sur son fauteuil.

— Bonjour, monsieur le curé, dit-elle avec une voix que je n'entendis jamais sans effroi, bonjour : le curé salua respectueusement, et, s'avançant à son côté, il lui dit :

— Vous m'excuserez, mademoiselle, de vous déranger, lorsque vous connaîtrez le motif qui m'amène chez vous : deux malheureux orphelins réclament votre amitié, de laquelle ils ne peuvent se passer.

A ces mots, ma tante se leva impétueusement, et s'écria :

Quoi donc! monsieur, vous amenez chez moi, pour y demeurer, ces deux marmots? qu'est-ce à dire? A cause que l'on me sait de la fortune, on m'impose des devoirs, quand ma seule volonté doit me guider; non, non, cela ne sera point ainsi, je hais les enfants; et, lorsque pour me soustraire à une charge aussi insupportable, j'ai fui le mariage, il faudra que j'élève ceux des autres!

Elle aurait continué pendant longtemps encore ses jérémiades, si monsieur le curé, impatienté, ne l'eût interrompue.

— Je me flattais, mademoiselle, lui dit-il, d'une victoire plus facile; j'avais pensé qu'il suffisait de vous dépeindre la déplorable situation de ces infortunés pour toucher votre cœur, je me suis trompé; il est, à ce que je vois, innaccessible à la compassion; l'amitié fraternelle est un vain mot pour vous.

— Pardon, monsieur le curé, pardon, vous vous trompez; j'aimais beaucoup mon frère; mais je dois confesser que je portais la haine la plus grande à sa femme, qu'il a ramené de je ne sais quel pays. Cette étrangère n'a jamais fait la moindre démarche pour s'attirer ma pitié, qui devenait sa seule ressource;

elle apportait la plus grande fierté lorsque je cherchais à vivre avec elle en bonne intelligence, et vous croyez que je suis femme à oublier tout cela ?

— Mademoiselle, la charité chrétienne exige que nous comptions pour nulles les offenses que nous recevons. Votre belle-sœur n'eut envers vous aucun des torts que vous vous plaisez à lui reprocher. Constamment bonne épouse, tendre mère, elle a offert sur la terre la vivante image de la vertu et de la résignation ; prenez garde, mademoiselle, le malheur qui l'accablait a peut-être seul été la cause de cette apparente froideur. N'est-ce pas aux riches à faire le premier pas envers des parents malheureux ? Souvent une âme noble et élevée craint de faire des avances qui pourraient être taxées de spéculation ; c'est alors aux personnes riches d'attirer toute la confiance des pauvres par une affection soutenue et bienveillante. L'infortunée mère de ces petits garçons a terminé son existence dans la plus affreuse misère, tandis que vous êtes entourée du luxe et de la richesse ; ses dernières heures ont été terribles ; j'ai vu l'agonie lutter avec l'indigence. Le désespoir de laisser ces deux petits êtres sans protection s'y joignait et troublait la paix qu'aurait goûtée son âme vertueuse et pure. Grâce pour elle, mademoiselle ; pitié et assistance à ses enfants.

— Monsieur le curé, je suis fâché de vous refuser; mais je ne puis réellement prendre ces petits; je le voudrais, que mes moyens s'y oppposeraient encore. La récolte des blés est entièrement perdue cette année, mes vers à soie ont péri, j'ai fait des travaux considérables à ma maison de campagne, je ne puis m'imposer cette gêne. Vous remplissez les devoirs de votre ministère, c'est fort bien fait, mais chacun connaît ses intérêts, n'est-ce pas? Les miens s'opposent à ce que mon cœur me dicterait de faire. Je suis peinée de leur malheur; mais véritablement ils doivent cesser de compter sur moi. C'est mon dernier mot.

Le curé fronça ses sourcils, et s'écria avec colère :

— Je n'aurais jamais cru, mademoiselle, rencontrer un cœur aussi dur et aussi avare que le vôtre : Dieu voit ici-bas toutes nos actions. Malheur à celui qui méconnaît la voix de la nature et qui foule aux pieds les liens de la parenté! C'en est fait, je n'espère plus en vous pour eux, je vous abandonne à vos remords et je vais m'occuper de ce pas de ces malheureux orphelins. Je vais faire un appel à la charité publique : on saura votre indigne cruauté, on les plaindra, on les assistera. Votre nom, passant de bouche en bouche, deviendra l'objet du mépris de tout le village; j'ai promis à leur mère mourante de ne point les abandonner ; je tiendrai parole, car je crois en Dieu, mademoiselle. Adieu donc, cœur de marbre et de boue !

Effrayée des menaces de l'homme de Dieu, ma tante se radoucit aussitôt, l'orgueil et la crainte nous la rendirent plus favorable que l'amitié, qu'elle ne connut jamais.

— Arrêtez, monsieur le curé ! s'écria-t-elle, vous êtes bien prompt dans vos résolutions, je ne suis pas aussi cruelle que j'en ai l'air. Qu'ils restent donc, ces malheureux enfants, on trouvera à les occuper dans la basse-cour ; j'ai réfléchi qu'ils pourraient m'être utiles. En les gardant, monsieur le curé, dit-elle, en le cajolant, je fais aujourd'hui pour vous ce que je n'aurais jamais accordé à un autre.

— Dieu veuille, dit le bon curé, que l'espèce de protection que vous leur accordez ne soit pas pour eux un surcroît d'infortune. Car, entre nous, elle ne prend sa source que dans la terreur que je vous ai inspirée tantôt.

Joseph souffrait évidemment pendant ce long dialogue qui devait décider de notre avenir. Il jettait des regards suppliants et d'une fausse tendresse sur notre parente; il frémit de crainte lorsque le prêtre voulait nous ramener avec lui, et fut bien joyeux de voir cette tante nous offrir si dédaigneusement un asile.

J'avais toujours dans la pensée les outrages

qu'en avait reçus ma pauvre mère et l'abandon où elle l'avait laissée si long-temps. Mon indignation fut à son comble et manqua d'éclater, lorsqu'aux dernières paroles de mademoiselle Belmont, Joseph, n'écoutant plus qu'un vil intérêt, se précipita tout à coup à ses pieds, en lui disant :

— O ma chère tante! je vous ai toujours révérée, ma mère eut des torts, sans doute, n'y pensez plus, je vous prouverai par mon respectueux dévouement combien j'étais éloigné de les partager.

Ces mots flattèrent notre insensible tante et attirèrent alors sur Joseph toutes ses bonnes grâces.

Le curé, me voyant consterné et tremblant, vint auprès de moi et frappa doucement sur mes joues; il approuvait sans doute mon silence et mon dépit.

— Pauvre Louis, me dit-il tout bas, prends courage, Dieu ne t'abandonnera pas, et je serai ton ami sur la terre.

Ces douces paroles me firent fondre en larmes. Ma tante, occupée à considérer Joseph, demanda le sujet de mes pleurs; et, sans attendre qu'on répondît pour moi, je m'écriai dans un transport involontaire :

— Je pleure parce que je regrette ma vertueuse et tendre mère; je pleure parce que j'éprouve de la douleur à ne pouvoir encore me passer de la protection des autres, de la vôtre surtout : voilà la cause de mes larmes!

— Vous l'entendez, monsieur le curé, cet enfant pense absolument comme l'étrangère. Oh! je ne pourrai jamais l'aimer, lui.

— Jamais je ne pourrai vous souffrir, lui dis-je aussitôt avec indignation.

— Impertinent! Curé, voilà à quoi nous exposent les bienfaits que nous répandons; nous faisons des ingrats, vous le voyez.

— Mademoiselle, pardonnez au jeune Louis un moment d'oubli. Vous accusez sa mère qu'il aimait tendrement, il n'a pu se défendre d'exprimer sa souffrance en voyant ternir sa mémoire; son amour filial, sans bornes, n'a pu entendre sans douleur la lâche complaisance de son frère, qui d'un mot a profané le corps fumant de leur mère. Pardonnez-lui.

Louis, plus que Joseph, est susceptible de reconnaissance; mais avez-vous des droits à sa gratitude? Ne venez-vous point de dire qu'ils doivent travailler pour gagner leur existence à des travaux grossiers? Voilà jusqu'à présent ce que votre compassion leur offre. Permettez que je vous dise toute ma pensée.

Ces enfants, je le vois, vont être les victimes

de votre avarice, ils vont languir ici sans recevoir le premier des biens, une éducation basée sur la religion. En la leur faisant donner, cette éducation, vous vous attirerez leur éternel respect et toute leur tendresse. Louis, le vertueux Louis, prendrait soin de votre vieil âge, il soutiendrait vos pas chancelants; et, lorsque vous auriez fermé vos yeux, il chérirait votre souvenir comme il vénère celui de sa mère. Voilà votre devoir, mademoiselle; croyez-moi, la paix de la conscience, les bonnes actions que nous faisons sont les seuls biens durables. Hélas! la vie est bien courte, craignez d'arriver au tribunal de Dieu, devant lequel nous devons tous comparaître, ayant des torts à vous reprocher; pensez à la mort, mademoiselle, et vous agirez solidement pour vous assurer une félicité éternelle dans un autre monde, où nous serons tous jugés selon nos œuvres. Réflechissez à tout cela, je vais vous laisser, j'ai des devoirs à remplir ailleurs.

Ce disant, le bon curé salua et disparut.

— Allons, murmura la vieille sœur de mon père, me voilà maintenant avec deux morveux, moi qui ne pus jamais souffrir les enfants; c'est à en mourir de douleur, c'est pour moi pire que la peste, que le choléra, tout ce qu'il y a de plus horrible enfin.

Ainsi s'exhalait sa bile en nous regardant d'un air méchant.

— Marthe! Marthe! cria-t-elle, et la servante accourut. Viens me conseiller, ma pauvre amie, je ne sais plus où j'en suis; que faut-il faire? voilà ces deux petits garçons qui me tombent sur les bras.

— Et pourquoi les avez-vous acceptés? dit la charitable Marthe, que ne les mettez-vous à la porte? Chassez-les bien vîte, mademoiselle.

—Tu plaisantes, ma bonne Marthe, mais tu ne réfléchis donc pas à ce qui pouvait m'arriver; si je les eusse renvoyés avec le curé, il n'aurait pas manqué de me dénigrer partout, il en eût même parlé au prône. Tu ne sais donc pas tout ce qu'il est capable de faire pour arriver à son but. Entends-tu bien, ma chère amie, il aurait couvert de boue ta pauvre maîtresse, on m'aurait montrée au doigt: quel supplice affreux! il a fallu opter entre deux malheurs, et j'ai préféré subir celui d'avoir ces deux enfans. Fais-les travailler, fais enlever tout de suite ce grand tas de pierres qui t'embarrassait si fort, fais nettoyer le poulailler et approprier la loge de mes chiens, mes seuls amis; et toi aussi, Marthe, tu m'aimes, je le sais, j'en ai eu des preuves continuelles. Mignon, Fidèle, ne diront point de mal des nouveaux laquais qui leur arrivent ; que jamais ces garnemens-là ne s'avisent, comme des mauvais garçons de leur espèce, de tirer la queue ou les oreilles de mes chers favoris ; je veux qu'ils vivent en bon accord, je veux que ces enfans soient complaisans pour tous mes animaux ; je le veux, sinon, gare à eux ! Tu y veilleras, ma fidèle Marthe, et sur ton moindre rapport, je n'écouterai plus la crainte des menaces du curé, ils seraient battus et renvoyés.

—Je vous approuve, ma chère maîtresse, dit la vieille Marthe, et tiendrai en respect ces vilains petits.

—C'est bien. Maintenant, Joseph, venez ici, dit-elle à mon frère.

Joseph s'approcha. Alors, mettant ses lunettes, elle l'attira vers elle.

—Dressez votre tête ; il est fort joli, ma foi, c'est bien tout le portrait de mon frère : voilà ses yeux, sa bouche ; puissiez-vous, Joseph, montrer plus de déférence que lui à suivre mes ordres !

—Je vous obéirai toujours, ma bonne tante, répondit Joseph.

—Ne m'appelez pas votre tante, je vous en prie, je veux être toujours mademoiselle pour vous deux.

Je m'étais éloigné, et, blotti contre la porte, je craignais l'inspection de cette vilaine parente, je sentais trop qu'il me serait impossible de me contenir davantage, si elle m'eût gratifié de ses odieux sarcasmes. Elle se contenta de me lancer un regard courroucé.

—Emmène-les, Marthe, fais-les travailler sur-le-champ, donne leur avant un morceau de pain, ils doivent avoir faim.

Marthe sortit et nous la suivîmes à l'office, elle nous donna du pain et un ognon ; d'une voix aigre et criarde elle nous ordonna de nous dépêcher, afin de gagner, disait-elle, notre nourriture.

Hélas! je ne pus avaler un seul morceau, tandis que Joseph dévorait.

On nous donna un panier pour ramasser les ordures et les pierres. Je m'acquittai, non sans pousser de fréquens soupirs, de la triste besogne que l'on nous avait donnée, me promettant intérieurement de fuir au plus tôt la tyrannie et les mauvais procédés qui m'attendaient là.

Quant à mon frère, je ne lui parlai pas, il trépignait d'être réduit à ramasser du fumier, et disait entre ses dents : Vieille mégère! il faut pourtant te flatter pour arriver au point où je désire être. Qui donc avait donné d'aussi vilains principes à Joseph ? Oh ! je gémissais tout bas de son mauvais cœur et de son hypocrisie, et je priais Dieu pour qu'il daignât le changer.

Je n'éprouvais du soulagement que lorsqu'on voulait me permettre, à la fin de chaque journée, de courir les champs. Que de fois je pris le chemin solitaire de la cabane où je goûtais avec tant de délices les ineffables douceurs de l'amour maternel, de cette chétive hutte où ma débile enfance fut si tendrement protégée, et où, ô douleur toujours renaissante ! je vis pour jamais se fermer sur moi les yeux de ma mère ! Que de fois aussi je m'agenouillai sur le seuil de la porte où l'herbe croît maintenant ! que de larmes l'ont tristement arrosé !

Je restais dans cette attitude pendant toutes les heureuses journées du dimanche. Un jour que j'étais complétement enfoncé dans une rêverie qui m'avait tout à coup transporté dans le ciel, il me sembla entendre une voix me dire ; « Louis, modèle de l'amour filial, ta mère veille sur toi. »

Je me réveillai de ma léthargie, je me retournai vivement, mais je ne vis rien, personne autour de moi. Oh ! il m'était bien permis alors de croire que c'était véritablement la voix de ma tendre mère qui avait caressé mes oreilles. Oui, monsieur, je pense qu'il doit exister des communications secrètes entre une mère défunte et son enfant qui l'aime. Dieu ne nous retire pas tout à la fois, je crois fermement à cette vérité ; aussi, je ne fais jamais une action avant de m'être demandé auparavant : si ma mère était là, l'approuverait-elle ? aussitôt, je comprends de suite s'il faut la faire ou non.

Une autre fois, j'étais encore à prier, lorsque je fus subitement interrompu par le bon curé.

— Cher enfant, me dit ce vénérable pasteur, je connais toute ta piété et ta vénération pour la mémoire de ta mère, je veux t'en récompenser, je veux te procurer une jouissance à laquelle tu ne t'attends point : viens avec moi. J'obéis.

Non loin de la cabane, sous de jeunes cyprès, était une pierre qu'un léger gazon commençait à couvrir ; une croix noire marquait le dernier asile d'un chrétien. C'est la tombe de ma mère ! m'écriai-je transporté d'une amère joie ; une inscription toute fraîche venait d'y être gravée. Hélas ! je ne savais pas lire ; le curé me devina, il lut à haute voix :

Après une vie constamment agitée,
repose enfin la meilleure des mères,
vivement et à jamais regrettée
par le fils le plus tendre
et le plus respectueux.

Je tombai à genoux sur la tombe, je l'arrosai de mes pleurs.

Reconnaissant envers le curé, dont je sus apprécier toute la bonté pour moi, je lui exprimai dans les termes que m'inspirait la plus vive gratitude tout ce que je ressentais; le digne et vertueux prêtre essuyait du revers de sa main des larmes qui imbibaient sa noble figure.

—Tu pourras ainsi, mon cher Louis, converser avec ta mère chaque jour. Il est bien doux de pouvoir se dire : « C'est là qu'est ma mère, je suis encore près d'elle. »

Je manquai de voix pour répondre à tout ce qu'il me disait. Mais le curé comprenait parfaitement le langage muet du cœur.

Nous nous assîmes tous deux sur un petit tertre qu'ombrageait une touffe de pins; le curé m'interrogea sur la manière dont se conduisait à mon égard ma tante. Lorsqu'il sut à quoi l'on m'employait journellement, il en fut très-mécontent, et s'écria :

— Je m'en doutais, mon pauvre Louis, jamais cette avaricieuse femme ne fera rien pour toi. Que ne puis-je te garder près de moi! avec quel plaisir je le ferai; je ne puis me procurer cettte jouissance.

Je ne sais pourquoi, mais j'ai l'assurance intime que ta vertu te conduira à la fortune et à la félicité.

— Votre amitié, monsieur le curé, m'est un sûr garant de la protection divine; sans vous, sans les cendres précieuses de ma mère, je quitterais ce pays, je fuirais la maison dont le toit m'écrase chaque jour; ailleurs comme ici je saurai gagner ma nourriture.

— Patience, Louis, tu es encore petit; ignores-tu les dangers qui pourraient t'environner loin de moi? il n'est point temps encore; je veux t'apprendre à lire et à écrire. En seras-tu content?

— Oh! oui, monsieur le curé.

— Je vais dès ce soir en demander la permission à mademoiselle Belmont; elle ne me refusera pas; j'obtiendrai toujours tout ce que je voudrai, par la crainte que je sais lui inspirer.

— Combien vous me rendez joyeux aujourd'hui, monsieur le curé! je pourrai donc lire l'inscription qui est sur le tombeau de ma mère! Oh! je ferai des progrès, vous verrez.

— Tant mieux, Louis; dans peu de temps tu pourras aussi écrire, tu t'instruiras alors toi-même, dans de bons livres, des connaissances sans lesquelles la vie nous semble bien obscure; l'instruction est une fidèle amie qui sait nous consoler de bien des peines.

Le papier sur lequel on écrit ses pensées est un confident bien patient, et puis tu connaîtras aussi notre divine religion, tu en liras les dogmes sublimes, tu puiseras en eux de nouvelles vertus, tu fortifieras ton âme, tu apprendras que la souffrance terrestre nous donne des droits au bonheur que l'on goûte au ciel; l'étude, la lecture nous aident à vivre en nous faisant connaître que l'homme n'a point été créé pour un but capricieux et vain, que sa véritable patrie est dans un monde meilleur.

J'avais écouté attentivement le pieux vieillard, je sentais s'éveiller en moi un désir aiguillonnant de savoir : alors je désirai connaître tout ce que j'avais regardé superficiellement sans jamais avoir songé à l'approfondir; je ne savais rien, je rougis de mon ignorance et aurais bien voulu prendre une première leçon à l'instant même.

Le curé comprit, je crois, tout ce qui se passait en moi, car il sourit et me dit :

— Tu commenceras demain.

— Et Joseph? lui dis-je.

— Je n'aime point ton frère, mon cher Louis; d'ailleurs il ne désire point s'instruire, lui, j'en suis sûr; je plains Joseph, car nous devons toujours donner notre compassion aux méchants. N'écoute jamais ses pernicieux avis, songe toujours à ta mère.

En achevant cette phrase, il se leva pour retourner à ses oailles, et moi, tout pensif de tout ce que je venais d'entendre et des espérances qui me souriaient, je repris lentement le chemin de la maison. Je voyais fort peu ma tante; Joseph était seul admis dans son intimité, je n'en fus point jaloux, je ne demandais que la liberté de pleurer sur la tombe ignorée de ma mère, et l'amitié du bon curé. Ce bon ami me tint parole; dès le soir ma tante me fit appeler. « Tous les soirs, me dit-elle, vous vous rendrez chez le pasteur, il vous protége d'une manière toute particulière et que vous méritez bien peu. » Je la saluai sans dire mot et m'éloignai sans en entendre davantage.

Le lendemain fut bien long à venir au gré de mon impatience. Je fus bientôt rendu au presbytère; le curé avait préparé pour moi un fort joli livre, je répétai mes lettres plus de deux cents fois; le curé n'en paraissait nullement ennuyé, au contraire il était enchanté de ma bonne volonté lorsque je lui souhaitai le bonsoir en lui baisant les mains.

Oh ! combien j'étais heureux alors ! l'avenir s'offrait à moi sous les couleurs les plus riantes, le travail ne me fatiguait plus ; le soir ne devais-je point me délasser en lisant ? au bout de deux mois je lisais couramment. Oh ! cent fois chaque jour j'avais épelé l'épitaphe de ma mère ; je gardai mon secret dans mon cœur ; pour tout au monde je n'aurais pas voulu que Joseph connût le tombeau bien aimé ; le coupable Joseph aurait profané, par sa présence, le dernier et tranquille séjour de ma mère.

J'étais comme un avare qui cache son trésor avec soin.

Je sus bientôt écrire ; que de papier j'ai barbouillé, et combien mon zèle plaisait à mon protecteur !

Cependant je devais cesser d'être heureux, je devais rester seul sur la terre, sans amis, sans protecteur. Oh ! laissez-moi pleurer un moment, dit Louis à l'étranger, j'étouffe. Alors il se mit à sangloter. L'inconnu cherchait à ramener la sérénité dans son âme ; il voulait connaître jusqu'au bout les malheurs de cet enfant qui l'intéressait si fortement et dont la raison précoce l'étonnait.

— Allons, mon cher Louis, lui dit-il en

l'embrassant, Dieu vous envoie un ami, pourquoi vous abandonnez-vous ainsi à une douleur si amère? Je ne vous abandonnerai point, achevez votre touchante histoire,

Ces bienveillantes marques d'affection calmèrent l'enfant, il fit un effort pour surmonter ses larmes, et continua :

— Un soir que j'étais tout joyeux, car j'avais écrit deux pages en fin et je savais que cette surprise allait causer bien de la joie au curé, je m'achemine en sautant vers sa demeure. Je n'avais plus qu'un pas à faire pour pénétrer dans l'intérieur de la maison, lorsque je fus subitement arrêté par la vieille Marguerite, sa femme de charge.

— Oh! monsieur Louis, me dit-elle, votre bienfaiteur, notre père à tous, est bien mal, il va mourir. Mes cahiers, mes livres s'échappent de mes mains, je m'appuyai contre la muraille qui tournait tout autour de moi. Venez le voir, il vous attend ; ne laissez point apercevoir votre douleur, cela lui ferait trop de mal.

— Eh! comment dissimuler? lui dis-je possédez-vous un secret qui sache retenir le désespoir?

— Oui, dit-elle gravement, c'est en craignant d'affliger un agonisant.

— Je vous obéirai, ma bonne Marguerite, conduisez-moi vers lui.

Nous entrons dans une petite chambre simplement ornée; sur un lit bien bas et bien étroit, était le pauvre curé; la lueur de deux chandelles reflétait sur sa pâle et livide figure, une grande croix était au chevet du lit, et Notre-Seigneur Jésus-Christ nous donnait l'exemple de la patience dans les douleurs. Le silence et le calme qui régnaient dans cet appartement contrastaient avec l'orage sourd qui était au fond de mon cœur. Marguerite parla doucement à une vieille qui était assise aux pieds du lit; cette vieille hocha la tête, puis Marguerite me fit signe d'approcher. « Il dort, me dit-elle, laissons-le reposer, ce sommeil lui sera peut-être salutaire. »

Je me mis au pied de la croix, je priai pour mon bienfaiteur. Ah! du moins, s'il doit m'être ravi, disai-je, qu'il passe sans douleur de cette vie dans l'autre. Oh! grand Dieu, écoutez, s'il vous plaît, la prière d'un faible enfant. Il s'éveilla.

— Marguerite, murmura-t-il faiblement, Louis est-il venu?

— Oui, monsieur le curé, il est là, il prie.

— Aimable enfant!

J'étais près de lui, debout, silencieux et

pourtant bien agité. Je m'emparai d'une de ses mains qui sortaient de dessous de la couverture.

— Louis, me dit-il, il te faut du courage pour supporter le nouveau revers qui va t'arriver. Mon fils, le moment est venu, il faut nous quitter pour nous revoir là haut; armetoi de résignation, ne te laisse point fléchir sous le désespoir, sois ferme. Songe toujours que tout n'est que chimère dans la vie, tout est illusoire, la vertu seule est solide et conduit à la félicité que goûtent les anges. J'ai sondé ton cœur, Louis, il est pur et candide, tu seras heureux; écoute : je suis le dépositaire d'un écrit qui te concerne; j'avais promis à ta mère de te le remettre lorsque tu aurais atteint ta quinzième année, époque à laquelle tu pouvais, sans fortune, t'exposer à la fatigue d'un long voyage. Ces papiers sont renfermés dans une boîte de fer-blanc; tu la trouveras sous la pierre où sont déposés les restes de ta mère. Tu pourras les avoir lorsque tu le désireras; je te permets de les prendre aussitôt que la douleur que va te causer notre séparation sera un peu calmée. Pauvre enfant! méconnu, incompris, que feras-tu seul ici? Va, pars dans le pays de ta mère; tu trouveras des parents plus humains. Ma mort attirera sur toi toute la méchanceté de ta tante.

Qui donc maintiendra cette mégère maintenant que je ne serai plus? Quitte-la, mon fils, fuis cette maison dans laquelle tu ne connaîtras jamais que l'injustice et la douleur... Louis... mets-toi à genoux.

J'obéis alors.

Ensuite, je ne me souviens plus de rien, car je perdis connaissance, tant les efforts que j'avais faits pour lui cacher mes souffrances avaient été violents; je ne pus y résister plus longtemps. Lorsque je revins à moi, j'étais couché dans un beau lit au presbytère, Marguerite veillait à mes côtés; ma première parole fut pour lui demander mon protecteur : — Il n'est plus, dit-elle en pleurant, et ce n'est qu'à force de soin que vous nous êtes enfin rendu; voilà cinq jours que vous luttez avec la mort.

— Et ma tante connaît-elle mon état? lui dis-je.

— Oui, me dit Marguerite, mais elle en est très-peu affectée.

— Et mon frère?

— Ne me parlez-pas de ce vaurien; il a aussi mauvais cœur que sa parente. Mon cher Louis, vous souvenez-vous de ce qu'il vous dit, le vertueux curé, le jour où vous êtes tombé à ses côtés?

— Oh! oui, je m'en rappelle bien, et je lui obéirai.

Le nouveau curé était venu s'établir dans la cure; il vint savoir de mes nouvelles : sa vue me fit bien du mal, et je pleurai devant lui, en le priant de m'excuser. Il était aussi, comme son prédécesseur, d'une bonté sans bornes; il daigna me consoler; il fit l'éloge de mon cœur et de ma sensibilité; il savait la cause de ma maladie; il garda Marguerite en la même qualité qu'elle avait auprès de mon défunt ami.

On m'entoura de tant de soins bienveillants, que je fus guéris en peu de jours; je me disposai à retourner chez ma tante; mais avant je voulais remplir un devoir sacré, je voulais prier sur la tombe du curé.

Marguerite approuva mon désir et voulait m'accompagner. Appuyé sur son bras, tous deux nous prîmes la route du cimetière : là, sous la terre fraîchement remuée, gisait le sage curé; nous nous prosternâmes et priâmes un instant.

« O fatalité des choses humaines! s'écria Marguerite; huit jours auparavant notre ami nous parlait; il était là, près de nous, et maintenant il est là blotti, traîné dans la boue; plus rien de lui, rien, que notre souvenir! Qu'ils sont insensés ceux qui dédaignent de s'attacher à des espérances d'une autre vie pour n'embrasser que des chimères, que des fantômes qui nous sourient la durée d'un éclair et qui se perdent dans l'immensité de l'espace !... Pauvres humains ! »

Ainsi parlait Marguerite ; nous mesurions des yeux la dernière place qu'occupait mon généreux ami, et nous nous livrions à toute notre tristesse. Nous quittâmes, après notre prière, cette silencieuse vallée ; il fallait rentrer au logis.

Hélas ! une scène affreuse m'y attendait. Non, non, jamais vous ne pourrez avoir la juste idée de son courroux. Ma tante était effrayante de laideur.

— Arrivez, mauvais garnement, me dit-elle, vous mettez ma patience à bout par vos éternelles pleurnicheries : il est mort celui qui vous aimait tant ; il est mort celui qui vous prêchait la désobéissance et la rébellion ; préparez-vous à la plus humble soumission, car, dès ce jour, je ne veux plus endurer vos sottises. Quant à votre frère, j'aurai soin de lui.

— Tant mieux, lui dis-je, ma tante.

— Oui, tant mieux, dit-elle ; mais tant pis pour vous, car vous allez souffrir.

— Peut-être ! lui repartis-je.

— Sortez d'ici; aller ramasser le fumier....

Je ne me fis point répéter cet ordre; l'occupation la plus abjecte me plaisait bien mieux que tout ce que cette femme me pouvait dire.

Hélas! monsieur, tout ce qui me reste à vous dire, sont les tourments que j'endure depuis une quinzaine de jours que je suis de retour chez elle; je ne puis plus souffrir les mauvais traitements que je reçois; je veux partir. Ce matin je me suis levé avant le jour, bien disposé à fuir : le printemps ranime mon courage; j'irai dans une autre contrée chercher du travail et la douceur de pleurer ceux que j'aimais et qui ne sont plus.

Vous savez tout maintenant, dit Louis, jugez donc si j'ai tort de me chagriner?

— Aimable Louis, dit l'inconnu qui avait écouté avec intérêt le jeune narrateur, je suis ton ami; repose-toi sur la tendresse que tes vertus et ta candeur t'ont gagnée.

Avant de quitter pour toujours ce village, n'as-tu pas les ordres du pasteur à suivre?

— Oh! oui, je ferai ce qu'il m'a dit, aujourd'hui même, et c'est ce qui me chagrinait si fort lorsque vous vous êtes approché de moi; je pensais avec inquiétude que j'étais trop faible pour soulever cette grosse pierre.

— Viens, Louis, je t'aiderai ; allons de ce pas connaître ton sort, car j'imagine que ces papiers renferment des instructions utiles pour ton avenir.

En achevant ces paroles, l'inconnu marchait à grands pas, suivi de Louis, qui remerciait Dieu du nouvel ami qu'il lui envoyait dans une circonstance aussi décisive.

Il était huit heures du matin, déjà tous les paysans étaient à l'ouvrage ; les chemins des campagnes devenaient déserts et silencieux, les gouttes de rosée se séchaient sur les feuilles qu'elles avaient ranimées ; les oiseaux gazouillaient doucement, et seuls troublaient le silence de la nature. L'étranger soupirait de temps en temps, un poids énorme oppressait son cœur ; ses yeux, mouillés de larmes, se tournaient quelquefois vers le joli orphelin, qui l'intéressait si vivement. Après un quart d'heure de chemin environ, ils se trouvèrent dans une délicieuse vallée ; un ruisseau serpentait caché parmi la mousse fraîche et des buissons odorants ; la violette suave parfumait l'air ; ils sont devant une pauvre chaumière inhabitée, image de la tristesse et de l'abandon. Les pas de l'enfant religieux en avaient seulement tracé une route inconnue à tous les villageois. C'était la demeure de Louis.

— La voilà , cette cabane , dont je vous ai

parlé, dit le petit tout ému; c'est là qu'une mère adorée m'apprit à chérir l'Être suprême, et c'est là que je la vis agonisante et puis morte. Mais elle vit encore là, dans mon cœur, dit-il en posant sa petite main sur sa poitrine palpitante.

Mon héros s'arrêta tout auprès; il considérait avec un profond attendrissement ces murs noircis par le temps, et le toit couvert de chaume et de boue. Puis, attirant l'inconnu par le pan de son habit : Venez, dit-il, allons vers elle.

Après avoir fait un détour et parcouru une espèce de labyrinthe formé par des épines et des sapins touffus, la tombe solitaire, sur laquelle croissaient en foule des fleurs que l'amour filial cultivait avec soin, s'offrit aux yeux de l'inconnu.

— Nous y voilà, dit Louis, nous allons tout savoir.

Et, sans attendre la réponse, il se mit à genoux, ses petites mains se joignirent : il ressemblait à un ange de patience et de douceur. Lorsqu'il eut terminé sa prière, le généreux étranger souleva le marbre brut. Louis n'osait respirer, tant il craignait de profaner ce lieu sacré; il s'écria :

« O ma mère! prie pour ton fils, afin qu'il ait la force de vivre sans toi! »

S'étant emparé de la boîte, l'inconnu referma le tombeau, et dit à l'orphelin :

— Dis adieu pour long-temps à ta première patrie, mon cher enfant; car tu vas me suivre : je jure aussi, sur les mânes de ta mère, de te protéger et de t'aimer toujours.

« Adieu donc, ô tombe de ma mère! s'écria le vertueux Louis, adieu cabane! adieu belle vallée! je viendrai vous revoir un jour, je reviendrai arroser ces fleurs qui vont se flétrir maintenant que je ne serai plus là. Puisse cette enceinte chérie n'être visitée que par des êtres aimants et vertueux! »

Louis ne dit plus rien; il priait alors mentalement, et ses prières, quoique muettes, arrivaient toujours jusqu'au trône de l'Éternel.

Son nouveau protecteur l'arracha à ses douces émotions.

— Viens, mon enfant, ne t'affecte plus ainsi, la sensibilité doit avoir des bornes: tu as retrouvé un père, un ami; oublie le passé, ne songe plus qu'au présent et à l'avenir. Prenons connaissance de ce que contient cette boîte.

Ils s'assirent alors sous l'ombrage d'un haut peuplier; et, après en avoir fait sauter le couvercle, ils en retirèrent un petit cahier; un autre grand papier attira toute leur attention;

il était du bon curé, et contenait ce peu de mots :

« Louis, tu vas quitter ce pays, suis fidèlement les instructions de ta mère, continue à te bien conduire ; je te laisse deux cents francs en or qui sont aussi renfermés ici : cette somme te sera nécessaire pour te rendre à ta destination.

» Puissent Dieu et les anges t'accompagner partout. Adieu pour un temps. »

Louis pleura de joie et de reconnaissance pour l'aimable attention du bon curé. L'étranger prit le petit cahier, et lut tout haut :

« A mon fils Louis.

» Il m'est bien douloureux de te laisser, mon pauvre enfant, si jeune et sans protection. Je sens que l'instant qui doit me réunir à mon Créateur est arrivé. C'est à peine si j'aurai le temps et la force de te dire tout ce que j'éprouve de sollicitude pour ton avenir ; dès que j'aurai fermé les paupières pour toujours, tu vas donc te trouver sans appui : j'aime à te dire que j'ai confiance en toi ; tu as un cœur noble et vertueux, c'est assez pour t'acquérir des amis sur la terre. Ne te laisse point aller au désespoir ; aie confiance et assurance en la bonté de Dieu, qui ne délaisse jamais une créature vertueuse. Lorsque tu te sentiras la force et le courage d'entreprendre un long voyage, tu quitteras ce vilain pays dans lequel je n'aurais dû jamais séjourner, car je n'y ai trouvé que des cœurs égoïstes et méchants. Tu t'achemineras vers une autre contrée, où sans doute vivent encore les parents de ta mère. Je suis persuadé qu'il en est un bien tendre et bien aimant qui te recevra avec des transports de joie; je vais tâcher, mon cher Louis, de te faire connaître cet oncle, dans lequel j'espère pour toi après ma mort. Je suis née à Belleville, petit endroit aux portes de Paris. »

— A Belleville! s'écria l'étranger; grand Dieu! serait-il possible? Quelle lumière... Ma sœur!.... Voyons, lisons toujours.

« Mon père eut le malheur de perdre une fortune considérable par de fausses spéculations qu'il fit; nous n'avons jamais connu notre mère. Un frère nommé Ambroise et moi partagions toute sa tendresse. »

— Louis! mon cher Louis! tu es mon neveu. O bonheur! tu es le fils de cette sœur si tendrement chérie que je cherche depuis deux ans. Pauvre Victorine! tu n'es plus! mais du moins je retrouve ton enfant. O Providence! que tu es admirable dans tes bienfaits!

M. Félix pleurait en songeant aux malheurs

et à la mort de Victorine, puis il se contenait en serrant Louis contre son cœur.

Mon héros, au comble de la joie, lui rendait ses caresses et pouvait à peine exprimer tout ce qu'il ressentait ; les papiers, la boîte, les louis d'or étaient tombés sur le gazon pendant leurs touchants ébats. On avait tout oublié.

M. Félix, ramassant le petit manuscrit, dit à Louis :

— Voyons ce que te dit ta pauvre mère ; lisons :

« *Un frère et moi partagions toute sa tendresse.* O souvenirs délicieux de mon enfance, vous prêtez à mes derniers moments un éclair de bonheur !

» Louis, lorsque tu reverras ce bon parent, ce frère que j'ai si tendrement aimé, dis-lui que je mourus en prononçant son nom et le tien. Que de fois, mon fils, tu m'as retracé son image ; tu possèdes, ainsi que lui, une sensibilité bien grande ; comme lui, tu es aimant et généreux. Oh ! il fut comme toi le meilleur des fils et le plus tendre frère. Je veux employer mes dernières heures à te parler de lui ; tu vas juger par toi-même de toute la bonté de son cœur.

» Mon père venait de recevoir une lettre qui

détruisait toutes ses espérances de fortune : il ne nous restait plus rien ; Ambroise avait alors sept ans et j'en avais neuf, nous devions songer au travail. Mon père, le premier, nous en donna l'exemple ; il obtint une petite place chez un notaire de Belleville. C'était avec la plus stricte économie que nous pouvions nous procurer le nécessaire, tant ses rétributions étaient minces. J'étais chargée du soin du ménage, et, quoique peu habituée à tenir une maison, je m'acquittais de ce devoir comme l'aurait fait une petite femme. Je me donnais des petits airs d'importance et mon père m'appelait sa petite ménagère.

» Un matin, comme à l'ordinaire, j'étais restée seule au logis avec mon petit frère. Après avoir balayé, tout arrangé avec ordre et propreté, je m'aperçus qu'Ambroise était triste et silencieux ; c'était peu son habitude, car il avait le plus charmant caractère. Craignant qu'il ne fût malade, je l'interrogeai avec une tendresse maternelle : Qu'as-tu, mon petit Ambroise? lui dis-je ; tu souffres, je le vois bien ; viens te coucher et je t'apporterai du bon lolo. (C'est ainsi qu'il appelait le lait qu'il aimait beaucoup.)

» — Victorine, me répond gravement cet aimable petit garçon, je n'aime plus le lolo. Combien te coûte-il ?

» — Oh ! nous en prenons chaque jour à nous deux la valeur d'un sou.

» — Victorine, c'est trop cher, vois-tu bien, n'en prends que pour toi seule à l'avenir, je ne l'aime plus, il me donne mal au cœur.

» — Allons donc, tu plaisantes, Ambroise, tu es encore trop petit pour te passer de ton lait ; je ne veux pas cela, moi, monsieur, entendez-vous ? Vous allez me faire le plaisir de manger votre lait.

» Il se mit à pleurer à chaudes larmes.

» Mon air de rigueur lui fit de la peine, du moins je le crus ; et, voyant ses pleurs, je le couvris de caresses ; il ne pouvait reprendre sa sérénité.

» — Victorine ! s'écria-t-il enfin, écoute-moi bien : J'ai du chagrin ; ce qui me désole plus que tout le reste, c'est que je ne suis qu'un enfant, un faible et petit enfant, un embarras pour mon père et pour toi. Vous travaillez tous deux, et moi, les bras croisés, là, tiens, comme cela, et il prenait un air grave et courroucé, je suis lâchement à rien faire.

» — Patience, lui dis-je, Ambroise, le temps viendra où tu nous seras utile et nous nous reposerons alors à notre tour.

» — Ma sœur, je me sens du courage et de

la force : je suis capable de travailler aussi ; c'est seulement ma maudite petite taille qui fait mon supplice.

» Je me mis à rire de son air capable et comique à la fois : il se fâcha.

» — Ne ris donc pas ainsi, méchante Victorine, lorsque tu me vois gémir ; crois-tu donc, dit-il avec feu, que je n'ai pas de cœur et que je suis tranquille lorsque mon père arrive chaque soir harassé des fatigues du jour ? Crois-tu que je suis content lorsque je t'entends soupirer ? Penses-tu que cela me donne de la gaîté, à moi ? Eh bien, non, je pleure toute la nuit, je me dépite ; je voudrais avoir seulement ton âge et prendre ici ta place ; car, ma pauvre sœur, j'admire aussi ta patience et ton infatigable activité. Oh ! je ne puis souffrir plus long-temps, je veux travailler aussi.

» — Eh bien, tu m'aideras, lui dis-je.

» — Ce n'est pas cela que je veux, reprit-il ; je veux gagner de l'argent, beaucoup d'argent. En partageant tes travaux journaliers, cela ne nous rapportera rien, et nous mangerons tout de même.

» — Que veux-tu donc faire, mon pauvre petit ?

» — Je veux aujourd'hui même trouver un

petit emploi. Quel bonheur pour moi lorsque je pourrai te dire : Tiens, Victorine, voilà une robe, un bonnet, un tablier, etc. ; car je sais que tu ne peux jamais satisfaire un seul de tes désirs.

» Ainsi me parla Ambroise à sept ans. Tu vois, Louis, quelle âme possédait ce frère adoré.

» Je l'attirai sur mon cœur, et nous versâmes tous deux des torrents de larmes. O douce étreinte de l'amitié fraternelle! qui peut égaler ce bien?

» Ambroise fut consolé, mais il ne perdait pas de vue son petit projet : il réussit. Vers le soir, je le vis entrer tout joyeux; il se jeta dans mes bras, en s'écriant : Ma bonne Victorine, j'ai trouvé de l'ouvrage, je vais pouvoir satisfaire toutes tes fantaisies et ne serai plus onéreux à mon père. M. Dalin, notre voisin l'épicier, me nourrit et me donne dix sous par jour pour lui faire ses commissions; dix sous par jour, quinze francs par mois : en auras-tu assez, Victorine? C'est pour toi, pour toi seule, entends-tu, ma bonne sœur?

» Voilà ce que disait Ambroise. Cette action te peint mieux de quoi il fut capable que tout ce que je pourrais t'en dire.

» En effet, dès le lendemain, il fut placé, et me donnait fidèlement sa paie. Je le trompai ; car, au lieu d'en faire l'usage qu'il désirait, je mettais cet argent de côté : il m'était bien facile de l'abuser, il ne connaissait le prix d'aucune des choses que j'achetais. Au bout d'un an je comptais déjà dans un petit sac caché dans une paillasse, l'énorme somme de cent vingt francs.

» Oh ! combien j'étais heureuse à mon tour en voyant son petit trésor augmenter chaque mois. Pauvre frère ! pensais-je, serait-il juste et généreux de ma part de profiter inhumainement de son admirable dévouement et de sa touchante amitié fraternelle ? Ne suis-je donc pas assez satisfaite de connaître son cœur, si bon, si tendre pour moi ?

» Que j'étais fière de posséder un frère semblable ; son éloge était continuellement sur mes lèvres et son nom faisait doucement palpiter mon cœur.

» Ambroise intéressa si fort les personnes qui l'avaient occupé, qu'on songea sérieusement à lui procurer un avenir heureux. Infatigable, doué d'une intelligence vive et d'un génie profond, guidé par la vertu dans toutes ses actions, Ambroise avait mis le pied sur le premier échelon de la fortune. Un riche voyageur, négociant en denrées coloniales, résida quelques jours chez l'épicier, maître d'Ambroise : il sut apprécier mon frère et voulut se l'attacher par des bienfaits ; les avantages qu'il lui offrit étaient fort au-dessus de ses espérances, il n'eut garde de refuser. Un soir il en parla à mon père, et lui demanda la permission de servir ce riche négociant. Il faudra vous quitter, dit Ambroise tristement, voilà la seule chose qui m'afflige dans tout cela.

» Mon père, déjà bien souffrant, n'ayant du reste aucune fortune à nous laisser, vit pour mon frère, en cette circonstance, la main toute providentielle se tendre vers lui. Il l'exhorta à suivre cette noble résolution : il parla dès ce jour au protecteur d'Ambroise ; il le remercia vivement ; tout fut réglé entre eux. Ambroise devait le suivre à Paris dans peu de jours.

» Se séparer quand on s'aime, c'est bien cruel, bien affreux ; mais aussi la misère, les privations, voir souffrir ceux qu'on aime, tout cela est bien plus triste et douloureux. C'en est fait, je pars, ma chère Victorine (ainsi me parlait mon frère en essuyant mes larmes). Sois assurée, ma chère sœur, que je ne t'oublierai jamais ; c'est pour toi seule que je veux devenir riche.

» A cette époque Ambroise avait neuf ans et demi.

» Mon frère nous fit part du chagrin qu'il ressentait de ne pouvoir se munir de quelques effets indispensables; il aurait voulu pouvoir se montrer avec des habits plus propres que les siens; il soupirait. Mon père était triste; moi seule j'allais finir leur tourment. N'étais-je pas la dépositaire d'une somme soigneusement cachée à tous les regards? N'était-elle pas le fruit des travaux d'Ambroise? ne lui appartenait-elle pas de droit?... Tu auras tout ce que tu désires.

» — Mon père, dis-je en souriant de bonheur, vous allez en juger.

» Je m'élance rapidement et reviens de même, tenant dans mes mains le bienheureux sac; je verse sur notre table tous ces beaux écus blancs et neufs. A cette vue, mon père et Ambroise restent stupéfaits de surprise; je ris de bon cœur, de joie et de leur figure étonnée.

» — Tout cet argent t'appartient, mon cher Ambroise.

» — Tu veux rire, ma sœur! tu me plaisantes cruellement.

» — Non, mon frère, je parle fort sérieusement; il est à toi, te dis-je. Ne gagnais-tu pas quinze francs par mois chez M. Dalin?

» — Il est vrai ; mais c'était pour toi seule, et je croyais que tu avais tout dépensé.

» — Ambroise, dis-je alors, c'est fort mal à toi de me juger aussi défavorablement ; égoïste que tu es ! tu aurais voulu seul être généreux. Oh ! mon frère ! je suis aussi heureuse aujourd'hui en t'offrant ton bien, que tu éprouvais de bonheur en m'apportant le prix de ton travail !

» Quelle scène attendrissante ! mon cher Louis, nous pleurions tous.

» — Charmants enfants ! s'écria notre père, je ne sais lequel admirer le plus de vous deux !

» Nous nous jetâmes dans ses bras et nous goûtâmes un plaisir céleste. »

Ici l'oncle de Louis s'arrêta ; car les pleurs qui ruisselaient de ses yeux l'empêchaient de lire. Louis était aussi violemment ému. Après un assez long silence, il reprit son intéressante lecture :

« Ambroise fut habillé tout à neuf. Oh ! comme il était fier et heureux ! et moi je ne me lassais pas de le contempler. Lorsque toutes les emplettes furent faites, il nous restait cinquante francs ; il les fit accepter à mon père.

» Ce fut un bien triste jour que celui qui

nous enleva Ambroise. Hélas! après nous être fait bien des adieux touchants et des promesses de ne jamais nous oublier, nous nous séparâmes. Louis, je ne l'ai plus revu, cet aimable frère, et je vais mourir sans pouvoir l'embrasser une dernière fois!

» Tout ce qui me reste à te dire, Louis, est bien douloureux. La joie de mon enfance fut courte et passagère; le deuil, la misère et la mort devaient désormais composer mon affreux destin.

» Ambroise nous écrivait souvent : il nous disait qu'il faisait de fréquents voyages; il était toujours chéri de son protecteur, qui devait faire de lui son héritier; ils étaient allés en Afrique : ils séjournèrent un mois à Alger; ce fut au retour de ces contrées lointaines qu'il nous envoya six cents francs.

» J'avais alors atteint ma dix-septième année; mon père éprouva à cette époque une cruelle attaque de paralysie qui devait l'enlever plus tard. Que de souffrances, de misères et de tribulations j'éprouvai alors! je veillais nuit et jour au chevet du lit de mon père, sans jamais prendre de repos; l'argent d'Ambroise s'épuisait, et je tremblais lorsque j'y songeais.

» Ce fut dans ce temps malheureux, Louis, que je fis la connaissance de votre père; nous avions mis en location une petite chambre qui restait vide par l'absence d'Ambroise: M. Belmont la loua : pauvre, vertueux et bon mon père l'aima bientôt : son sort, si semblable au nôtre, forma notre amitié ; on se comprend si bien lorsqu'on ressent les mêmes peines ! Le pauvre Belmont nous rappelait Ambroise, par les soins constants qu'il prodiguait à mon père. Il demanda ma main ; mon père, prêt à mourir, lui confia ma destinée ; je devins son épouse. Ambroise ne put se rendre auprès de nous pour assister à mon mariage ; mais ce cher frère envoya ma dot : il me donnait mille francs !

» Hélas ! mon bouquet de mariée se couvrit de crêpe noir ; mon père eut une seconde attaque qui nous l'enleva subitement deux jours après mon hymen.

» Juge de ma douleur ; c'est à peine si la tendresse de ton père en put modérer l'excès. J'écrivis cette triste nouvelle à Ambroise : il venait de partir pour l'Amérique ; je me trouvais dès lors plus malheureuse encore.

» Ton père ne trouvait aucune occupation ; nous étions plongés depuis deux mois dans la plus cruelle indigence. Désolés de nos malheurs, comptant sur le bon cœur d'une sœur qu'il avait dans la Provence, il me décida de le suivre en ces pays éloignés. De là datent encore nos plus violentes peines ; je devins mère, et vous vîntes, chers enfants, par vos besoins sans cesse renaissants, nous faire déplorer notre pénurie.

» La sœur de mon époux se montra fière et dure pour moi, jamais elle n'a cherché à me voir : elle m'appelait du nom injurieux de *l'étrangère*, voulant ainsi me faire comprendre que son cœur était fermé pour moi à jamais. Ton père, affligé de ses mauvais procédés, cessa de la voir : cela parut lui faire plaisir.

» L'infortuné Belmont me précéda au tombeau ; Louis, tu me restas seul pour me consoler ; oui, mon fils, tu m'as fait éprouver de bien douces émotions ; j'ai souvent senti que l'amour maternel, donné à un enfant tel que toi, renferme des jouissances infinies.

» Que de larmes ta jeune raison et ta précieuse sensibilité surent effacer ! ! !

» Tu connais le reste de notre déplorable histoire, pauvre Louis ; le temps presse.

» Lorsque tu pourras entreprendre le long voyage que je désire que tu fasses, pars de ce pays odieux, fuis une contrée malheureuse qu'habitent des cœurs inhospitaliers pour nous ; va à Paris, et puis à Belleville ; j'ai l'espérance presque certaine que Dieu t'aura conservé ton oncle Ambroisé ; oui, tu le retrouveras, cet ami vertueux, tu lui remettras cet écrit ; tu lui diras : Je suis le fils de Victorine, et il t'ouvrira ses bras protecteurs !

» Adieu, Louis, ou plutôt au revoir ; sois toujours bon, sensible, pieux..... Je m'affaiblis,... ô Louis, mon enfant, je n'y vois plus, prie pour moi ; ta mère te serre contre son cœur pour la dernière fois ! »

M. Félix venait de terminer la lecture de ce petit manuscrit ; il restait plongé dans de douloureuses réflexions ; Louis pleurait en silence.

« Et c'est cette angélique créature, cette femme vertueuse que l'on ose calomnier, s'écria l'oncle indigné et transporté de la plus juste colère ; elle est morte de besoin auprès d'une indigne parente qui regorge de tout ! Victorine ! aimable et bonne sœur, je ne te verrai donc plus !

Ainsi s'exhalait sa douleur fraternelle.

Louis se jeta sur son cœur, et y fut retenu et serré avec tendresse.

— Viens, dit-il en se levant et remettant tous les papiers dans la boîte ; allons dire un éternel adieu à cette tante dénaturée ; j'ai besoin de la couvrir de mon mépris ; je lui dirai que tu es mon héritier. Ta mère, avec cette inconcevable prévision qu'ont les femmes, a pensé juste : je suis immensément riche, et c'était pour elle seule que je travaillais; elle n'est plus, c'est toi, Louis, qui la remplaceras!

— Et mon frère, et Joseph? dit Louis bien bas.

— Ne me parle jamais de cet ingrat, de ce fils rebelle; j'en sais assez sur son compte; il faut qu'il expie les torts qu'il eut envers son angélique mère. Un enfant dénaturé, brutal et méchant envers sa mère, mérite l'oubli de Dieu et des hommes.

En achevant ces mots, l'oncle entra dans le village; il arriva de suite à la porte de la vieille égoïste; les chiens aboyèrent avec fureur.

— Voilà donc les seuls objets de son affection! s'écria le vertueux frère de Victorine.

Mademoiselle Belmont était étendue sur un sofa. Joseph, dont la physionomie reflétait ses mauvais sentiments, était occupé à chasser, avec une branche de mûrier, les mouches qui voulaient la piquer et la priver du sommeil qu'elle appelait dans sa paresseuse ignorance.

En voyant Louis tenant la main d'un élégant étranger, elle se leva aussitôt.

— Que voulez-vous, monsieur? dit-elle en

nasillant, comme pour adoucir sa voix aigre. Et vous, petit mauvais sujet, vous voilà donc encore!

— Mademoiselle, ce mauvais sujet est le fils de ma sœur, de l'*étrangère*, qui a des parents plus humains que vous!

Vous avez laissé mourir de faim la femme la plus douce et la plus vertueuse. *Malheur à vous!* oui, *malheur à vous!* dit-il avec force; jamais, non, jamais de félicité et de repos pour l'âme dénaturée qui abandonne des parents infortunés sur le bord de la fosse. Et vous, malheureux Joseph, je connais votre mauvais cœur et votre profanation à la mémoire de votre mère; vous en serez puni aussi; j'adopte Louis, il sera mon héritier; un million lui est destiné: un cœur vertueux tel que le sien devait avoir sa récompense.

Joseph, pétrifié, sent ses torts; il est jaloux, mais non repentant; il baisse la tête comme un coupable qu'il est.

La vieille est atterrée; la voix de la vérité, l'accent prophétique de M. Félix l'ont abattue, troublée; elle a perdu cette audacieuse assurance dont elle donna si souvent la preuve: elle reste pâle et muette.

— Adieu, mademoiselle; je vais vous délivrer de l'odieuse présence du fils de l'*étran-*

gère; un autre vous reste, il est digne de vous comprendre, lui. Adieu!

En achevant ces mots, il entraîna Louis hors de cette maison qui oppressait si péniblement son cœur.

Deux heures après, mon petit héros et son généreux parent étaient sur la route de Paris.

Heureux Louis! Dieu récompense ainsi ton amour filial; les prédictions de ta mère et du curé sont accomplies!

Quant à Joseph, constamment malheureux, sa parente, qui ne l'avait jamais aimé, le traita avec plus de rigueur que jamais: elle mourut d'une horrible mort quelques années après le départ de Louis.

Joseph en fut content; il espérait enfin jouir de la fortune qu'il avait si patiemment convoitée. Quelle fut sa déception et son désespoir, lorsqu'à l'ouverture du testament, il s'en vit frustré! Marthe, si flatteuse et si fausse, fut la seule héritière; elle mit Joseph à la porte, en l'accablant d'injurieuses épithètes qu'il méritait bien.

Que faire? que devenir? L'insensé se confondait en imprécations contre le ciel; il demandait l'aumône avec aigreur, et fut toujours repoussé; car, si la Providence protège l'enfant doux et bon, elle délaisse entièrement celui qui est méchant et ingrat.

Joseph, après avoir éprouvé tous les tourments de la misère, accablé de chagrins et de remords cuisants, mourut de faim sur la grande route; son corps resta sans sépulture et devint la pâture des oiseaux de proie.

Enfants, je vous ai donné ces deux exemples de la vertu et du vice: puissiez-vous suivre l'un et vous éloigner avec dégoût de l'autre, et mon but sera rempli au-delà de mes souhaits.

PLAISIRS SIMPLES,

VRAIS PLAISIRS.

(Tiré de la Morale en Action.)

—

Je parle du plaisir; c'est dans le cœur des enfants qu'il en faut chercher la fleur, et quelquefois au sein de la médiocrité, qui se dégoûte rarement des choses naturelles.

La dernière nuit que j'étudiai les joueurs acheva de me dévoiler leur triste caractère; j'en fus puni. Ce sont des furieux, me disais-je; qu'ils se ruinent, qu'ils s'égorgent. Consterné de cette indifférence, craignant d'avoir perdu ma sensibilité, j'abandonnais cet air contagieux.

Le jour luisait à peine, j'étais seul, et le silence de la nature ne m'inspirait plus rien. Je m'éloignai de la ville vers le milieu de la journée ; j'aperçus un hameau, sur les confins duquel une vaste prairie m'offrait les pauvres et les riches confondus ensemble ; ils célébraient l'hymne de la vertu.

Le seigneur venait de marier une fille, la plus belle du canton et aussi la plus honnête, car ses rivales, ou plutôt ses compagnes, l'avaient proclamée telle d'une voix unanime. Je ne me lassais pas de regarder et d'admirer ; tous les visages resplendissaient d'une joie pure ; j'y voyais tant de bonté, que tout le monde me parut beau.

On disposait des jeux bien différents de ceux que je fuyais ; l'humanité triomphait dans ces jeux champêtres ; la bienfaisance y présidait, et toutes deux de concert en avaient fait les frais. Tout à coup le vent souffle, le tonnerre gronde ; un nuage affreux dérobe le jour, chacun se sauve.

Je me réfugiai dans une grange, où l'on ne distinguait les objets qu'à la lueur des éclairs. Regardant autour de moi, je n'aperçus que des enfants ; qu'ils étaient affligés ! je tâchais de les consoler ; ils soupiraient.

— Prenez patience, le beau temps reviendra.

— D'aujourd'hui nous ne reverrons le soleil ; demain plus de fête.

— Prenez patience, vous dis-je, il ne tardera pas à reparaître.

Tous les yeux se tournèrent du côté de l'astre éclipsé.

Déjà quelques pâles rayons coloraient les bords du nuage; je vis enfin l'espoir du plaisir renaître avec le jour; je vis les fronts s'éclaircir à mesure que le soleil se dégageait, et j'entendis mes enfants le saluer d'un cri de joie, d'un cri qui retentira toujours au fond de mon cœur.

Le signal est donné, les jeux commencent et continuent jusqu'à la nuit. Voilà le plaisir! m'écriai-je, c'est ainsi qu'il se prépare et s'accomplit.

TRAIT D'AMITIÉ FRATERNELLE.

(Tiré de la Morale en Action.)

Le fils d'un riche négociant de Londres s'était livré, dans sa jeunesse, à tous les excès; il irrita son père, dont il méprisa les avis; le vieillard, près de finir sa carrière, fait un acte par lequel il deshérite son jeune fils, et meurt. Dorval, instruit de la mort de son père, fait de sérieuses réflexions, rentre en lui-même et pleure ses égarements passés. Il apprend bientôt qu'il est déshérité : cette nouvelle n'arrache de sa bouche aucun murmure injurieux à la mémoire de son père, il la respecte jusque dans l'acte le plus désavantageux à ses intérêts; il dit seulement ces mots : Je l'ai mérité. Cette modération parvient aux oreilles de Geneval, son frère, qui, charmé de voir le changement de mœurs de

Dorval, va le trouver, l'embrasse et lui adresse ces paroles à jamais mémorables : « Mon frère, par un testament notre père commun m'a institué son légataire universel; mais il n'a voulu exclure que l'homme que vous étiez alors, et non celui que vous êtes aujourd'hui; je vous rends la part qni vous est due. »

THÉODORE

OU

LE PETIT ORPHELIN.

L'horloge avait sonné quatre heures ; tous les enfants qui prenaient des leçons gratuites, dans une école chrétienne, rue Traversière, venaient d'en sortir joyeusement et se disposaient en groupes dans la rue ; le pauvre petit Théodore, âgé de sept ans, était resté seul, assis sur un banc de l'école ; de temps en temps, il levait ses beaux yeux bleus vers le ciel, avec le plus touchant désespoir ; plusieurs frères avaient passé et repassé sans apercevoir le petit qui pleurait silencieusement ; puis ils étaient sortis ; un d'eux était occupé à ranger des livres et des cahiers épars sur les tables ; un soupir de Théodore l'attire aussitôt vers lui ; il reste surpris de voir cet enfant qui, la veille encore, éprouvait tant de joie à suivre ses camarades, il l'interroge tendrement, mais l'enfant pleure plus fort.

— Va donc trouver ta mère, mon cher petit.

— Elle est morte hier, ma pauvre mère, répond-il enfin.

— Et ton père?

— Je n'en ai plus! je suis seul sur la terre, et je veux mourir aussi, moi.

Il pousse alors des sanglots déchirants.

— N'as-tu plus de parents?

— Non, monsieur.

— D'où es-tu, mon enfant?

— De Lyon.

Le frère, attendri d'une douleur si grande, s'asseoit près de lui; il prend sa main et l'engage à se calmer.

— Raconte-moi ce que tu sais de ta famille.

Alors Théodore s'exprime ainsi :

« Mon père et ma mère étaient à Lyon, et puis nous sommes venus ici un jour; oh! il me semble encore que cela se passe en cet instant, tant ma mémoire me le rappelle. Mon père, prêt à partir pour un long voyage, pleurait, il ne cessait d'embrasser ma mère et moi, et puis il partit ; nous nous sommes mis à genoux et nous avons prié le bon Dieu !

» Lorsque ma mère se releva, elle me baisa au front, et elle me dit :

« Pauvre Théodore, ton papa est parti, tu ne le reverras peut-être jamais ; sois sage ! aime bien le bon Dieu. » Et puis, elle me serra dans ses bras ; moi, je me consolai bientôt ; mais ma pauvre maman pleurait toujours, elle travaillait toute la journée, et quelquefois pendant la nuit, et tout cela pour acheter du pain ; elle me mit à votre école, et, chaque soir, lorsque je retournais chez elle, elle me demandait si vous étiez content de moi. « Respecte tes maîtres, me disait-elle ; n'imite pas la plupart de tes compagnons, qui ne cessent de se moquer d'eux et de leurs leçons ; ces vertueux frères accomplissent sur la terre une grande mission, ils remplissent une tâche bien pénible, presque toujours inspirée par la bonté de leur cœur, et qui est souvent si mal comprise et si tristement récompensée par les enfants ; aime-les ; la reconnaissance que nous devons à ceux qui répriment nos défauts doit être sans bornes, car ils cherchent à nous assurer le bonheur dans cette vie passagère et une éternelle félicité dans l'autre. »

» Voilà comme elle me parlait, ma pauvre mère ! et sa conduite pieuse me guidait bien autant que ses discours ; elle était si bonne aussi ! elle s'imposait des privations continuelles pour pouvoir me procurer tout ce qui m'était utile ou agréable. Depuis quelques mois, cette chère mère souffrait des douleurs à la poitrine, ce qui l'empêchait de travailler comme d'habitude. Un soir, elle m'embrassa avec plus de tendresse que jamais, et me dit en sanglottant :

« Voilà bientôt deux ans, mon pauvre enfant, que ton père est parti pour l'Amérique, et nous n'avons point encore reçu de ses nouvelles ; il devrait être de retour, il est sans doute mort en pensant à nous. O mon cher Théodore, tu vas devenir orphelin, car je sens que je ne tarderai pas à le suivre ; la misère a détruit ma santé : que vas-tu devenir ? » Elle pleurait beaucoup en parlant ainsi ; je voulus la consoler, je ne pus y parvenir ; l'ouvrage lui manquait, et nous ne pouvions rien acheter ; chaque fois que ma mère mettait un morceau de pain dans mon petit panier, que j'apporte ici chaque matin, elle soupirait en s'écriant : « Point de beurre pour garnir ta tartine ! ah ! que je suis malheureuse ! » Depuis cette époque, elle dépérissait de jour en jour; une charitable voisine prenait soin de ma mère, et l'exhortait à la patiente; quelquefois, affligé de ses chagrins, je voulais rester auprès d'elle, et je refusais de venir ici; alors cette femme me disait :

« Va à l'école, mon petit cœur! j'aurai soin de ta mère, sois bien sage! apprends vite à lire et à écrire pour pouvoir lui porter secours. » Elle me mettait ainsi à la porte en m'embrassant.

» Hier au soir, jugez de mon désespoir, en entrant dans notre chambre, ma mère ne répondit pas à ma voix; je l'appelle plus fort, même silence! je m'approche d'elle, hélas! ses yeux sont fermés!

» Je touche ses mains, elles sont glacées, elle était morte; je pousse des cris déchirants, je me roule par terre, je monte sur le lit, je l'embrasse! La voisine, pendant tout ce temps-là, pleurait en répétant : Pauvre petit! Elle me disait encore des choses bien touchantes que je n'entendis pas; elle m'arracha alors de cette chambre, où j'aurais voulu expirer pour n'être point séparé de ma mère; nous avons versé des larmes pendant toute cette affreuse nuit, et puis, ce matin, elle n'a pas voulu me laisser voir le corps de ma mère; elle m'a garni mon petit panier de pommes et de confitures, comme si cela pouvait me consoler.

» Il est encore plein ; je n'y toucherai pas.

» — Va à l'école, mon enfant, a-t-elle encore dit ; et je suis venu pour lui obéir. Maintenant que je n'ai plus de mère, qui m'aimera ? qui me caressera ? Mon Dieu, ayez pitié de moi ! » s'écriait le petit malheureux, de façon à attendrir les pierres ; il se roulait sur le banc avec un violent désespoir.

Le frère avait écouté silencieusement le triste récit de l'enfant, il se sentit aussitôt touché d'une pitié bien vive ; il n'était pas riche pourtant, le frère Chrysostôme ; les émoluments de son emploi composaient toute sa fortune, il songeait à tout cela en considérant ce joli et vertueux enfant qui l'intéressait si vivement, puis il s'écria :

« Quel mérite y aurait-il donc, en accomplissant une action généreuse et toute divine, s'il n'en coûtait aucun sacrifice ? C'en est fait, j'y suis décidé, je me charge de cet infortuné, je lui servirai de père ! O riches ! quelles leçons vous pourriez prendre, si l'orgueil et l'égoïsme ne vous éloignaient presque toujours de la classe pauvre et industrielle ! »

Le vertueux frère releva Théodore de dessus le banc sur lequel il était couché, et lui dit avec bonté :

— Le ciel t'envoie un protecteur, pauvre petit ; viens avec moi, veux-tu m'aimer ?

Théodore sauta au cou du frère et l'embrassa tendrement.

Chrysostôme, tenant par la main son protégé, traverse une petite salle, où plusieurs de ses confrères sont en cet instant.

— Mes frères, dit-il, Dieu, qui nous inspira l'idée de nous dévouer au malheur, veille sur nous avec sollicitude; chaque secours, chaque bienfait que nous accordons à celui que la misère accable, nous attire une grâce divine; persuadé de cette vérité, j'accomplis les mystérieux desseins de la Divinité, en adoptant aujourd'hui cet enfant qui vient de perdre sa mère, seul appui qu'il eût dans ce monde; vous êtes étonnés, connaissant ma pénurie; joignez-vous à moi, ô mes chers frères, dans cette belle œuvre que nous allons accomplir; élevons cet enfant dignement et saintement, afin qu'il puisse, dans quelques années, nous devoir une éducation et des sentiments qui nous honorent, et se tirer du malheur qui s'attache à l'orphelin abandonné.

Tous les frères applaudirent à cette noble résolution, ils se promirent mutuellement d'accorder leurs soins à Théodore, qu'ils avaient souvent distingué des autres par l'exactitude qu'il mettait à ses devoirs et par sa piété sincère.

Ils donnèrent tous un baiser sur le front de l'enfant.

Le pauvre petit souriait au milieu de ses larmes, ce qui le rendait encore plus intéressant ; il semblait heureux parmi ces hommes à longues robes noires, tandis que bien des petits garçons auraient fui, craignant trop, d'ordinaire, et n'aimant pas assez leurs maîtres.

Le frère Chrysostôme voulut connaître la voisine de la défunte mère du petit ; accompagné de Théodore, il parcourut la rue du Faubourg-Saint-Antoine, et entra dans l'étroite rue Sainte-Marguerite, où était située l'obscure maison qu'avait habitée l'orphelin, les cloches de l'église qui porte le nom de cette rue sonnaient un glas. Ce son lugubre, et toujours attendrissant pour un cœur sensible, fit frémir celui du petit ; hélas ! c'était le dernier appel pour sa mère ! Il serra fortement la main de son protecteur, comme pour lui communiquer l'affligeante pensée qui l'occupait en cet instant ; une pression, que le frère lui rendit, lui rappela qu'il avait trouvé un généreux soutien dans la vie ; il arma son petit cœur de courage et de résignation, ils entrèrent dans l'allée sale et noire qui devait le conduire à une chambre du troisième. Mais, ô douleur ! ils sont arrêtés au passage par une bière, simple, pauvre ; et qu'aucun ami ne songeait à suivre !

Oh ! n'est-ce point ainsi que finit presque toujours la vertu malheureuse !

Mais aussi, en compensation, les larmes et les regrets d'un fils vertueux et reconnaissant l'attendaient sur la route. Théodore, à cet aspect solennel, s'agenouilla avec un saint respect, il croisa ses petites mains, et s'écria tout haut :

« Adieu ! ô ma mère ! première amie de mon
» cœur, dors en paix maintenant, j'ai trouvé
» un ami, un vertueux protecteur, qui m'en-
» seignera le chemin du ciel où je te retrouve-
» rai ; adieu ! »

Et la bière disparut aussitôt.

— Cher enfant, dit le frère ému, en relevant Théodore, je m'applaudis à chaque instant que Dieu m'ait choisi pour te protéger ; moi aussi, j'ai fait le serment solennel de ne jamais t'abandonner !

Ils montèrent alors chez la voisine, qu'ils trouvèrent baignée de pleurs ; elle accourut vers l'enfant, qu'elle serra dans ses bras. Théodore ne demeura point indifférent à ces démonstrations d'une vive tendresse. Le frère lui apprit que désormais cet enfant devenait le sien.

— Je viens, dit-il, pour vous remercier de ce que vous avez fait pour la mère de mon protégé, et vous tranquilliser sur le sort de cet intéressant petit garçon.

La mère André fut bien satisfaite de cet heureux changement survenu dans la position de l'orphelin.

— Je ne l'aurais jamais abandonné, dit-elle ; tant que j'aurais eu un morceau de pain, Théodore l'aurait partagé avec moi ; mais je l'aime assez pour savoir m'imposer le sacrifice de son absence en songeant aux avantages que votre position dans le monde et votre amitié pour lui peuvent lui procurer.

— Tout ce que vous me dites, madame, me confirme dans la bonne opinion que j'ai de lui. Veuillez me dire, puisque vous avez connu les parents de cet orphelin, tout ce qui est à votre connaissance touchant sa famille.

— Voici ce que je sais, dit la mère André : Le père de cet enfant s'appelait M. Duhamel, il était originaire et natif, je crois, de la Pointe-à-Pître, île Guadeloupe ; emmené en France, encore fort jeune, par un de ses oncles, qui mourut peu de temps après, il se livra au commerce des soies. Par sa sagesse et son économie, il acquit une petite fortune, qui semblait devoir le mettre au-dessus du besoin : il épousa alors la mère du petit ; pendant quelques années, ses affaires ne trahirent point ses espérances ; mais, subitement, ses chances de bonheur s'affaiblirent, et il vit s'évanouir, en un instant, ce qu'il avait amassé avec tant de peines ; alors les époux connurent la misère, les parents de mon amie étaient dans l'impuissance de leur devenir utiles ; un jour, M. Duhamel se désolait, en songeant à l'avenir malheureux de Théodore ; il s'écria tout à coup : « O Louise ! ne suis-je pas bien insensé de perdre ici, dans l'oisiveté et la douleur, un temps si précieux ? Mon pauvre oncle m'a souvent répété que mon père était immensément riche dans une contrée éloignée ; des richesses m'attendent, lorsque je te laisse ici gémir dans le plus pressant besoin, O ma bonne Louise, arme-toi de courage, vois cet enfant privé de tout, laisse-moi partir ; je reviendrai avant deux ans, je t'en fais le serment. » Louis pleura : « L'Amérique est bien loin. dit-elle ; tu vas passer les mers, te reverrai-je encore? le désespoir, la mort, voilà mon partage : si tu m'abandonnes, que deviendra alors ce cher petit ? » Le courageux époux l'embrasse, il la conjure, en pleurant, de ne point se livrer à des pressentiments aussi sombres, il lui fait un tableau charmant du bonheur qu'ils éprouveront à son retour, il la prie de ne point s'opposer à ce voyage. La pauvre Louise céda; dès lors ils réunirent leur petite fortune bien précaire, et qui suffisait à peine aux frais d'un si grand voyage; ils arrivèrent à Paris, ils se logèrent ici, je fus témoin des adieux déchirants de ces époux, lorsque M. Duhamel partit pour le Havre, où il devait s'embarquer.

Tout porte à croire que cet infortuné n'existe plus; car il n'aurait point été aussi cruel que d'oublier sa femme et son enfant, qu'il aimait tendrement; voilà l'extrait de naissance de Théodore, continua la mère André en remettant un papier au frère; et voici, dit-elle, un petit cahier pour toi, mon cher petit, ce sont les derniers conseils d'une mère!

Théodore reçut avec un religieux respect ce que l'amie de sa mère lui remettait. Après avoir jeté un coup d'œil sur l'acte, seul héritage de l'orphelin, le bon frère se leva, prit congé de la bonne mère André en l'engageant à venir chez lui voir le petit garçon, autant qu'elle le désirerait.

Celle-ci embrassa Théodore, non sans verser de nouvelles larmes!

On se sépara!

Chrysostôme était pensif, il semblait méditer pendant le chemin qu'ils parcoururent, et son protégé ne l'interrompait point; car lui-même avait son petit cœur trop rempli de diverses émotions; la douleur, et puis la joie d'avoir un ami, se combattaient alternativement. Le frère avait un appartement bien petit et bien modeste, à deux pas de l'école chrétienne : il était sept heures lorsqu'il rentra chez lui, et comme on était dans la saison de l'été, il faisait encore grand jour; il se mit aussitôt à préparer un lit pour Théodore, à côté du sien; l'aimable enfant l'aida autant qu'il put dans ces détails domestiques.

Après avoir pris tous deux un frugal repas, et s'être mis à genoux pour dire la prière du soir, ils se couchèrent, et ils goûtèrent la douceur d'un sommeil bienfaisant.

Dès que le jour parut à travers les vitres, Chrysostôme s'éveilla; il désirait procurer à Théodore des vêtements convenables à sa nouvelle situation; le pauvre petit était couvert de haillons!

Ils sortirent à cet effet; quelques instants après on n'aurait plus reconnu cet enfant, tant il était superbe; Théodore ne pouvait dissimuler son contentement, il ne cessait de se regarder et de sourire, d'une manière évangélique, d'une métamorphose aussi subite.

Il était temps d'entrer en classe ; Théodore éprouva un mouvement d'orgueil, bien naturel à son âge ; plusieurs fois ses compagnons d'études l'avaient inhumainement repoussé :

« Tu es trop sale, lui disait-on, tu as l'air d'un mendiant, » et mille autres choses de ce genre qui perçaient l'âme du pauvre petit. Aujourd'hui, plus élégant qu'aucun d'eux, ne lui était-il pas permis d'éprouver un secret contentement ? Il suit d'un pas ferme son protecteur qui traverse tout l'appartement pour reprendre sa place ; toutes ces petites têtes se levèrent alors pour considérer l'objet de leur mépris, qui, à son tour, les regardait en vainqueur,

Un si grand changement dans Théodore étonna les enfants ; dès lors les chuchotements, les rires étouffés ; la tranquillité fut troublée, et sans la grosse voix d'un frère qui tonna *silence*, on n'aurait pu s'entendre de longtemps ; ils espérèrent alors se venger, en récréation, de la pénitence qu'on imposait à leur langue.

Assis à côté de son seul ami, Théodore se promit tout bas de profiter de ses leçons, afin de se rendre digne des soins paternels qu'on lui prodiguait. En effet, il tint parole, et mit dès lors une si grande attention à ses devoirs, il s'appliqua avec tant d'ardeur, qu'il n'y avait jamais matière à lui adresser le plus léger reproche.

— Bien, mon enfant, très-bien, disait le frère étonné, si cela continue, je serai extrêmement satisfait.

Oh! que ces paroles de son protecteur faisaient doucement tressaillir l'âme de mon petit héros.

Depuis qu'il avait été recueilli de Chrysostôme, Théodore n'avait plus voulu jouer avec ses petits compagnons; il lisait beaucoup, et il préférait orner sa mémoire par l'étude de l'histoire, et s'appliquer à d'autres connaissances non moins utiles qu'agréables, que de se livrer à ces jeux qui fatiguent le corps et endurcissent l'âme par l'habitude que l'on contracte de se faire des méchancetés.

Ses petits amis d'autrefois ne concevaient rien au changement qui s'était opéré dans la position et dans le caractère de Théodore; ils l'appelaient l'orgueilleux, le fier; mais le sage enfant répondait, à toutes ces épithètes qu'il savait ne point mériter, par :

« Laissez-moi donc tranquille, messieurs, je vous en supplie! »

On se lassa enfin de l'attaquer à pure perte, et on ne s'occupa bientôt plus de lui.

Notre petit Théodore, toujours seul, toujours réfléchi, et se livrant très-peu à des jeux enfantins, devint hâtivement raisonnable; à onze ans, il était aussi instruit qu'aimable et vertueux. Le frère s'y était attaché singulièrement; il frémissait à la douloureuse pensée qu'il pourrait le perdre un jour; car comment se promettre de jouir toujours d'un paisible bonheur! ne devons-nous point être continuellement contrariés dans nos désirs? c'est une loi immuable de l'Eternel; se résigner sans vouloir approfondir des mystères impénétrables, n'est-ce pas faire preuve de sagesse et s'attirer la protection de Dieu?

Un soir, le frère causait familièrement avec Théodore; ils étaient auprès d'un bon feu où les heures fuyaient avec rapidité, soit en faisant des lectures instructives, soit en parlant du passé et du présent avec la plus touchante affection, remettant à Dieu le soin de penser à l'avenir, et s'armant de courage dans le cas de l'adversité.

Dans ces agréables, causeries, le bon frère avait bien souvent admiré le jugement sain de son protégé, et s'était bien souvent réjoui en recevant les affectueux témoignages de sa douce gratitude.

Un soir, dis-je, le frère, après avoir regardé Théodore, lui dit avec vivacité;

— Mon ami, j'ai un reproche à te faire!

L'enfant se troubla.

— Un reproche, à moi? dit-il.

— Oui, à toi, répondit Chrysostôme, la mère André t'a remis un billet, ce me semble, tu n'as jamais eu assez de confiance pour me le montrer; jamais, bien plus, tu ne m'en as parlé: l'aurais-tu perdu? l'aurais-tu déchiré?

Théodore fut peiné en entendant la première phrase de son bienfaiteur, il baissa sa tête en signe d'humilité; mais lorsqu'il crut qu'on accusait son cœur, qu'on doutait de ses sentiments si vifs, si respectueux pour le souvenir d'une mère malheureuse et dont il déplorait la perte journellement, il redressa sa tête avec une juste fierté, que lui donnait une conscience à l'abri de tout blâme.

— O mon ami, dit-il aussitôt, en retirant un papier soigneusement enveloppé et caché sur son cœur, le voilà ce précieux talisman que je cachais à tous les regards, comme l'avare soucieux pour son trésor, il ne m'a quitté ni le jour ni la nuit, et dans mes longues heures de solitude et de récréation, je l'ai relu mille fois; le voilà!

Des larmes d'ange brillaient dans ses beaux yeux.

Le frère, presque confus d'un soupçon injurieux que la sensibilité de Théodore aurait dû lui éviter, prit le papier avec émotion et lut tout haut :

Derniers conseils d'une mère à son fils.

« Mon bien aimé Théodore ! je ne serai plus sur la terre lorsque tu liras cet écrit, dicté par la plus vive tendresse. Pauvre petit ! sans protection, sans asile, je te laisse comme un tendre agneau perdu dans une forêt ; écoute bien, et suis fidèlement mes avis. Croire en Dieu, l'aimer, avoir confiance en sa divine protection, est l'unique base du bonheur ; ne point se laisser abattre si l'adversité nous frappe est une force d'âme nécessaire pour lutter avec elle ; accepter même avec plaisir les épreuves cruelles qu'il plaît à Dieu, on ne sait pourquoi, de nous envoyer, c'est se préparer dans le ciel une félicité indéfinie ; se soumettre à tous les dogmes de notre religion, si douce, si pure, c'est un moyen sûr par lequel nous goûterons une bienfaisante consolation. D'après les bons principes que nous t'avons donnés, joints à un exemple vertueux, j'espère que tu suivras mes conseils, j'en éprouve un sincère bonheur, à l'instant même que je me prépare à mourir !

« La plupart des hommes sont méchants, ils cherchent continuellement à entraîner l'innocence et la candeur dans des piéges qu'ils savent leur tendre, en colorant leurs vices du nom de vertu; évite leur société, mon fils, sans blesser pourtant leur amour-propre; il faut, si l'on est vertueux, n'en tirer aucune vanité, il faut toujours douter de soi, c'est le plus sûr moyen de se faire aimer!

« Faire à son prochain cela seul qu'on voudrait qui nous fût fait, est un admirable précepte de l'Evangile qui renferme en lui seul toutes les vertus chrétiennes.

« Si Dieu te place dans une position sociale qui te permette d'obliger tes semblables malheureux, n'en perds jamais l'occasion.

« La bienfaisance est une sublime vertu; elle nous élève au-dessus de nous-même en nous rapprochant de Dieu.

« L'oubli des injures que l'on reçoit est la preuve d'un bon cœur. et nous sera indubitablement comptée à ce grand jour où nous devons être tous jugés avec impartialité. La médisance, mon cher Théodore, doit te faire horreur, c'est souiller ses lèvres que de les ouvrir pour ternir le front d'un homme et entacher sa réputation, fleur du monde que le plus léger souffle flétrit; une seule parole, dite sans réflexion, peut avoir des suites funestes; observe cette maxime d'un grand homme qui dit : Avant de parler, tournez sept fois votre langue dans votre bouche!

Tâche donc d'éviter ce péché si grand qui se glisse malheureusement dans le cœur de l'homme. La calomnie, oh! c'est bien pire encore! la médisance pourtant ne marehe jamais sans elle; dans cette funeste habitude que l'on contracte de parler à tort et à travers, on peut calomnier même sans le vouloir.

« Que tu ne parles qu'à propos et des choses que tu connais positivement; que l'humilité la plus parfaite préside à tous tes discours, et que la politesse et l'honnêteté te guident toujours; c'est la manière la plus sûre d'acquérir l'estime de tes semblables. Mon fils, il est une vertu que j'aimerais bien à te voir. Si tu la possèdes, conserve-là comme une plante d'une grande beauté et d'une valeur infinie: c'est la reconnaissance envers les personnes qui peuvent t'obliger. Un ingrat ne mérite rien et devrait être exclu du monde, en attendant que Dieu le bannisse de sa présence.

« Je ne t'ai jamais vu mentir, et j'espère que tu t'en abstiendras; le mensonge est un ver qui se glisse dans le cœur et qui finit par le ronger; un menteur peut causer des malheurs infinis, et se prépare des humiliations continuelles. La vérité est si belle, qn'on ne doit point craindre de la dire, lors même qu'elle nous attirerait de justes reproches; car souvent, malgré nous, nous sommes entraînés à des démarches inconsidérées, qui seront excusées lorsque la franchise nous fera tout avouer : sitôt que l'on ment on s'expose à faire douter de soi à jamais, l'on n'est plus digne de confiance, et l'on ne peut remplir aucun emploi dans la société.

« Cherche aussi à combattre constamment tes goûts, lorsqu'ils sembleront vouloir te dominer exclusivement ; car alors, petit à petit, ce goût deviendra une passion. Être gouverné par une passion quelconque, c'est s'exposer à n'aller plus droit son chemin. Il faut aussi conserver une égalité d'humeur et de caractère qui ne nous rende importun à personne. Si tu viens à souffrir, évite de te plaindre trop souvent, tu deviendrais ennuyeux, et l'intérêt que tu pourrais inspirer cesserait dès lors, Offre tes souffrauces à Dieu en expiation de tes péchés, et rappelle-toi de celles de Notre-Seigneur Jésus-Christ, si poignantes, si cruelles, lorsqu'il fut attaché sur la croix par les Juifs ; oh ! en songeant à elles, les tiennes te sembleront légères à supporter ; sois continuellement humble et soumis à tes supérieurs, et ne crois pas, comme bien des gens orgueilleux se l'imaginent, n'avoir jamais besoin de personne ; nous sommes tous dépendants les uns des autres, ici-bas ; Dieu seul peut se passer de tout.

» Je me sens affaiblie, je n'ai plus la force

de m'entretenir avec toi, je cesse de te parler; mais mon ombre errera toujours à ton côté; du haut du séjour où il plaira à Dieu de me placer, ma sollicitude maternelle veillera constamment sur toi, pauvre petit! Je t'envoie mille baisers, prie pour moi de tout ton cœur.

» Ta mère,

» LOUISE DUHAMEL. »

Le frère avait cessé de lire les touchantes et dernières paroles d'une mère, et il ne parlait pas, on gardait un religieux silence, des larmes abondantes se succédaient sur les joues rosées du petit; il le rompit pourtant le premier.

— Ma pauvre mère! s'écria-t-il, puisses-tu être satisfaite de ma conduite! j'ai cherché à suivre tes conseils avec la plus grande exactitude.

— Et tu as bien réussi, mon cher Théodore, et c'est avec la plus vive satisfaction que je te donne ici le témoignage de mon parfait contentement.

Le pieux enfant prit une main du frère, qu'il baisa avec respect; il était onze heures, ils se couchèrent.

Plusieurs années s'étaient ainsi écoulées,

pendant lesquelles le vertueux Théodore avait grandi en vertus et en grâces du corps; il avait treize ans. et il était sous tous les rapports un charmant enfant : bonté, complaisance et amabilité étaient les marques distinctives du plus heureux naturel; le pauvre frère recueillait au centuple, par le contentement qu'il lui donnait, les fruits de sa charitable amitié.

La mère André cessa de venir les voir; elle avait hérité d'une petite fortune par la mort d'un parent éloigné; elle habitait Saint-Germain, et comme elle était déjà vieille, elle se mettait difficilement en voyage.

La dernière fois qu'elle vit l'enfant, qu'elle n'oublia jamais, elle s'était écriée :

« Il a la figure et le noble cœur de sa vertueuse mère ! »

Un jour, c'était un jeudi, Théodore demanda à son bienfaiteur la permission de faire une promenade dans le jardin des Tuileries, que la nature et l'art se sont disputé le droit d'embellir. Il aimait surtout à s'asseoir dans les allées les plus sombres, assez souvent désertes de promeneurs, particulièrement dans les jours de la semaine. Là, un livre à la main, il se livrait à son goût dominant pour la lecture. De temps en temps il s'arrêtait pour écouter les joyeux chants des oiseaux qui se débattaient sur la cime des arbres majestueux.

Depuis une heure mon petit héros goûtait cette paix profonde que l'on ressent, au centre de cette bruyante cité, alors surtout qu'une conscience pure ne donne à notre âme que de douces émotions. Son livre était ouvert sur ses genoux, et ses mains s'étaient jointes avec un recueillement pieux ; il semblait, dans sa joie rêveuse, remercier l'Eternel de tous les bienfaits dont il entoura sa jeune existence.

Une voix, partie non loin de lui, vint lui rappeler subitement qu'il était sur la terre ; il entendit ces mots, prononcés par un homme qu'il n'avait point encore aperçu :

« Où donc trouver ces chers objets de mon affection ? que sont-ils devenus ? »

Il considère un instant cet étranger qui semblait absorbé dans des réflexions amères, car des soupirs déchirants exprimaient sa douleur. Théodore en est ému ; porter la consolation à des êtres souffrants ou malheureux est toujours un besoin pour son cœur. Il se lève aussitôt, il passe devant l'inconnu, comme pour s'en faire remarquer, mais il est profondément enseveli dans une rêverie dont il ne paraît point disposé à sortir de sitôt.

Théodore s'asseoit alors sur le même banc sur lequel se tient l'étranger, qui ne tourne même pas la tête pour le considérer.

Ce monsieur paraissait âgé de cinquante ans environ; ses cheveux hâtivement blanchis prouvaient que l'infortune empiète bien souvent sur les droits de l'âge. Ce n'était pourtant pas la misère (du moins en apparence) qui avait porté sur lui une si rude atteinte; ses habits ne l'annonçaient pas, car ils étaient d'une extrême richesse; il portait du linge blanc comme la neige, une épingle en gros diamant attachait sa chemise, une grosse chaîne d'or soutenait sans doute une montre d'un grand prix.

Ce devait être un de ces riches qui, malgré tout l'éclat et la somptuosité qui les environnent, ne peuvent connaître ni le bonheur ni la paix!

Théodore ne peut s'expliquer le sentiment qui le fait agir, mais il ne peut résister au désir de causer avec cet infortuné, d'un genre si nouveau pour l'enfant, qui n'avait jamais connu encore que les peines que causent la perte d'une mère chérie et l'excès de l'indigence.

— Monsieur paraît avoir beaucoup de chagrins! dit à la fin Théodore, en élevant la voix.

L'étranger se retourne alors vivement de son côté ; il semble surpris de cette interlocution soudaine et répond à son tour :

— Oui, c'est vrai ; je ne suis pas heureux, mon jeune ami !

— Oh ! je voudrais qu'il fût en mon pouvoir de vous faire oublier vos peines, je le ferais bien volontiers !

— Hélas ! répond l'étranger, elles sont d'une nature et d'une force sous lesquelles je courberais, si l'espérance ne venait quelquefois relever mon courage presque abattu ! Chaque instant qui fuit est un temps précieux que je perds, puisqu'il me soustrait au bonheur ! Vous, mon petit ami, vous n'avez sans doute jamais connu la douleur, et ce langage doit vous étonner ; encore dans les bras d'un père et d'une mère, vous ignorez les angoisses qui peuvent déchirer un cœur ; vous n'éprouvez aucun désir qu'il ne soit aussitôt satisfait par le tendre attachement que vos parents vous portent sans doute. Que pouvez-vous souhaiter ? la conservation de leurs jours ; c'est sans doute là le seul objet de vos prières !

Théodore soupira à son tour :

— Vous êtes dans l'erreur, monsieur, en supposant que je suis parfaitement heureux ; à peine né, j'ai connu l'infortune ; je suis orphelin depuis l'âge de sept ans, et ne dois mon existence et mon éducation qu'aux soins compatissants d'un homme vertueux qui se chargea de moi. Vous voyez bien que je ne suis pas aussi heureux que vous l'aviez cru.

— Pauvre enfant ! dit à son tour le sensible étranger. En effet, le malheur s'est étendu sur vous de bonne heure et d'une manière bien cruelle. D'après ce que je vois et ce que vous me dites, votre bienfaiteur n'a pas lieu de s'affliger de la bonne action qu'il fit en vous adoptant. Vous devez lui être bien cher !

— Il m'aime autant que je l'affectionne ! dit Théodore en essuyant une grosse larme.

La nuit allait surprendre les nouveaux amis dans une conversation qui leur était également agréable ; on éprouve tant de bonheur à épancher dans un cœur sensible, et qui a souffert aussi, les peines que l'on ressent ! L'amitié est un don précieux du ciel ; heureux, mille fois heureux, celui qui peut se flatter d'avoir un ami fidèle !

Théodore regardait tristement le soleil qui se couchait radieux et dont quelques rayons épars traversaient le feuillage des marronniers. Il fit l'observation pénible qu'il fallait se quitter : l'étranger, distrait un instant de ses ennuis rongeurs par cette douce causerie, soupira en regardant l'aimable enfant, qui lui inspirait un touchant intérêt.

— Faudra-t-il donc, dit-il avec un accent de tristesse, se quitter pour ne plus se revoir?

— Hélas! dit timidement Théodore, je pensais à cela à l'instant même. Si vos affaires vous le permettaient, je serais bien heureux si vous daigniez m'accorder la faveur de vous voir encore.

— J'en serais fort aise, mon petit ami; et si dimanche vous êtes libre, car j'imagine que vous êtes encore soumis à des devoirs scholaires, je serais charmé que vous vinssiez chez moi partager mon dîner.

— Oh! je ne puis vous promettre cela, reprit Théodore; mais, dit-il en hésitant un peu, si je n'ai pas trop présumé de votre extrême bonté, vous ne pourrez me refuser celle de venir chez mon bienfaiteur, qui, j'en suis assuré, sera bien aise de faire connaissance avec vous. Notre logement est bien simple, bien petit; mais en revanche, notre accueil sera bien affectueux. Voulez-vous?

Théodore avait aussitôt pensé que son père adoptif devait seul régler ses démarches et juger par lui-même du mérite d'une personne qu'il allait hanter désormais. D'un autre côté, en ne point engageant l'étranger à venir chez le frère, ne s'exposait-il pas à ne plus le revoir? pensée qui lui causait une douleur indéfinissable.

L'inconnu hésita un peu. Pendant ce court instant qui devait décider de sa résolution, le cœur sensible et aimant de Théodore semblait avoir perdu tous ses battements. Mais il tressaillit de joie lorsque l'inconnu lui dit en souriant :

— Et à quelle heure puis-je aller visiter cet honnête homme qui remplaça votre père, sans lui occasionner un dérangement qui me peinerait beaucoup.

— A cinq heures du soir, dit le joyeux enfant.

— Dimanche à cette heure-là, je serai chez vous.

Théodore donne son adresse, et ils se lèvent tous deux, non sans s'être regardés affectueusement encore.

Théodore ne mit que quelques minutes pour franchir l'espace du jardin des Tuileries à la rue Traversière. Plus léger que l'aquilon, il grimpa les trois étages; il tomba presque dans les bras de son ami, le visage baigné de sueurs.

— Mon cher Chrysostôme! c'est ainsi qu'il

appelait familièrement le vertueux frère, j'ai une nouvelle à vous annoncer. Ne me grondez pas ; j'ai disposé de vos moments, de votre maison ; j'ai presque engagé vos sentiments en faveur d'un inconnu.

— Comment cela ? dit le frère en souriant et en essuyant avec son mouchoir le front de Théodore.

Alors l'enfant fit un récit exact du hasard qui lui avait procuré la connaissance d'un homme qui avait tous les dehors de la vertu et de la bonté.

— Mon cher ami, si tu l'as jugé digne de ton estime, je suis assuré de ne pouvoir lui refuser la mienne.

— Je suis heureux que tu aies agi de la sorte, je ferai tous mes efforts pour recevoir dignement cet étranger.

— Que vous êtes bon, mon cher frère ! et Théodore embrassa tendrement Chrysostôme.

Les deux jours qui précédèrent le dimanche tant désiré parurent longs, éternels, à l'enthousiaste Théodore ; mais dès que cette journée commença, il se sentit joyeusement agité, et le frère riait de tout son cœur, en le voyant nettoyer et ranger leur chambre.

— C'est donc un prince que tu attends,

mon ami ? mais réellement tu as métamorphosé notre mansarde en un élégant palais ; faudra-t-il faire un peu de toilette ! hein… dis-moi.

— Non, non, restez ainsi ; j'aime à vous voir cette longue robe noire, avec laquelle vous ne dédaignâtes pas de me serrer dans vos bras lorsque je me trouvai seul sur la terre !

— Aimable Théodore ! murmura le frère.

L'aiguille de la grosse montre d'argent du frère allait marquer cinq heures, lorsqu'un léger bruit se fit entendre dans l'escalier ; un instant après on frappe doucement à la porte, que l'agile Théodore ouvre aussitôt : c'est l'étranger.

Il se présente avec aisance, et salue de même le frère ; puis il serre la main de l'enfant, on l'engage à s'asseoir auprès d'une petite table sur laquelle avaient été posés une bouteille et trois verres.

L'inconnu fait compliment au frère d'un élève aussi aimable ; le frère entend toujours avec émotion les justes éloges que mérite son enfant ; des larmes roulent dans ses yeux lorsqu'il en parle. Selon lui, et il le dit de bonne foi, Théodore lui a rendu un important service en implorant sa tendresse. Ne savait-il pas embellir ces longues heures d'ennui qu'il éprouvait avant de posséder un aussi charmant compagnon ? Ainsi il savait cacher sa bienfaisance sous des motifs d'intérêt personnel, qui avaient toujours été inconnus à son cœur ; mais n'est-ce pas doubler un bienfait, que de laisser libres les sentiments de celui qu'on oblige ! c'est véritablement alors qu'on est bienfaisant.

Peu à peu le conversation s'engagea sur le pied de la plus grande amitié ; les confidences se firent, car comment s'aimer sans se connaître ? L'inconnu s'écria :

— Vous voyez, mes chers amis, parmi vous l'être le plus infortuné qui existe. Je suis époux et j'ignore entièrement le sort de ma femme. J'ai un enfant et je ne sais s'il existe encore. O mon Dieu ! qui donc m'aidera dans mes recherches ?

Depuis huit jours que je suis à Paris, je n'ai pu recueillir aucun indice positif ; j'apporte des richesses, des millions, hélas ! je les donnerais tous pour savoir si je dois espérer. Et en parlant ainsi, il versait d'abondantes larmes.

Le frère et Théodore étaient attendris d'une douleur aussi vraie qu'elle était profonde.

Chrysostôme, comme frappé subitement d'une lumière, s'écrie :

— Vos malheurs sont finis; je puis en un instant dissiper vos alarmes, et vous rendre aussi fortuné que vous êtes à plaindre.

— O ciel! serait-il possible? Expliquez-vous, ne m'abusez pas.

Pendant ce temps, le frère cherchait quelque chose : il revient et remet un papier à l'étranger.

— Connaissez-vous cela? lui dit-il.

— Grand Dieu! l'acte de naissance de mon fils Théodore!!!

A ce cri d'amour, l'heureux enfant, éperdu de joie tombe dans les bras de son père.

Oh! quel délicieux tableau! oh! c'est alors qu'on pouvait s'écrier:

« O Providence! tu n'abandonnes jamais les enfants vertueux! »

— Louise, mais Louise, où est-elle?

Alors le frère appela à son secours la religion, pour adoucir le rude coup qu'il allait porter à cet époux.

Après lui avoir appris ce malheur, il poussa encore Théodore dans les bras de son père, en disant:

— Voilà tout ce qui vous reste.

Les douleurs de l'époux furent taries par l'amour filial.

Le frère acccepta chez le riche monsieur Duhamel un logement; car il ne pouvait se résigner à abandonner Théodore, qui n'y aurait pas consenti non plus.

— Je veux, avait dit le vertueux Chrysostôme, porter dans cet appartement tous les meubles simples qui décorent celui-ci.

On le laissa libre sous ce rapport-là, et le bonheur devint dès ce jour le partage de mes héros.

—✻—

ADÈLE

OU

L'ORGUEIL PUNI.

Madame Castelly venait d'éprouver des infortunes dont la force et l'étendue ne purent encore égaler son courage et sa résignation ; elle avait perdu une fortune considérable, ce qui la força à chercher dans une laborieuse activité des ressources contre la misère ; une petite fille, nommée Adèle, était le seul enfant que le ciel lui eût conservé ; mais Adèle, depuis sa plus tendre enfance, malgré l'exemple continuel de sa bonne mère, laissait apercevoir des défauts qui ne prenaient leur source que dans un mauvais cœur. La paresse et l'orgueil étaient ceux qui la dominaient le plus, et qui causaient bien du chagrin à madame Castelly.

Chaque jour, Adèle voyait sa mère occupée,

passant même les nuits à broder pour finir un ouvrage qui devait leur procurer du pain, sans l'aider, sans lui offrir des paroles consolantes, toujours si douces pour l'oreille d'une tendre mère. Souvent, elle laissait avec nonchalance l'aiguille s'échapper de ses mains, et s'amusait de la moindre chose : une mouche, un papillon attirait toute son attention ; d'autres fois, elle faisait si mal les ourlets qu'on lui confiait, que madame Castelly perdait un temps infini à les découdre pour les refaire ensuite ; elle recevait alors de justes reproches, auxquels elle restait insensible.

« Je le vois, Adèle, disait la pauvre mère, il faut que je m'accoutume à travailler sans toi ; il me serait pourtant bien doux de te voir attentive à l'ouvrage et désireuse d'en recevoir un salaire qui nous devient indispensable ; songe donc, ma fille, que tu touches à ta neuvième année, qu'à cet âge tu dois comprendre notre triste position ; car, vois-tu, je tremble pour toi, hélas ! je puis te manquer d'un instant à l'autre, que deviendrais-tu ? il te faudrait tendre la main aux passants pour implorer leur charité. Travaille donc, ma chère petite, éloigne de ton esprit ces futilités dont sans cesse tu t'occupes, songe qu'il n'est plus de richesses pour nous, et que par notre sage conduite et notre activité nous pourrons nous assurer de quoi vivre honorablement.

Aux douces réprimandes de sa mère, Adèle ne répondait que par de longs bâillements.

Madame Castelly parfois se sentait entièrement découragée, et son ouvrage avait été souvent arrosé de ses larmes.

Au premier étage de la même maison qu'habitait cette vertueuse mère, résidait madame de Saint-Albin, jeune veuve, qui possédait une grande fortune; cette dame avait aussi une petite fille qu'elle gâtait singulièrement. Ida était son nom. Madame de Saint-Albin n'avait jamais connu la misère, et conservait la fausse idée qu'elle ne pourrait jamais en être atteinte; elle faisait élever sa fille dans la mollesse et dans l'oisiveté. A douze ans, Ida était déjà d'une force admirable sur le piano; elle chantait parfaitement et dansait on ne peut mieux, et puis elle saluait avec une grâce inimitable; c'était assez pour cette faible mère.

Ida n'avait jamais appris à coudre ni à broder.

» A quoi bon tout cela? disait-elle, mon argent me procurera tout ce que je voudrai.»

Jamais son cœur n'avait tressailli à l'aspect d'un pauvre; bien souvent dans sa promenade aux Tuileries ou au Luxembourg, accompagnée de sa bonne, elle avait dédaigné la prière d'un mendiant.

« Osent-ils bien s'approcher de moi; oh! j'aurais peur de salir mes mains en les approchant des leurs. »

Ainsi pensait et faisait la jeune Ida de Saint-Albin, et sa mère approuvait par un baiser, par un sourire, ces dispositions, et par ce consentement tacite encourageait sa fille à persévérer dans ces mauvais sentiments.

Madame de Saint-Albin avait appris qu'une pauvre femme était reléguée dans une petite mansarde, vivant de son travail. Soit curiosité, soit désir de lui être utile, elle la fait appeler un matin.

La riche veuve était nonchalamment étendue sur un sofa; non loin d'elle, assise sur un tabouret de velours, Ida jouait avec une grosse poupée, lorsque la vertueuse madame Castelly, suivie d'Adèle, fut introduite dans l'élégant boudoir.

— Bonjour, ma bonne, dit-elle en considérant la pauvre ouvrière de la tête aux pieds et sans se déranger de sa position; on m'a dit que vous travailliez admirablement.

— Madame, répond la mère d'Adèle, après avoir salué respectueusement, je fais de mon mieux pour contenter les personnes obligeantes qui veulent bien placer leur confiance en moi.

— C'est bien cela, je vais aussi vous donner de l'occupation.

— Je vous remercie, madame.

— Mais, dites-moi, reprend la haute dame, quels sont les malheurs qui vous ont réduite à cette vile profession?

Le rouge de l'indignation couvrit un moment la pâle figure de madame Castelly; puis, relevant noblement sa tête, elle répond avec la juste fierté que donne la vertu:

— Voilà cinq ans, madame, qu'une malheureuse banqueroute nous enleva toutes nos richesses; mon pauvre mari ne put recevoir cette triste nouvelle sans frémir, il en mourut de chagrin; depuis, seule avec ma fille, j'ai dû me résigner pour cet enfant. Dieu a voulu sans doute éprouver mon courage en m'envoyant cet excès de misère; mais, madame, je n'ai jamais cru m'avilir en me créant des ressources par mon industrie et mon assiduité au travail.

Et dans les yeux de la pauvre veuve brillait une larme!

— Je n'ai point voulu vous affliger, madame, en vous rappelant vos malheurs, repri madame de Saint-Albin, l'intérêt que je vou porte a seul dicté ma question.

Un silence profond suivit, après lequel ma dame de Saint-Albin agita une sonnette qu fit accourir une femme de chambre.

— Apportez-moi, lui dit-elle impérieuse-ment, ma corbeille.

Voilà des colifichets que je désire que vou arrangiez avec soin, vous en serez bie payée.

Adèle, pendant tout ce temps-là, était res tée en extase devant les beaux meubles, le grandes glaces et les riches tapis qui ornaien cet appartement; elle examinait aussi du coi de l'œil la petite fille et la poupée. Ida, de so côté, n'avait point perdu de vue cette jolie en fant qu'elle désirait connaître; elle aurait sou-haité une petite compagne, et bien souven elle avait tourmenté sa mère par ce désir.

« Qu'ils sont heureux, ces gens-là, se di-sait Adèle en étouffant un soupir, cette petit fille n'a pas besoin de travailler pour avoir d pain, j'en suis bien sûre! »

Après avoir examiné et compté les chiffon qu'on lui remettait, madame Castelly prit mo destement congé de la dame, emportant so ouvrage. Rentrée dans sa mansarde, elle se met joyeusement en besogne.

— Adèle, du courage, dit-elle en embrassant la petite, mets-toi là, près de moi, et travaille; mon enfant, la Providence ne nous oublie pas, j'étais à ma dernière pièce, et voilà une nouvelle pratique qui nous arrive.

— Oh! maman, que c'est affreux d'être pauvres comme nous; quelle différence entre notre chambre et les beaux appartements de nos voisines! as-tu vu aussi cette belle poupée? combien elle est heureuse, cette petite fille!

— Adèle, Adèle, me feras-tu donc toujours entendre des plaintes qui déchirent mon cœur? Ne murmurons pas contre les décrets du ciel; attirons-nous sa pitié par notre patience dans le malheur. Vois-tu, l'opulence c'est une fumée; la beauté, une fleur qui se fane; les talents nous attirent souvent beaucoup de louanges qui nous perdent. Pour assurer notre félicité dans ce monde, et puis dans l'autre, il n'est que deux choses essentielles: le travail et la vertu.

La coupable Adèle était bien éloignée de vouloir profiter de la douce morale de sa mère, elle ajoutait même aux chagrins cuisants que madame Castelly éprouvait, en lui donnant chaque jour la preuve d'une paresse qu'elle ne cherchait nullement à surmonter.

Quelques jours s'étaient écoulés depuis la visite que la pauvre veuve avait faite à sa riche voisine ; elle avait presque achevé son ouvrage et se disposait même à le reporter, lorsqu'un matin, elle fut surprise par madame de Saint-Albin, qui entra chez elle sans cérémonie ; après avoir parcouru des yeux le modeste réduit de l'ouvrière, elle prend une chaise et s'exprime ainsi :

— Je viens, madame, vous faire une proposition qui vous paraîtra avantageuse, j'en suis certaine.

— Parlez, madame.

— D'après ce que vous m'avez dit de vos malheurs, je vous ai prise en grande compassion, et je désire vous être utile ; je vous demande votre petite fille, qui deviendra dès ce jour, si vous y consentez, la compagne de la mienne ; elle recevra, comme Ida, une éducation soignée, elle acquerra des talents, et, par ce moyen, vous serez soulagée d'une grande charge ; car ce petit ange ne doit point vous aider dans vos ouvrages, ce serait vraiment dommage de lui casser la tête au travail.

A ces mots, quoique extrêmement mécontente d'Adèle, la pauvre mère mesure la profondeur du précipice où l'ostentation et la vanité, sous le nom de pitié et de générosité, allaient entraîner sa malheureuse enfant, déjà trop portée à l'orgueil et à la paresse; elle répondit sans balancer:

— Je vous suis véritablement reconnaissante, madame, de l'offre obligeante que vous daignez me faire; mais je ne puis l'accepter; cette enfant est ma seule consolation dans mon malheur, et je sens, dit-elle, péniblement affectée, que sans ma fille, je n'aurais pas la force de travailler; d'ailleurs, Adèle n'a point de fortune à espérer, Adèle est pauvre, il faut donc qu'elle s'habitue de bonne heure à une vie active et laborieuse; ne m'en voulez pas, si je refuse pour elle des marques aussi flatteuses de l'intérêt que vous lui portez.

Mais Adèle, dont cette offre réveille et flatte les désirs ambitieux, se jette en pleurant aux pieds de sa mère, en s'écriant:

— Oh! ma chère maman, je t'en conjure, ne refuse point mon bonheur, accepte la générosité de madame; ne suis-je pas de même auprès de toi, ne viendrai-je pas à chaque instant du jour te voir et t'embrasser? Accepte, ou tu me verras mourir de douleur!

— Vous le voyez, madame, dit l'élégante veuve, cette enfant parle avec raison; laissez-vous donc toucher par ses pleurs; à mon tour, je vous promets de ne point l'oublier dans mon testament.

Que dire, que faire? La pauvre femme accablée par tout ce qu'elle entend, le cœur déchiré de l'indifférence de la coupable Adèle, accorde tout.

— Pars donc, dit-elle.

Mais en cet instant cruel, elle sent que le dernier lien qui l'attachait à la vie vient de se briser à jamais.

A cette réponse, à laquelle Adèle ne semblait point s'attendre, elle ne cache point les transports de sa joie, elle ne voit point cette pâleur mortelle qui couvre les traits de sa mère, elle baise mille fois les mains de sa riche protectrice, qui, triomphante, emmène l'enfant qui était pressée de jouer avec Ida.

Madame Castelly, restée seule, verse des larmes amères; dans l'excès de sa douleur, elle s'écrie:

« La mort qui t'a soustrait à ce comble de malheurs et d'ingratitude a été bien généreuse envers toi, puisse-t-elle nous réunir bientôt, ô mon cher époux!... »

Depuis cette époque, l'infortunée sentait diminuer ses forces; Adèle, heureuse, ne songeait guère à sa mère; depuis huit jours qu'elle était chez madame de Saint-Albin ; elle n'avait point accordé un souvenir à celle qui la chérissait toujours malgré ses torts. C'est que le cœur d'une mère est un foyer ardent de tendresse ; malheur à l'enfant égoïste et indifférent !!

Un matin pourtant, ayant honte de son oubli, elle monta à la mansarde ; embrassant sa mère, sans l'interroger sur sa santé ou sur ses affaires, elle lui faisait admirer la richesse de ses nouveaux vêtements.

— Ma chère Adèle, lui dit gravement madame Castelly, tu te trouves heureuse, tant mieux ; puisse ton bonheur durer toujours ; le sacrifice de ma vie ne sera alors point regretté par ta mère ; n'oublie jamais, au sein de l'opulence, qu'il existe un Dieu qui juge nos actions ; songe toujours que la vertu seule conduit au véritable bonheur ; tu as préféré la richesse à ta mère, puisse le créateur te pardonner ce tort comme j'ai déjà fait. Je sens que j'ai peu de jours à rester sur cette terre, puisses-tu ne point regretter plus tard ces longues et ennuyeuses journées que tu passais près de moi ! Oh ! Dieu veuille que tu ne verses pas des pleurs sur ma cendre, en t'accusant d'une coupable froideur ! »

Elle pleurait, la pauvre mère, en achevant d'exprimer ses pensées ; la jeune fille en parut émue un instant, puis, ayant jeté un coup d'œil sur un petit morceau de glace, elle se rappela sa brillante position, l'orgueil étouffa cet éclair de tendresse filiale, elle embrassa sa mère et disparut.

« Cruelle enfant! se dit madame Castelly, dans sa solitude, tu me fais bien du mal! »

Une fièvre lente s'empara de cette mère infortunée, elle n'eut plus la force de travailler, hélas! c'est à peine si elle trouvait celle de se plaindre; gardant le lit, dès-lors, madame Castelly, entourée de l'opulence, non loin de sa fille, devait finir lentement, sans obtenir de l'une un secours, et de l'autre un tendre mot de consolation!

Il arriva que la portière de la maison, surprise de ne plus voir passer sa pauvre locataire, vint s'informer de sa santé; elle fut fort inquiète de son état; cette femme, quoique d'une naissance obscure, avait beaucoup d'humanité dans son cœur, ce que les personnes riches ne possèdent souvent pas; elle s'offrit pour rester auprès de l'infortunée madame Castelly, ayant placé dans sa loge une petite nièce de son mari; la pauvre veuve fut sensible à cette marque d'amitié, et ses yeux exprimèrent un sentiment de gratitude que sa bouche ne pouvait plus proférer: la mère d'Adèle était bien mal, plus mal que la bonne portière ne le supposait.

Un matin, la moribonde fit signe à sa garde malade de lui donner une petite croix suspendue au chevet de son lit, elle la prit vivement et la tenait fortement serrée, disant tout bas des prières.

La portière, la voyant de plus en plus affaiblie, crut devoir avertir la riche locataire du premier, ainsi que la petite Adèle.

— Hâtez-vous, dit-elle à l'enfant, si vous voulez voir votre mère une dernière fois.

— Mais, portière, j'ignorais qu'elle fût malade, s'écria madame de Saint-Albin.

Alors, suivie d'Adèle, elle se dirige à pas lents vers le grenier où la vertu malheureuse allait finir. En voyant ainsi sa mère, la coupable petite fille sent pénétrer des remords dans son cœur, elle verse des larmes, et cherchant à la ranimer, elle lui parle; mais, hélas! on ne répond point à sa voix; elle touche ses mains, elles étaient froides, glacées! madame Castelly avait cessé de souffrir.

La douleur ne pouvait être que passagère dans une âme aussi insensible que celle d'Adèle; aussi, un instant après, elle essuya ses larmes, en s'élançant hors de la chambre.

— Oh! madame, dit en pleurant la portière, en s'adressant à l'inhumaine madame de Saint-Albin, elle est morte de faim!

— Que ne parlait-elle? dit la dame en fuyant ce tableau de la mort, qu'elle redoutait!

Tout fut fini, on oublia l'infortunée et l'on ne songea plus qu'à se distraire.

Ainsi, Adèle est seule dans le monde; va-t-elle conserver son bien-être, ou la justice divine va-t-elle s'étendre sur elle? la suite nous l'apprendra.

Madame de Saint-Albin ne vit point dans le malheureux événement qui venait de rendre Adèle seule dans le monde, l'engagement solennel de ne point abandonner cette enfant; son caprice avait toujours servi de règle à toutes ses actions; elle ne chercha même pas à effacer de la mémoire de la petite fille une si triste circonstance, ou plutôt madame de Saint-Abin, ayant découvert la sécheresse du cœur d'Adèle, si semblable au sien, se crut dispensée d'accomplir une tâche inutile.

Pendant plusieurs semaines, les plaisirs se succédèrent dans ce bel appartement. Adèle, satisfaite de sa parure et de la fausse amitié d'Ida, se crut parfaitement heureuse; si un triste souvenir assombrissait son front, elle cherchait à l'éloigner bien vite, en se disant :

« Ma mère devait mourir, et si j'eusse resté auprès d'elle, je serais aujourd'hui sans aucune protection. »

Comme madame de Saint-Albin l'avait promis à sa mère, Adèle partageait la futile éducation que recevait Ida ; l'agréable seul était cultivé, et l'utile était laissé de côté, comme si le bonheur devait toujours luire pour ces jeunes filles !

La riche veuve recevait journellement des visites, parmi lesquelles on aurait vainement cherché une amie ; car, dans le monde, on se serre cordialement les mains, on s'accable d'éloges flatteurs, et le cœur reste étranger à toutes ces démonstrations ; la fortune que l'on possède, ou le rang que l'on occupe, plus ou moins, semble nous attirer un sentiment toujours si doux ; mais sitôt que le vent de l'adversité vient à souffler, il emporte avec lui jusqu'à l'ombre d'une affection qu'on avait cru posséder.

Madame de Saint-Albin prodiguait son argent en dépenses inutiles, elle donnait des soirées brillantes, dans lesquelles Ida, quoique âgée de treize ans, étalait déjà ses grâces et ses talents, et sa vanité se trouvait amplement satisfaite ; car l'encens qu'on lui prodiguait n'était point ménagé ; Adèle aussi devait paraître convenablement, on la couvrait de perles et de fleurs. Oh ! comme la petite fille s'admirait dans toutes ces belles glaces qui répétaient mille fois son image ; il s'élevait souvent entre Ida et elle des combats d'amour-propre que la jalousie faisait naître, ce qui contribua à refroidir pour Adèle sa jeune protectrice.

Un jour, madame de Saint-Albin reçoit une lettre, elle venait de Londres ; elle l'ouvre et lit tout haut :

« Ma chère nièce,

» Je vous apprends avec douleur que les héritiers de feu votre époux réclament, avec quelque justice, l'héritage dont vous jouissez depuis quatre ans ; déjà différents titres ont été portés chez un célèbre avocat qui prend à cœur cette affaire, il faudra plaider, et je ne suis pas sans inquiétude pour vos intérêts ; on ne peut se dissimuler la vérité, vous n'avez point eu d'enfants de votre second hymen. Je me perds dans cet inextricable galimatias d'affaires ; il serait prudent que vous vinssiez habiter Londres pour prendre un avocat, à moins que vous ne vouliez rendre cette fortune qui ne vous appartient pas ; je laisse à votre prudence le soin d'agir comme bon lui semblera.

» Je suis, etc. »

La foudre eût-elle éclaté sur la tête de madame de Saint-Albin, qu'elle n'en eût pas éprouvé une plus terrible commotion ; la fatale lettre s'échappe de ses mains, et, violemment agitée, elle s'écrie :

— Oh! ma chère Ida, nous sommes ruinées!

La petite fille ramasse la lettre avec chagrin et la met sur la cheminée; puis, après un silence orageux, la mère s'écrie :

— Il faut partir, mon oncle a raison.

Pendant ce temps-là, Adèle, dans un coin de l'appartement, était dans une cruelle anxiété; mais sa douleur ne peut être exprimée, lorsqu'elle entend ces paroles de la bouche de sa protectrice qui s'adressent à elle :

— Pauvre fille! il faut nous quitter, je ne puis plus rien pour vous!

Adèle n'a point de voix pour répondre en ce moment; elle reste glacée, elle cherche à se faire illusion, elle est peut-être sous l'empire d'un rêve, d'un cauchemar épouvantable ; non, c'est bien la vérité qu'elle entend, l'orgueil va subir sa juste punition. Enfin elle se lève et se jette aux pieds de madame de Saint-Albin, elle implore la faveur de la suivre, elle fait valoir sa solitude, sa pauvreté, privée de ses seuls protecteurs ; elle parle de l'amitié d'Ida : Ida, elle en est bien assurée, ne pourra vivre séparée d'elle ; mais l'inflexible veuve la repousse froidement en lui disant :

— Ne m'entendez-vous pas ? je suis devenue moi-même trop pauvre pour vous nourrir.

Alors Adèle cherche les regards de son amie, elle veut lire aussi sa sentence dans ses yeux ; mais Ida lui dit dédaigneusement :

— N'avons-nous point assez fait pour toi ?

Hélas ! Adèle voit l'excès de son infortune, elle songe avec une douloureuse amertume à ses torts, lorsqu'en se jetant aux pieds de sa vertueuse mère, elle la suppliait de ne point la faire mourir de chagrin en refusant son bonheur ; son imagination exaltée par une si rude secousse la représente à ses yeux, cette pauvre mère, sur son lit de mort, où la faim et son ingratitude l'avaient sans doute jetée. Oh ! elle se fait horreur en ce moment !

L'infortunée ne devait rien attendre de la

religion, si douce, si pure, si ingénieuse à nous procurer des consolations lorsque la douleur nous atteint; Adèle n'avait point de foi : oh! comme elle est malheureuse, cette coupable petite fille!

Les préparatifs du départ sont accélérés, tous les laquais à riche livrée, livrée d'emprunt qui tombe au jour de la vérité, sont congédiés; madame de Saint-Albin, pâle et incohérente dans ses paroles, offre la triste image d'une belle statue renversée; des larmes coulent de ses yeux en songeant que le faste, que l'aisance doivent disparaître à jamais; Ida, non moins étourdie qu'elle, est en tout le fidèle portrait de sa mère. Bientôt tout est prêt, une petite berline est attelée, on n'attend plus que la mère et la fille pour partir; madame de Saint-Albin, ayant fait un paquet de vieilles hardes, et lui retirant ses riches parures, le remet à Adèle.

— Voilà, lui dit-elle avec le sourire de l'égoïsme, ma dernière libéralité pour vous.

Puis la poussant rudement :

— Partez! lui dit-elle.

Adèle reste sur l'escalier, elle s'y asseoit, elle pleure, et lorsqu'elle entend rouler cette voiture qui emporte avec elle sa dernière espérance, elle se met à sanglotter.

La charitable portière, qui avait offert le dernier soin à sa malheureuse mère, monte vers elle ; elle a tout deviné, tout compris.

— Venez, mon enfant, lui dit-elle avec bonté ; elle l'engage à entrer dans sa loge.

Vous voilà seule, maintenant, pauvre petite, qu'allez-vous devenir ?

— Je ne sais pas, répond Adèle en pleurant.

— Pauvre fille ! vous fûtes bien méchante pour votre vertueuse maman, la chère femme est morte de chagrin de votre abandon. Oh ! elle était résignée à bien des souffrances ; mais elle ne put résister à celle que lui donna votre froideur.

La portière exprimait un juste ressentiment de cette vilaine action, sans songer aux remords d'Adèle.

— Il faut travailler, ma fille, dit-elle en essuyant avec le coin de son tablier les pleurs qui coulaient sur ses joues ridées !

— A quoi donc, madame? je ne sais rien faire.

— Voilà ! si, restant près de votre mère, vous eussiez cherché à imiter ses vertus, vous ne seriez pas exposée à tout cela aujourd'hui ;

mais vous avez préféré la danse, le chant; vous vous trouvez précisément dans la même situation que la cigale implorant l'assistance de la courageuse fourmi. Pauvre enfant! je vous plains de toute mon âme, et rapport à votre défunte mère, je voudrais pouvoir vous obliger; mais mon mari connaît peu la compassion. Chacun pour soi, dit-il, car les autres ne donnent rien; il a raison, mon mari, mais cela n'empêche pas que vous m'affligez beaucoup; prenez cela, c'est tout ce que je puis faire pour vous: elle remet cinq francs à Adèle. Que le ciel vous pardonne et vous accompagne!

La porte se referma sur l'orpheline. Elle est dans la rue, dans une belle et large rue de Paris; les passants font peu d'attention à l'enfant marchant au hasard; elle se perd dans un labyrinthe sans y trouver d'issue, elle est fatiguée; hélas! point d'asile pour se reposer, elle n'a que le ciel pour la couvrir, encore elle est si coupable qu'elle n'ose lever les yeux vers lui; elle est sur la terre, et désirerait s'y engloutir pour toujours. Cependant Adèle est trop insouciante; et son cœur est trop peu sensible, pour ressentir longtemps des remords qui eussent pu la conduire vers la vertu, et lui attirer la protection divine; elle est sur les boulevards, et comme elle ressent de l'appétit, et qu'elle est extrêmement gourmande, elle achète avec les cinq francs, des petits gâteaux, des dragées, puis du pain d'épice, et enfin tout ce qui flatte son goût, et tout cela sans songer au lendemain; bientôt distraite par la voix aigre d'une chanteuse, elle se repose sur un banc; mais la nuit qui descend couvrir la terre lui inspire une secrète terreur, les promeneurs s'éloignent et Adèle reste seule au milieu de l'obscurité; elle n'ose bouger; puis, l'heure avançant, elle ressent le besoin du sommeil; elle met son paquet en guise d'oreiller, et s'apprête ainsi à passer la nuit; elle était endormie depuis une heure environ, lorsque deux hommes la secouant fortement par le bras, lui firent entendre ces mots :

— Holà! holà! que faites-vous ici, ma belle enfant?

— Ne voyez-vous pas que je dors?

— N'avez-vous donc pas votre lit pour vous reposer?

— Non, monsieur, je n'ai point de lit.

— Et votre mère?

— Elle est morte.

— Et votre père?

— Je n'en ai plus.

— Orpheline ! dirent-ils. Vous n'avez point de parents ?

— Pas un seul dans le monde.

Alors, elle raconta l'abandon de la riche dame qui l'avait protégée.

— C'est bien cruel, cela ; ne saviez-vous pas qu'il est défendu de passer la nuit à la belle étoile ?

— Non, monsieur.

— Voulez-vous travailler ?

— Je ne sais rien faire.

— Fainéante ! murmurent-ils ; est-ce donc que vous ne pourriez pas vous mettre domestique chez quelqu'un, ou même chercher un apprentissage pour avoir un état ?

— Fi donc, monsieur, est-ce que je suis faite pour servir ?

— Il n'est pas étonnant, la belle enfant, qu'avec de pareils sentiments, et d'aussi mauvais principes, vous vous trouviez ainsi isolée. Suivez-nous !

Les deux hommes la signalent bientôt comme livrée au vagabondage, et le lendemain, lorsque l'horloge sonnait neuf heures, l'orgueilleuse Adèle mettait le pied sur le seuil d'une maison de correction pour n'en plus sortir.

Avant de perdre pour toujours la liberté, levant les yeux au ciel, elle s'écria :

— O ma mère ! tes paroles prophétiques se trouvent réalisées, ne me disais-tu pas : « Souviens-toi qu'on ne trouve le bonheur qu'au sein du travail et de la vertu ! »

LETTRE

D'un élève du collége de Lyon à son ami Charles, à la campagne.

« MON CHER AMI,

» Nous sommes enfin en vacances. Oh! c'est un bien beau jour que celui qui nous ramène vers nos parents, surtout lorsque nous avons le bonheur d'avoir le front ceint de lauriers, gagnés non à la pointe de notre épée, mais bien par notre application soutenue pendant l'espace d'une grande année.

» Je vais te mettre au courant de toutes mes petites affaires; je tâcherai d'établir de l'ordre dans ma narration, car tu sais que je m'abandonne volontiers à la vivacité de mon esprit, qui m'emporte souvent hors des bornes de la raison, ce qui me rend parfois inintelligible.

» Tu sais encore que je suis au collége de Lyon depuis deux années environ. Ma mère, peu fortunée, obtint pour moi une demi-bourse communale. Hélas! que de plaisirs et de chagrins à la fois pour elle! Il fallait un trousseau; c'est à quoi elle n'avait point songé en la sollicitant. Que de privations il fallait s'imposer pour obvier à cet inconvénient! Rien ne rebuta ma mère; souffrir pour le bien de son fils, est pour son cœur une jouissance indicible.

» Un mois après ma nomination, il ne me manquait plus la moindre des choses exigées. Je fus donc conduit dans cette spacieuse maison, dont les énormes portes allaient se refermer entre maman et moi. Quitter une mère, oh! c'est bien triste, bien ennuyeux; je te le jure, surtout lorsqu'on a été, ainsi que moi, continuellement bercé dans ses bras, lorsque le soin de mon bonheur a été l'objet de toutes ses pensées.

» Ma pauvre mère pleurait à chaudes larmes en se séparant de moi; elle me dit:

» Jules, te voilà maintenant dans la route qui doit te conduire à la félicité. C'est à toi, mon fils, de ne point en dévier; aime toujours le bon Dieu, ne t'écarte jamais de la vertu, respecte tes maîtres, et prouve-leur ta reconnaissance en leur obéissant aveuglément. Tu connais aussi ma tendresse pour toi ; ne feras-tu rien pour ta mère ?

» Elle s'exprima ainsi, ma bonne maman, et elle me laissa tout chagrin au milieu de mes jeunes compagnons.

» Ne trouves-tu pas, Charles, que nous sommes bien méchants, et bien indignes de la tendre affection de nos parents ?

» Il faut que je t'avoue tout, pour mieux expier mes torts. Eh bien ! aussitôt que ma mère m'eut quitté, j'oubliai sa douce voix, ses tendres exhortations, le besoin que j'avais de m'instruire, tout enfin, hormis mes mauvais penchants et mon amour excessif pour le jeu. Insensé que j'étais ! je me privais, par ma faute, des plus douces jouissances que peuvent goûter les enfants, celles que l'on trouve en recevant l'approbation et les baisers d'une mère.

» Je trouvais de petits camarades ausi mauvais sujets que moi ; j'écoutais leurs perfides conseils ; d'accord avec eux, nous mettions notre gloire à devenir rebelles à nos professeurs, nous leur jouions mille tours dont je rougis maintenant ; nous leur faisions la grimace sitôt qu'ils ne pouvaient nous apercevoir, nous singions leur air et leurs manières, et cela en parlant à eux-mêmes. Ingrats que nous étions, nous payions ainsi leurs soins et leurs tourments par une amère raillerie.

» Ce n'est pas tout, Charles; il faut que tu entendes toute ma confession. Nous avions l'habitude de marauder. Un grand jardin tient au collége; il fournit des fruits et des légumes à cette maison: eh bien! nous en escaladions les hautes murailles, et une fois dans cet éden, en vrais démons, nous nous plaisions à le dévaster, en nous livrant à la plus abominable gloutonnerie. Plusieurs fois nous avions bravé les défenses sans être surpris; mais un jour, ô terrible jour! on nous aperçut, on nous prit en flagrant délit: emmenés comme des criminels devant nos juges, nous sommes condamnés sans appel.

» Nous sommes jetés dans de noirs cachots et mis à la diète, sans cependant être malades. C'est bien cruel cela, Charles; et pourtant il fut alors impossible de nous corriger, tant le génie du mal s'était alors emparé de nous!

» Le croiras-tu, paisible et vertueux ami? après huit jours de détention, nous sommes rendus à la liberté si chérie, et nous recommençâmes nos brigandages (c'est le mot).

» Ma mère fut instruite de ma mauvaise conduite; elle en gémit, et me fit de sévères reproches; elle pleura même. Oh! ces larmes furent les seules choses qui m'émurent et me donnèrent quelques regrets ; mais dès que je n'en vis plus les traces, je recommençai. Oh! vas-tu t'écrier, tu es par trop criminel, je ne veux plus de ton amitié! Arrête, Charles, écoute jusqu'au bout, et peut-être alors me jugeras-tu digne de posséder la tienne.

» Une année se passa de la sorte; la distribution des prix allait avoir lieu, je n'espérais rien, moi, et pourtant j'aurais bien désiré procurer à ma mère la satisfaction de me couronner : les remords arrivaient au galop; il était pourtant trop tard, je ne devais recueillir que des humiliations.

» Lorsque mes camarades vertueux devaient, à ma honte, moissonner tous les lauriers, oh! combien je fus confus, humilié, de me trouver seul dans ce jour solennel!

» Je reçus un billet de ma mère, dans lequel elle me disait qu'elle n'y viendrait point, ne voulant point s'exposer à la douleur de ne me voir point nommer. Elle me parla de ses sacrifices, de sa tendresse méconnue par moi; elle n'espérait plus de bonheur sur la terre, et voulait mourir!

» O Charles! j'eus des regrets affreux. Lorsque, le soir, je fus avec les autres dans la chapelle, je demandai pardon à Dieu, et la force de me corriger.

» Je songeai à ma mère, à ma pauvre mère, qui avait placé en moi seul ses plus chères affections : je versai d'abondantes larmes. Après avoir longtemps prié, je me relevai calme et presque heureux : plus de jeu, plus d'amis perfides ; je cherchai à imiter les plus vertueux.

» Je m'en fis aimer. Les maîtres, qui avaient désespéré de mon changement, furent surpris et commencèrent à me traiter avec bienveillance ; ma mère en fut instruite, et m'en témoigna son contentement.

» Mais combien elle fut triste pour moi cette fête pour tous les autres ! Cette distribution de prix me pesait horriblement ; j'aurais voulu ce jour-là, m'enfoncer dans la terre, tant j'étais honteux et mécontent : quel supplice ! Je voyais ces heureux petits garçons, nommés à chaque instant, obtenir des couronnes, de beaux livres, et des applaudissements, au son d'une musique guerrière ; je voyais, ô tourment affreux ! des mères tendres les embrasser en les serrant contre leur cœur !

» La joie la plus pure animait toutes ces physionomies, tandis que moi, mon sang se figeait dans mes veines et ma respiration s'arrêtait par intervalle, lorsque je songeais que ma malheureuse mère devait, solitaire et triste, pleurer de chagrin.

» Oh ! tout fut fini là. J'étais à jamais régénéré ; je cessai de commettre la plus légère faute, et commençai l'année scholaire dans ces bonnes et louables dispositions.

» Chaque trimestre, ma mère reçut un bulletin satisfaisant sur mon compte ; elle oublia bientôt mes écarts passés.

» La dernière distribution était revenue : j'espérai cette fois; oui, Charles, j'espérai... La veille j'écrivis un billet à ma mère ; il était ainsi conçu :

»Viens demain, je t'en prie ; ne crains rien. J'ai trop souffert de ton absence l'an passé. O maman! désormais je ne te causerai plus de peine; j'ai senti que l'on agit contre ses intérêts en s'écartant de ses devoirs : je t'attends.

» Le roulement du tambour se fait entendre : nous sommes tous rangés en bataillon; des dames brillantes de parure prennent place sous les gros marronniers qui ombragent la grande cour, sur laquelle sont dressées de superbes tentes pour préserver de l'ardeur du soleil. M. le préfet et M. le maire doivent nous honorer de leur présence ; tous nos profes-

9.

seurs en toge sont déjà sur leur siége : à côté d'eux est une grande table couverte de prix, des tas de couronnes sont à leurs pieds.

» Tout cela fait palpiter notre cœur. Des airs charmants, joués par la musique du régiment, ajoutent encore à la magique solennité de cette cérémonie.

» Ma mère, où est donc ma mère? me disais-je tout bas, en cherchant des yeux cette tendre amie parmi toutes les dames magnifiquement parées. Hélas! la simplicité de ses vêtements devait servir à me la faire reconnaître, car, Charles, je suis moi seul son plus bel ornement, à ce qu'elle dit. N'est-ce donc pas pour son fils qu'elle est obligée de sacrifier les goûts et les fantaisies qu'ont quelquefois les femmes?

» Dans un coin de la cour, je la vis toute radieuse de joie et de bonheur. Oh! alors je levai bien haut ma tête, aussi haut, vois-tu qu'il était possible.

» Après un discours éloquent, prononcé par monsieur le censeur, sur les bienfaits que procure l'éducation basée sur les sentiments pieux, on commença à nommer les élèves qui avaient mérité des prix.

» O Charles! ton heureux Jules fut appelé sept fois. J'obtins, avec le prix flatteur d'excellence, tous les prix de ma classe de sixième. Je n'habitais plus la terre, et je ne sais comment je surmontai mon émotion et pus m'approcher du préfet, qui voulut poser lui-même toutes mes couronnes sur ma tête.

» Je suis bien assuré que si les enfants connaissaient toute la douceur que l'on ressent dans de pareils moments, pas un ne voudrait s'y soustraire.

» Je reçus partout des éloges et des félicitations; ma mère, heureuse et doucement émue, partageait mes triomphes et ma joie, et nous sortîmes tous deux chargés de livres et de lauriers.

» Mon grand-papa, qui touche à sa quatre-vingt-quatrième année, en nous voyant, laissa échapper des larmes de bonheur, qui coulèrent sur ses joues vénérables.

» Charles, tu m'as pardonné, n'est-ce pas? Pour te récompenser de ton indulgence, je t'apprends que ma bonne-maman, ne voulant rien me refuser, m'a promis de me conduire près de toi, avec qui je pourrai rester huit jours!

» Nous allons être bien heureux! Je dois donc goûter cette année tous les plaisirs à la fois.

» Adieu donc, mon cher Charles, ou plutôt au revoir. Je t'embrasse, et me dis pour toujours ton ami le plus dévoué.

» JULES. »

—❀—

ROSE DE TANNENBOURG.

CHAPITRE I.

ROSE PERD SA MÈRE.

Le midi de la Souabe est une contrée pittoresque où l'on ne rencontre partout que des vallons émaillés de fleurs et des montagnes boisées, derrière lesquelles se montrent à l'horizon les blancs sommets des glaciers de la Suisse. C'est là que sur une roche aiguë et couverte de noirs sapins s'élevait, il y a bien longtemps, le magnifique château de Tannenbourg. Il était déjà détruit depuis des siècles, que ses ruines majestueuses faisaient encore l'admiration du voyageur : quand ses vieilles murailles chargées de mousse et ses tours écroulées se doraient des feux du couchant, mais surtout quand la lune les éclairait de sa blanche lumière, il était impossible de les contempler sans une émotion profonde ; le passant qui s'arrêtait devant elles ne pouvait retenir ses larmes en pensant aux bons seigneurs qui avaient habité ce gothique manoir, et dont le souvenir était demeuré cher à toute la contrée ; il avait là sous les yeux un frappant témoignage de l'instabilité des choses humaines, et il poursuivait tristement sa route, plein de pensées graves et sérieuses.

Ce château, maintenant ruiné, était autrefois habité par Edelbert et son épouse Mathilde. Edelbert était un vaillant chevalier ; l'habitude de manier la lance et l'épée n'avait pu altérer la douceur et la bonté naturelle de son caractère. Un cœur généreux et plein d'humanité battait sous sa cotte de mailles. C'était le type accompli du chevalier allemand au moyen âge, pieux, loyal et plein de bienveillance pour ses vassaux. Le duc de Souabe l'honorait comme son ami ; l'empereur même le distinguait parmi les autres chevaliers. Mathilde, son épouse, était renommée pour son esprit, sa piété, sa vertu, sa bienfaisance envers les pauvres, et les charmes de son visage relevaient encore l'éclat de ces belles qualités.

Les guerres de cette époque orageuse permettaient rarement à Edelbert de faire un long séjour dans son château ; il accompagnait l'empereur sur les champs de bataille, et il lui arrivait de rester des années entières en campagne. Pendant ces longues absences, Mathilde n'avait de bonheur que dans la société de Rose, unique et chère enfant, qui était en tout le portrait de sa mère. Elle n'avait qu'un désir, celui de bien élever cette fille si pleine d'espérance, et de faire germer dans son cœur les semences précieuses de la vertu et de la piété. Dieu bénit ses soins. Rose avait à peine atteint sa quatorzième année, que ses qualités heureuses et les charmes de sa figure étaient déjà célèbres. On disait en la voyant : Les filles de la Souabe sont belles, mais il n'y en a point dans tout le pays d'aussi belle que Rose de Tannenbourg, quoique ses vertus la rendent encore plus aimable que la beauté.

Mathilde était la plus heureuse des mères, lorsqu'elle tomba tout à coup dangereusement malade. Elle comprit qu'elle allait mourir et ne le cacha même pas à sa fille.

— Chère enfant, lui dit-elle, expédie à l'instant même un messager à cheval vers ton père : je voudrais le voir encore une fois dans ce monde. Fais venir aussi le pieux abbé Norbert ; c'est lui qui m'a donné le saint baptême, et qui m'a consacrée à Dieu à mon entrée dans la vie ; il ne me refusera pas son assistance au moment où je vais en sortir ; il m'ouvrira les portes du royaume céleste où j'espère entrer. Je n'ai point attendu jusqu'ici pour penser à ma dernière heure ; car je sais que toute notre vie ne doit être qu'une longue préparation à bien mourir. Mais c'est le devoir d'un chrétien de consacrer à Dieu ses derniers moments, de se réconcilier avec lui par un sincère aveu de ses moindres fautes, d'en obtenir le pardon, et de s'unir à son Sauveur, selon le commandement de l'Eglise!

Le pieux abbé ne tarda pas à se rendre auprès de la malade qui, après une confession pleine et entière de ses péchés, reçut de ses mains le pain de vie. Rose assistait à cette cérémonie triste et solennelle. Ses larmes coulaient avec abondance; mais les prières du vieux prêtre, la foi vive et la sainte chaleur avec lesquelles il parlait de la vie future et d'une résurrection bienheureuse, adoucirent un peu l'amertume de sa douleur.

Rose ne quitta pas un seul instant le lit de sa mère. Au bout de quelques jours Edelbert arriva au château; c'était au milieu de la nuit. La jeune demoiselle courut au-devant de son père et se jeta dans ses bras en pleurant, puis elle le conduisit auprès de la malade. Il frémit en voyant sa chère Mathilde si pâle et si changée. Elle lui tendit aussitôt une de ses mains déjà glacées par le froid de la mort :

— Cher époux, dit-elle d'une voix qu'il entendait à peine, mon heure est venue; je ne verrai pas le soleil se lever demain. Soyez calme et surtout ne pleurez pas sur moi :

nous ne serons point séparés à jamais ; il y a plusieurs demeures dans la maison de notre Père céleste : je ne puis rester avec vous plus longtemps sur la terre ; mais là où je vais, vous y viendrez aussi, et nous serons réunis pour une éternité bienheureuse.

Sa faiblesse était si grande qu'elle fut obligée de s'arrêter.

— Edelbert, dit-elle après un moment de silence, voici notre fille ; je jure devant Dieu que je n'ai rien négligé pour en faire une femme vertueuse et chrétienne ; maintenant il ne me reste plus qu'à la remettre entre vos mains, en vous priant d'achever l'ouvrage que j'ai commencé. Reportez sur elle toute la tendresse que vous avez eue pour moi ; qu'elle vous console après ma mort, comme elle me consolait pendant vos absences ; aimez-la parce qu'elle est votre fille, aimez-la parce qu'elle est l'image et le portrait de sa mère que vous avez tant aimée.

— Et toi, chère enfant, continua-t-elle, tu m'as donné bien de la joie et tu ne m'as jamais causé la moindre peine depuis que tu es au monde ; c'est un témoignage que je me plais à te rendre à l'heure de ma mort. Demeure toujours innocente et pure comme tu l'as été jusqu'ici ; aime Dieu par-dessus toute chose, fais le bien et garde-toi du mal. Honore et chéris ton noble père. Exposé, comme il est, à tous les hasards de la guerre, il a besoin d'une femme aimante et dévouée qui lui prodigue ses soins au retour des batailles. Si jamais on le ramène au château blessé, tu me remplaceras auprès de lui, n'est-ce pas? tu veilleras tendrement sur sa vieillesse, tu l'entoureras de respect et d'amour.

— Seigneur, ajouta-t-elle en joignant les mains et en élevant ses regards vers le ciel, écoutez les dernières paroles qui s'échappent du cœur d'une mère : je vous confie cette chère enfant, prenez-la sous votre sainte garde, et préservez-la du mal, afin que je la revoie un jour dans votre royaume céleste.

Le père et la fille fondaient en larmes. La mourante joignit leurs mains dans les siennes qui étaient déjà glacées par la mort, et dit :

— Ici-bas nous ne formions tous les trois qu'un cœur et qu'une âme; il en sera de même dans l'autre monde, s'il plaît à Dieu. La mort ne peut briser le lien qui nous unit. Une vie éternelle et un éternel amour nous attendent dans le ciel.

Elle fixa sur son époux et sur sa fille un regard où se peignaient le calme et la sérénité des esprits bienheureux; les premiers rayons de la gloire céleste brillaient déjà sur son visage.

—Dieu, dit-elle, me remplit de joie et d'espérance pour cette heure suprême, et je l'en remercie de toute mon âme. Je suis heureuse, ô ma fille, de te donner l'exemple d'une mort chrétienne : tu le vois, ce moment si redoutable pour les impies s'embellit pour moi de toutes les joies de la vie future; il est la fin des peines, et le commencement d'une félicité sans bornes.

En face de son lit de douleur était suspendu un beau tableau gothique représentant la mort du Sauveur. Elle y attacha les yeux, et dit d'une voix mourante :

— Seigneur, comme vous avez remis votre âme entre les mains de votre père céleste, je remets la mienne entre les vôtres et je supplie votre sainte mère, qui est celle de tous les chrétiens, de veiller sur cette enfant que je laisse après moi.

Ce furent ses dernières paroles. L'ombre de la mort se répandit sur tous ses traits, et ses yeux éteints devinrent immobiles. Il serait impossible d'exprimer la douleur de Rose; elle paraissait anéantie. Edelbert, profondément ému du spectacle qu'il avait sous les yeux, s'écria :

— C'est la mort d'une sainte ! que Dieu, ô ma fille, nous fasse la grâce de vivre et de mourir comme elle !

Le lendemain la pieuse châtelaine fut conduite au champ du repos. Toute la contrée se leva en quelque sorte pour accompagner sa dépouille mortelle. Des larmes coulaient de tous les yeux, comme si chacun avait eu à regretter en Mathilde une épouse, une mère ou une sœur. Le pieux abbé Norbert voulut parler à la foule immense qui s'était réunie autour de la tombe ; mais les sanglots qui éclataient avec force couvrirent bientôt sa voix, et lui-même se trouva trop ému pour continuer son discours.

— Quand la douleur parle, dit-il, je dois me taire; vivons comme celle que nous pleurons tous, afin de mériter un jour d'être pleurés comme elle.

CHAPITRE II.

ROSE SOIGNE SON PÈRE BLESSÉ.

Quelques mois après, Édelbert, qui avait rejoint l'armée, rentra au château avec une blessure dangereuse au bras droit; c'était pendant l'automne. Rose le soigna tout l'hiver sans s'éloigner un seul moment de son lit; mais la guérison fut lente et difficile.

Aux premiers jours du printemps, un chevalier vint de la part du duc de Souabe le sommer de se mettre en campagne. Mais son bras était trop faible encore pour porter le poids de la lance; il assembla donc ses vassaux et les fit partir sous le commandement du chevalier qui s'était rendu au château pour le chercher lui-même.

Lorsqu'il les vit s'éloigner au galop de leurs chevaux, et que le bruit de leur marche rapide eut cessé de résonner à son oreille, Édelbert devint triste et rêveur; seul et séparé de ses fidèles compagnons d'armes, le silence de son château jetait dans son âme une vague inquiétude; rien ne put le distraire pendant toute cette journée. Le soir, après souper, il s'assit devant le large foyer de son manoir gothique, et resta longtemps muet à regarder la flamme qui pétillait avec force. La soirée était froide et sombre; une tempête affreuse mugissait autour des murailles massives du château, et la pluie faisait crier les vitres. Rose mit plus de bois dans le foyer et remplit le gobelet d'argent dans lequel son père buvait le coup du soir, suivant l'usage de ce temps-là; puis, pour le tirer de son silence, elle le pria de lui dire ce qu'un vieux charbonnier de la forêt voisine était venu faire au château dans la journée.

— Ce n'est pas sans de bonnes raisons, ma fille, dit Édelbert, qu'il m'a fait aujourd'hui cette visite. Ce brave homme sait combien il m'est pénible de rester seul dans mon château ; il le sait par expérience, car il a été lui-même autrefois un vaillant guerrier et m'a suivi dans plusieurs campagnes.

Mais, avant de te dire ce qu'il est venu faire ici, il faut que je te parle du chevelier Cuneric de Fichtenbourg. Son magnifique château ne t'est pas inconnu ; des fenêtres de notre grande salle on en voit les tours qui se dressent à l'horizon au-dessus d'une sombre forêt de sapins. Mais, pour ce qui est de Cuneric lui-même, tu ne l'as jamais vu, car la haine qu'il me porte ne lui permet pas de me visiter. Cette haine remonte à une époque déjà fort ancienne : dans notre jeunesse, nous arrivâmes en même temps à la cour du duc pour y remplir l'office de pages. Cuneric se montra dès lors ce qu'il fut toujours, c'est-à-dire violent, téméraire, plein d'orgueil et d'emportement. Il se rendit peu agréable au duc par ses défauts, et bientôt il se prit contre moi d'une haine et d'une jalousie profondes, à cause de la préférence que j'obtenais sur lui.

Le jour vint où nous devions être armés

chevaliers. Le duc donna un tournois dans lequel tous les jeunes chevaliers de mon âge devaient montrer, pour la première fois, leur adresse à manier la lance et l'épée. Je remportai le premier prix, un glaive à poignée d'or que ta mère, qui était la plus belle et la plus vertueuse demoiselle de la cour ducale, me remit en présence de tous les chevaliers de Souabe. Cuneric ne gagna que le dernier prix, et reçut une paire d'éperons d'argent. Depuis ce temps sa haine et sa jalousie ne firent que s'enflammer davantage; il ne pouvait plus souffrir ma présence. Une autre circonstance mit le comble à son inimitié; ce fut lorsque l'Empereur, après une grande bataille, mit à mon cou la chaîne glorieuse que je porte encore, tandis que le chevalier Cuneric, dont l'imprudence et l'étourderie avaient failli nous empêcher de vaincre, ne reçut de lui que de justes reproches.

Un honnête charbonnier, nommé Waldmann, possédait alors, à titre de service militaire, un petit bien situé sur la limite de mes domaines et touchant aux bois de Cuneric. C'était un fâcheux voisinage; car, à tout moment, le gibier de ses forêts en sortait pour dévaster les champs et les prairies de mon vassal. J'autorisai Waldmann à tirer hardiment sur toutes les bêtes de chasse qu'il trouverait sur mes terres, et à les apporter au château, parce qu'elles m'appartenaient de droit. Il exécuta mes ordres à cet égard.

Un soir, comme je revenais de la chasse à la tête de mes hommes d'armes, je vis la femme de ce brave homme accourir au-devant de moi et se jeter à mes pieds toute en larmes. Elle me dit que pendant qu'elle était à souper tranquillement avec son mari et sa fille Agnès sous les châtaigniers qui ombrageaient leur cabane, Cuneric était survenu à la tête d'une partie de ses gens, et que pour se venger de Waldmann, qui venait de tuer et de porter à Tannenbourg un cerf de ses bois, il l'avait fait saisir et lier sur une charrette, en jurant qu'il le ferait pourrir parmi les crapauds et les couleuvres dans le plus affreux de ses cachots.

Mes entrailles s'émurent en entendant ces paroles :

— Ne craignez rien, dis-je à cette malheureuse femme, je vous rendrai votre mari sain et sauf ; quand il me faudrait démolir pierre à pierre les hauts donjons de ce brigand, je tiendrai ma promesse. En attendant, allez vous réfugier dans mon château avec votre enfant.

Je ne voulus pas perdre un moment, et, pour savoir s'il n'était pas possible de surprendre Cuneric avant qu'il se fût renfermé dans sa forteresse, j'envoyai deux ou trois cavaliers sur ses traces, en marchant moi-même vers Fichtenbourg. J'appris bientôt qu'il était arrêté dans un moulin pour se rafraîchir avec sa troupe, et que le pauvre Waldmann était devant la porte, étendu sur la charrette. Alors je fis mettre mes gens en embuscade sur le chemin par où Cuneric devait passer pour se rendre à son château. Bientôt sa troupe s'avança vers nous, joyeuse et sans défiance. Nous nous levons alors, et nous tombons sur eux avec l'impétuosité de la foudre; ce fut l'affaire d'un moment; vaincus par la surprise autant que par la force, les gens de Cuneric se mettent à fuir; lui-même, plus effrayé que tous les autres, ivre d'ailleurs, abandonne le combat. Il m'eût été facile de le faire prisonnier, mais la pitié me retint; j'avais sauvé mon vassal injustement opprimé; c'était tout ce que je voulais, et ma satisfaction était complète.

Je rendis un mari à sa femme, un père à son enfant. Leur joie ne peut se décrire. Pour les mettre à couvert des entreprises de Cuneric, je leur donnai un logement dans l'intérieur du château, et Waldmann continua de me servir à la guerre; mais bientôt il reçut une blessure qui le rendit incapable de manier la lance. Depuis ce temps, ne voulant pas rester oisif, il habite une maisonnette que je lui ai fait bâtir dans la vallée la plus sauvage et la moins fréquentée de mes forêts, où il ne risque pas d'être rencontré par Cuneric. D'ailleurs, il s'occupe à faire du charbon, et la fumée le rend tout à fait méconnaissable.

Edelbert ajouta d'autres détails à l'histoire du bon Waldmann, de sorte que son récit dura longtemps. La nuit était déjà fort avancée : Rose, en écoutant son père, oubliait de remplir son gobelet d'argent et de mettre du bois dans le foyer. Tout à coup un cliquetis d'armes et un bruit de pas se font entendre sous les voûtes du long corridor.

Pendant qu'Edelbert s'élance pour prendre son épée, Rose court vers la porte et la ferme au verrou. Vaine précaution! Un choc épouvantable la jette hors des gonds, et un chevalier bardé de fer s'avance escorté de plusieurs hommes d'armes.

— Edelbert, cria-t-il d'une voix terrible et moqueuse à la fois, l'heure de la vengeance est enfin venue! Je suis ce Caneric que tu as si longtemps humilié. Tu vas payer tes outrages.

— Chargez-le de chaînes, ajouta-t-il en se tournant vers les gens de sa suite, et gardez-le de près jusqu'au moment du départ. Le plus affreux cachot lui servira de palais. Ce château m'appartient par le droit de la guerre. Je vais choisir ce qu'il renferme de plus précieux en provisions, en armures, en vêtements, en pierreries, et je vous en laisserai le pillage pendant que je boirai, pour me reposer, une bouteille de noble vin. Hâtez-vous : je ne vous donne que trois heures à passer ici.

Rose se jeta aux genoux du terrible chevalier, et lui demanda grâce pour son père. Cuneric la repoussa du pied, et sortit aussitôt sans vouloir l'écouter. Edelbert fut chargé de chaînes et gardé à vue par deux sentinelles.

Cuneric, voyant Edelbert incapable de se défendre lui-même à cause de sa blessure, et destitué de tout autre secours par le départ de ses hommes d'armes, avait profité de cette occasion pour exécuter ses projets de vengeance. Dans le petit nombre de soldats restés à Tannenbourg, il se trouvait un misérable sans courage et sans force, que le maître du château ne gardait chez lui que par pitié. Il se laissa gagner à prix d'argent, et ouvrit à Cuneric une porte secrète qui conduisait au château par une galerie souterraine. Les défenseurs du château, surpris par une attaque imprévue, résistèrent avec plus de courage que de succès. Et voilà comment le noble Edelbert tomba au pouvoir de son ennemi.

CHAPITRE III.

ROSE EST SÉPARÉE DE SON PÈRE.

Edelbert, chargé de chaînes, était tristement assis devant le foyer, qui ne jetait plus qu'une lueur mourante. Sa fille priait et sanglottait à ses côtés; son visage était baigné de pleurs, et les longues boucles de ses cheveux blonds tombaient en désordre sur ses épaules. Ils restèrent ainsi longtemps comme abattus sous le poids de la douleur.

Le chevalier rompit enfin ce triste silence.

— Calme-toi, mon enfant, dit-il; essuie tes larmes. C'est une douloureuse épreuve que Dieu nous envoie; mais il nous donnera la force de la supporter. Jamais je n'ai mieux senti qu'en ce moment le besoin de son assistance, et je l'ai remercié de m'avoir mis dans une situation telle, que je ne puis plus espérer qu'en lui seul. Jusqu'ici j'ai trop compté sur la protection de l'Empereur et sur la bienveillance du duc; je mettais ma confiance dans la vigueur de mon bras, dans le courage et dans le nombre de mes fidèles hommes d'armes, dans l'épaisseur de mes tours et dans la solidité de mes portes Maintenant, mes bras sont affaiblis et enchaînés; mes serviteurs sont trop loin pour me défendre; mon château est envahi; l'Empereur et le duc ont trop d'affaires pour songer à moi. Que la volonté de Dieu soit faite! Puisqu'il me retire ces appuis, c'est qu'il ne veut plus que j'attende rien des hommes. J'y consens volontiers.

— Ils vont bientôt nous séparer, mon enfant, continua-t-il après un moment de silence.

— Oh! non, mon père! s'écria Rose en se jetant à son cou; ne parlez pas de séparation, cela est impossible. Ils ne m'arracheront jamais de vos bras; je vous suivrai partout; je veux m'enfermer dans votre cachot; je veux mourir avec vous!

— Tu t'abuses, ma fille, reprit Edelbert; le féroce Cuneric ne me laissera pas la consolation de t'avoir auprès de moi. Je connais trop la haine qu'il me porte. Je te le répète donc, nous allons être séparés. Voici le conseil que je te donne... Tu es trop jeune pour que mon ennemi fasse beaucoup d'attention à toi; profite de cette circonstance pour t'échapper à l'instant même du château. Par là, tu éviteras peut-être une vie d'humiliante servitude. Quelqu'un de mes vassaux pourra favoriser ta fuite.

Ce château et tout ce qu'il renferme devient

aujourd'hui la proie de Cuneric. Toi qui étais, il n'y a qu'un moment, une noble et riche héritière, te voilà devenue une pauvre fille, plus misérable que la dernière paysanne de mes domaines. On va te chasser de la maison paternelle; tous les biens de ta mère, tes bijoux et tes brillantes parures, sont perdus pour toi. Il ne te reste rien, mais prends courage : la promptitude même avec laquelle on t'a ravi ces biens doit t'apprendre qu'ils ne méritent pas tes regrets; ce sont des biens extérieurs et périssables qui ne nous appartiennent que pour un temps, jusqu'à ce que la ruse ou la force nous en dépouillent, et que la mort nous les enlève pour toujours. Mais il est d'autres richesses plus sûres et des trésors plus durables au prix desquels tout l'or et toutes les pierreries du monde ne sont rien : c'est la piété, le travail, la charité, la douceur. Ces vertus et d'autres encore faisaient la plus grande richesse et le plus bel ornement de ton excellente mère. Conserve cet héritage, et tu seras toujours assez riche.

Si tu réussis à te sauver du château, va trouver tout de suite le bon charbonnier. Lui et sa pieuse femme prendront soin de toi. Tu resteras cachée dans son humble cabane jusqu'à ce qu'il puisse te conduire dans le château de quelqu'un de mes amis; et, quand tu devrais passer chez lui des années entières ou même toute ta vie, ne regarde point cette nécessité comme un grand malheur. On trouve souvent plus de félicité sous une modeste chaumière que dans le plus riche palais : on est sûr d'y vivre et d'y mourir en paix.

Ne rougis point du travail des champs. Si tu dois tenir la faucille, ne t'en afflige pas ; fais avec joie ce que tu auras à faire. J'estime plus une main rude et laborieuse que la main oisive et chargée de pierreries. Ton excellente mère te l'a répété souvent, la pensée de Dieu ennoblit les occupations les plus viles et les travaux les plus vulgaires. Quelle que soit ta position, pense que tu peux te rendre agréable au Seigneur en t'y soumettant pour l'amour de lui, et rien ne te paraîtra plus ni honteux ni pénible.

Joins la prière au travail ; demande au Ciel qu'il t'inspire toujours de bonnes pensées, qu'il te fortifie dans le bien et te préserve du mal.

Sois sans inquiétude sur mon sort : j'ai la ferme espérance que Dieu ne m'abandonnera pas dans ce malheur, et fera briller sur nous de meilleurs jours. Cependant il sait mieux que nous ce qui nous est bon. Si je devais mourir dans les cachots, ce serait une douce consolation pour moi de savoir que je laisse au monde une fille honnête et vertueuse ; que c'en soit une pour toi de penser que j'ai brisé les liens d'une existence misérable pour me réunir avec ta mère.

Avant de nous séparer, continua-t-il, détache de mon cou cette chaîne d'or que j'ai reçue de l'empereur Maximilien pour prix de mes services. Cet ornement glorieux forme un singulier contraste avec les chaînes dont on m'accable aujourd'hui comme un vil malfaiteur.

Prends-la bien vite, avant que mon ennemi ne revienne; car, si la rage n'avait pas troublé sa vue, il se serait déjà fait une barbare joie de m'enlever ce qui m'a valu sa jalousie et sa haine. Conserve toujours avec soin ce témoignage honorable; quelle que puisse être ta misère, ne le vends pas. Si je viens à mourir, il te servira du moins à prouver que tu es sortie de la noble et ancienne maison de Tannenbourg. En attendant, les paroles écrites des deux côtés de la médaille pendue à cette chaîne te consoleront dans tes malheurs. D'un côté, c'est l'œil de la Providence entouré de rayons avec cette devise : *Si Dieu est pour nous, qui sera contre nous?* de l'autre, la croix dans une gloire et cette légende : *Tu vaincras par ce signe*.

Oui, nous vaincrons, ma fille, ajouta le chevalier en levant les yeux au ciel ; nous vaincrons par le signe du salut. Maintenant, il faut nous séparer. Mets-toi à genoux devant moi pour que je te bénisse.

Rose, toute en pleurs, joignit les mains et inclina doucement sa jolie tête sous les mains paternelles chargées de chaînes.

— Que la bénédiction du Seigneur se répande sur toi, ma fille! dit Edelbert; que la bienheureuse Vierge Marie, les saints et les anges, veillent sur ta jeunesse et te gardent de toute action mauvaise!

Alors, il lui réitéra ses premières instructions, et lui fit promettre qu'elle les suivrait exactement.

— O mon père! s'écria Rose, je ferai tout ce que vous m'ordonnez, tout, hors une seule chose qui m'est impossible, et que vous ne devez pas exiger de moi; je ne consentirai pas à me séparer de vous. Laissez-moi attendre votre ennemi; je me jetterai à ses pieds. Peut-être que mes pleurs attendriront ce cœur féroce, peut-être qu'il me permettra de partager votre sort et de vous servir au fond du cachot qu'il vous prépare.

Comme elle disait ces mots, un grand bruit se fit entendre : c'était Cuneric et ses hommes d'armes qui se préparaient à partir. Quelques-uns d'entre eux vinrent pour saisir

Edelbert. Rose s'attacha aussitôt à son père, et les supplia de l'emmener avec lui. Mais ce fut en vain : ils l'arrachèrent violemment des bras du chevalier, qu'ils conduisirent dans la cour du château, où un grand nombre de torches allumées jetaient une lueur sinistre et effrayante. Toutes les portes étaient ouvertes, mais gardées. Il y avait plusieurs voitures chargées des dépouilles du malheureux châtelain. Attaché sur une mauvaise charrette, il vit ses beaux chevaux de guerre tirés des écuries et montés par les gens de Cuneric. Malade encore des suites de sa blessure, exposé sans mouvement à un froid glacial et à l'humidité de la nuit, le noble Edelbert tremblait de tout son corps. Enfin, le chef de ces brigands parut. Il s'élança sur son cheval et donna le signal du départ. Quelques cavaliers entourèrent la charrette du prisonnier; le cortége se mit en marche, et traversa le pont-levis avec des cris de joie et un bruit terrible qui faisaient retentir les échos d'alentour.

Bientôt la rapidité de la descente les força de ralentir leurs pas, et donna le temps à Rose de les rejoindre. Elle se jeta aux pieds de Cuneric, et le supplia, en pleurant, de la laisser monter à côté de son père. Le cruel ne lui répondit pas, et fit même semblant de ne pas la voir. Arrivé au bas de la montagne, il cria d'une voix forte : En avant! Tous les chevaux se mirent au galop. Rose suivit longtemps le cortége en courant de toutes ses forces, malgré la pluie et le vent; mais la fatigue et l'épuisement la forcèrent enfin de s'arrêter. Elle s'assit à terre, hors d'haleine, les pieds déchirés par les pierres de la route, et resta quelque temps à écouter la marche des ravisseurs, jusqu'à ce que leurs cris de triomphe et le bruit de leurs pas se fussent éteints dans la profondeur des bois et dans l'ombre de la nuit.

CHAPITRE IV.

ROSE CHEZ LE PAUVRE CHARBONNIER.

Rose était rarement sortie du château de son père, et surtout elle n'en était jamais sortie sans être accompagnée. Qu'on juge de son trouble quand elle se vit seule au milieu des bois, par une nuit sombre, sans défense contre la pluie et l'orage. Elle ne sut d'abord de quel côté se tourner.

Après avoir cherché longtemps un abri, elle trouva une espèce de voûte formée par de jeunes sapins, et s'y assit pour attendre le jour. Cette jeune fille timide ne sentit aucune terreur dans ce lieu solitaire et sauvage : le malheur de son père occupait toute son âme, et n'y laissait point de place pour toute autre idée. Elle passa la nuit dans les pleurs et dans la prière.

Quand les lueurs grisâtres du matin commencèrent à blanchir l'horizon, elle sortit de sa retraite et regarda de tous côtés. Elle vit les tours du château de ses pères, faiblement éclairées par les premiers traits du jour, se dresser au-dessus des hauts sapins qui couvraient la montagne. Cette vue fit couler ses larmes.

— Hélas! dit-elle, si je pouvais rentrer dans cette demeure paternelle, j'y trouverais peut-être quelque fidèle serviteur qui prendrait en pitié la fille de ses anciens maîtres, et me conduirait à la cabane de l'honnête charbonnier! Mais non, elle m'est fermée pour toujours! Ils en ont barricadé les portes et levé les ponts-levis. Le château de mon père n'est plus pour moi qu'une forteresse ennemie et le lieu le moins sûr que je puisse trouver sur la terre.

L'infortunée résolut alors de chercher la demeure du pauvre Waldmann; mais elle savait à peine dans quelle partie des bois elle était située, et n'avait là-dessus que de vagues indications.

Bien loin, dans la forêt profonde, se dressaient deux montagnes ombragées de noirs sapins. L'habitation du charbonnier se trouvait au fond de la vallée qui les séparait, à plus de trois lieues de Tannenbourg. Rose fixa ses regards sur les cimes de ces deux montagnes, et se mit à marcher droit devant elle, comme si elle avait voulu les traverser; mais il n'y avait dans la forêt ni chemin ni sentier. Tantôt il lui fallait s'ouvrir un passage à travers d'épaisses broussailles, tantôt c'était un marais à tourner ou un ruisseau rapide à franchir, tantôt la hauteur des arbres lui cachait les deux montagnes : de sorte qu'elle ne savait plus se diriger. Elle perdit ainsi beaucoup de temps. Il était déjà midi, et le but vers lequel se dirigeaient ses pas ne se montrait point encore. Cependant elle marchait toujours sans perdre courage, quand tout à coup elle entendit un bruit assez fort dans les taillis. Elle regarda et vit un grand cerf qui, après avoir fixé sur elle ses yeux noirs et ardents, se mit à fuir en brisant les menues branches qui lui fermaient le passage. Rose continuait sa route; mais bientôt le grognement d'un sanglier vint la glacer de terreur. Elle tourna les yeux du côté de ce dangereux animal, et vit ses terribles défenses. La pauvre enfant se crut perdue, et se mit à fuir de toutes ses forces à travers les épais taillis et les buissons épineux, qui lui déchiraient les mains et le visage. Elle s'arrêta enfin au pied d'un arbre, et reprit haleine, tout en prêtant une oreille inquiète pour savoir si le sanglier la poursuivait. Elle n'entendit rien ; mais, au moment de continuer sa route, elle vit qu'elle s'était égarée. Le soleil était près de se coucher. La pauvre fille soupira en pensant qu'elle allait sans doute passer la nuit dans cette forêt affreuse, au milieu des bêtes sauvages.

Depuis la veille, son inquiétude et sa douleur l'avaient en quelque sorte préservée de la faim ; mais, à ce moment, elle se fit sentir avec tant de violence, que la malheureuse craignit sérieusement de périr faute de nourriture. Elle eut à peine la force nécessaire pour se traîner au sommet d'une colline qui dominait la partie des bois où elle se trouvait. Quand elle y arriva, le soleil était caché derrière d'épais nuages ; la campagne était sombre, morne, silencieuse, et la vue ne pouvait s'étendre fort loin. Rose, désespérée, se mit à genoux, et fit une fervente prière à la très-sainte Vierge Marie.

Elle priait encore, lorsqu'un rayon de soleil, se dégageant des nuages, tomba sur une colonne de fumée noire qui montait du fond d'une vallée à l'horizon.

Consolée par cette vue, Rose rassembla le peu de force qu'elle avait encore, et marcha de ce côté. Elle vit bientôt qu'elle ne s'était pas trompée : à mesure qu'elle avançait, les taillis devenaient moins épais. Enfin, elle aperçut le vieux Waldmann assis sur un tronc d'arbre qui lui servait de siége, devant une petite table sur laquelle il venait de mettre, pour son souper frugal, un morceau de pain, du beurre et une cruche d'eau. Ses instruments de travail étaient posés sur l'herbe à ses côtés. Ce pieux vieillard contemplait avec des yeux attendris le coucher du soleil, et chantait le cantique du soir. Rose tressaillit en entendant sa voix forte et sonore qui retentissait au loin dans le silence des bois.

Bientôt Waldmann la vit comme elle descendait la dernière colline. Il fut saisi d'étonnement, et se frotta les yeux pour s'assurer que c'était bien elle. Quand il n'en put plus douter, il s'élança de son siége et courut au-devant de sa jeune maîtresse.

— Soyez la bien-venue, lui dit-il, ma noble demoiselle; mais, au nom du Ciel, comment vous trouvez-vous dans ces bois seule et à pareille heure? Il faut que vous vous soyez égarée. Je vois que vous avez marché longtemps : vous êtes pâle. Asseyez-vous et reprenez des forces, car il faut que, ce soir même, je vous reconduise à Tannenbourg, où votre noble père vous attend sans doute avec inquiétude.

— Mon père! s'écria Rose d'une voix entrecoupée de sanglots; quoi! vous ne connaissez pas encore son malheur?

La poussière de charbon qui couvrait la figure du vieillard ne permit pas à la jeune fille de voir la pâleur et l'effroi qui se peignirent sur ses traits.

— Un malheur! s'écria-t-il; parlez... Au nom du Ciel, qu'est-il arrivé au noble Edelbert?

— Il est maintenant dans les cachots de Fichtenbourg, répondit Rose. Cuneric l'a emmené prisonnier la nuit dernière.

Le vieux charbonnier saisit sa hache avec un mouvement convulsif, puis il la laissa retomber aussitôt en disant :

— C'est un affreux malheur!... Mais je ne comprends pas comment il a pu arriver si vite : hier encore, j'étais auprès du chevalier; tout paraissait calme et tranquille.

La jeune demoiselle voulut raconter à Waldmann comment tout s'était passé; mais, la fatigue et la faim ne lui en laissant pas la force, le vieux charbonnier la supplia de prendre une partie de son modeste repas. Elle y consentit sans peine, et mangea de bon appétit.

Quand elle eut fini de prendre un peu de

nourriture, elle raconta en détail les évènements de la dernière nuit. Waldmann l'écoutait avec une émotion vive, laissant échapper tantôt des plaintes sur le sort de son malheureux maître, tantôt des imprécations contre le cruel Cuneric. Plus d'une fois, pendant ce récit, il passa sa main sur ses yeux; mais lorsqu'il apprit qu'Edelbert lui avait adressé et recommandé sa fille, le pauvre homme fut si touché de cette marque de confiance, qu'il éclata en pleurs et en sanglots.

— Le bon seigneur, s'écria-t-il, Dieu ne l'abandonnera pas! Il a permis qu'il tombât dans le piége; mais il saura l'en tirer. Quant à moi, ma noble demoiselle, vous pouvez compter sur tout mon dévouement; ma vie même vous appartient. Dites un mot, et je me précipite dans cet amas de charbons enflammés. C'est mon devoir de mourir pour vous et pour votre noble père. En attendant, vous avez besoin de repos... Ma demeure est trop loin d'ici pour que vous puissiez vous y rendre ce soir : vous passerez la nuit dans cette cabane que vous apercevez à la lueur des flammes. Ce n'est qu'une hutte formée de pieux enfouis dans la terre et recouverts de feuillages; mais vous pouvez y dormir en paix sur un lit de mousse et de feuilles sèches. Moi, je veillerai toute la nuit à mon ouvrage.

Quoique accoutumée à dormir entre des

rideaux de soie et sous de riches lambris, Rose ne laissa pas de reposer doucement sur cette couche nouvelle, tant la fatigue et la douleur avaient brisé son corps! Le bruit des vents impétueux qui soufflèrent toute la nuit ne troubla point son sommeil; la pluie même ne la mouilla pas sous son frêle abri de feuillage.

Le vieillard demeura toute la nuit assis sur son banc, triste et rêveur. La lueur de son brasier dessinait de larges ombres sur son front sillonné de rides. Il pensait au malheur de son maître et à son devoir en pareille circonstance. Ce qu'il y avait de plus clair pour lui, c'est qu'il se devait tout entier à Edelbert et à sa vertueuse fille.

CHAPITRE V.

ROSE DANS LA VALLÉE DES BOIS.

Quand le jour parut, le vent tomba, les nuages se dissipèrent; le calme régnait partout dans la nature, et les cimes des hauts sapins se doraient des rayons du soleil levant. Le vieux charbonnier allait de temps en temps écouter à la porte de la cabane si la jeune demoiselle ne se levait pas.

— Qu'elle dorme longtemps! disait ce bon vieillard; qu'elle se repose de ses fatigues et de ses peines! Le sommeil est le réparateur des maux de l'âme aussi bien que de ceux du corps; c'est le repos nécessaire après l'agitation de nos tristes journées; c'est le plus beau présent que le Ciel ait fait à la terre. Dieu n'a pas voulu que l'homme portât continuellement le poids du travail et les chaînes de la vie; il a fait la nuit pour être le repos du jour; il nous a donné de déposer chaque soir sur notre couche le fardeau de nos joies et de nos douleurs, et d'y prendre des forces nouvelles pour les douleurs et les joies du lendemain. La mort aussi est un sommeil, ô mon Dieu! Elle est la nuit de ce jour inquiet et agité qu'on nomme la vie; elle nous délivre à jamais de nos peines terrestres, et, suivant qu'on s'est endormi après de bonnes ou de mauvaises œuvres, elle est suivie d'un réveil joyeux ou terrible. Il ne faut donc pas la craindre, si l'on a assez bien vécu pour n'en pas craindre les suites; il faut la désirer, si l'on a vécu de manière à mériter les biens qu'elle amène après elle.

Pendant que Waldmann faisait ces pieuses réflexions, il vit arriver Agnès, sa bonne et aimable fille, qui apportait dans un panier la nourriture de son père. Elle vit d'abord à son visage qu'il avait du chagrin, et lui en demanda le sujet. Waldmann l'emmena à quelque distance de la hutte pour ne point réveiller la demoiselle endormie, et lui conta en peu de mots le malheur d'Edelbert. Les larmes d'Agnès coulèrent en apprenant ces tristes nouvelles.

Pendant ce récit, Rose s'était éveillée après un sommeil réparateur; mais, en reconnaissant le lieu où elle se trouvait, ses yeux s'étaient aussitôt mouillés de pleurs. Le charbonnier et sa fille s'en aperçurent lorsqu'ils vinrent pour la saluer.

— Pourquoi vous livrer ainsi à la douleur, ma noble demoiselle, lui dit Waldmann, quand la nature vous invite à l'espérance et à la joie? Voyez le ciel : il est sans nuages; pourtant Dieu sait quel temps il a fait cette nuit! Mais l'orage a fait place à un beau soleil. C'est ainsi qu'à la tempête qui vient de fondre sur votre noble père et sur vous succèdera bientôt un calme heureux. Ayez confiance au Seigneur, et jetez dans son sein vos tristes inquiétudes. Vous savez que, s'il nous apprend à nous défier des biens de la vie, il nous ordonne aussi d'espérer dans les disgrâces, parce que c'est lui qui distribue à son gré le soleil et la pluie, le bonheur et le malheur.

Rose et Agnès se saluèrent d'une manière tendre et affectueuse, comme d'anciennes amies qui ne s'étaient pas vues depuis longtemps.

La jeune charbonnière tira de son panier une cruche de lait, du pain et du beurre, qu'elle avait apportés pour le déjeuner de son père. Rose et Waldmann s'assirent devant la petite table, et prirent le repas du matin.

— Maintenant, ma noble demoiselle, dit le père, vous allez vous rendre avec Agnès à notre demeure, qui sera la vôtre, jusqu'à ce qu'il plaise au Seigneur de vous ramener à Tannenbourg, ainsi que le noble Edelbert. En attendant, soyez calme et patiente. Pour moi, je dois rester ici jusqu'à ce que mon ouvrage soit achevé; mais je ne perdrai pas mon temps, et, s'il plaît à Dieu, je n'irai pas vous rejoindre sans savoir ce que je dois faire dans la circonstance. Adieu, ma chère demoiselle. Encore une fois, soyez moins triste... Entendez-vous ces petits oiseaux qui chantent dans le feuillage, et qui vous disent d'espérer dans le Seigneur? Puisque le Père céleste a soin d'eux, combien plus n'aura-t-il pas soin de vous et du noble Edelbert?

— Quant à toi, ma fille, veille attentivement à ce que notre jeune maîtresse ne tombe pas dans les rudes sentiers de la montagne. Marche à côté d'elle ; et sois toujours prête à la soutenir. Partez, et que Dieu soit avec vous.

Les deux jeunes filles se mirent en route à travers une forêt sauvage où il n'y avait point de chemin tracé. Longtemps il leur fallut monter et descendre avant d'arriver à l'entrée d'un vallon étroit au haut duquel s'élevait la chaumière de l'honnête charbonnier. A ce moment, Rose, qui n'avait pu se défendre d'une impression pénible à la vue des précipices et des montagnes menaçantes qu'elle venait de parcourir, sentit son cœur soulagé d'un grand poids.

— Je n'aurais jamais pensé, dit-elle à sa compagne, que ce triste pays pût cacher une vallée si riante et si pittoresque ! Derrière nous, c'est une solitude effrayante, d'un aspect sinistre et hideux ; maintenant, c'est un fertile jardin paré de toutes les grâces du printemps.

— Mon père a souvent fait la même réflexion, répondit Agnès. Frappé comme vous du contraste que présentent la forêt d'où nous sortons et notre vallée, il nous disait : « C'est l'image de la vie ; il faut y chercher le bonheur parmi les maux, comme ce petit coin de terre au milieu de ces bois immenses. » La première fois que nous arrivâmes dans ce lieu, après avoir marché longtemps, il nous disait encore : « Il y avait de quoi nous faire perdre vingt fois courage, si nous n'avions pas su que ce délicieux vallon devait se trouver au terme de notre route. C'est ce qui arrive aux hommes dans le malheur : ceux qui se troublent dès l'entrée se privent eux-mêmes du fruit de leurs souffrances; mais ceux qui ne se laissent point abattre finissent par trouver la fin de leurs maux et le repos de leur âme. »

La maison du vieux charbonnier était en bois et fort agréable. De noirs sapins l'ombrageaient par derrière, et les collines qui s'élevaient en amphithéâtre l'abritaient contre la violence des vents. Aussi les arbres fruitiers qui formaient à l'entour un jardin fertile étaient déjà couverts de fleurs blanches et roses. A peu de distance coulait un petit ruisseau vif et rapide. Quelques vaches paissaient au fond de la vallée, tandis que des chèvres agiles grimpaient sur les crêtes des rochers. Sous les fenêtres mêmes de la cabane se trouvait un parterre plein de fleurs, sur lesquelles des abeilles venaient se poser en bourdonnant. Quelques poules grattaient la terre devant la porte.

Il était midi quand les deux jeunes filles arrivèrent à l'habitation. Rose, qui avait les pieds meurtris par la route pénible qu'elle venait de faire, se jeta sur un petit banc de bois fort élégant. Elle remarqua d'abord que la plus grande propreté régnait dans ce modeste asile, et admira la belle vue qui s'étendait sous les fenêtres. La femme du charbonnier, qui travaillait dans sa cuisine, accourut à la voix d'Agnès, et salua la noble demoiselle en la remerciant mille fois de l'honneur de sa visite; car elle croyait que Rose n'était venue que pour se promener. Quand elle sut le malheur qui venait d'arriver à Tannenbourg, elle témoigna d'abord sa douleur par des larmes et des sanglots; puis elle essaya de consoler sa jeune maîtresse.

— Soyez la bien-venue, lui dit-elle, dans notre pauvre vallée. Cette maisonnette où nous sommes, c'est votre noble père qui l'a fait bâtir. Hélas! il ne songeait pas alors que vous auriez besoin un jour d'y chercher un asile; mais n'importe, elle est à vous dès ce moment. Dieu veuille que vous y soyez heureuse, jusqu'à ce qu'il vous rende le château de vos pères! En attendant, nous y resterons pour vous servir, et vous disposerez de nous comme du peu que nous possédons.

Rose fut attendrie jusqu'aux larmes en voyant le zèle et la bonne volonté de ces braves gens. Elle remercia le Ciel de lui avoir ménagé, dans le malheur, des amis aussi fidèles et aussi dévoués. La charbonnière craignit d'abord que cette jeune personne, élevée dans la richesse et dans le luxe, ne s'accoutumât difficilement à la nourriture simple et même grossière qu'elle avait à lui servir ; mais cette crainte fut bientôt dissipée : Rose était naturellement sobre et savait se contenter de peu. Au bout de quelques jours, on eût dit qu'elle n'avait jamais connu de vie plus heureuse que celle du charbonnier et de sa famille : tant il lui en coûtait peu de partager en tout leurs goûts simples et modestes.

CHAPITRE VI.

ROSE DÉGUISÉE EN JEUNE CHARBONNIÈRE.

Le lendemain du jour où les deux jeunes filles étaient venues ensemble dans la vallée, l'honnête charbonnier avait dit à Agnès, qui lui apportait sa nourriture dans la forêt, qu'elle n'avait pas besoin de revenir, parce qu'il se rendrait lui-même à sa demeure, après avoir vendu son charbon à la ville. Plusieurs jours s'étaient déjà passés, et sa famille commençait à concevoir des inquiétudes sur son absence, lorsqu'un soir il entra dans la maisonnette un arc et des flèches dans sa main gauche, et sur son épaule un gros chevreuil.

Il déposa son fardeau, et salua très-affectueusement les trois femmes, qui l'attendaient avec impatience.

— Eh bien! mon ami, lui dit Gertrude, as-tu bien vendu ton charbon?

— Ce n'est là ce qui m'occupe, répondit-il; ce commerce va toujours bien; mais j'ai d'autres affaires qui ne me donnent pas la même satisfaction : par exemple, celle de notre cher et malheureux seigneur. C'est pour lui que je suis resté si longtemps à la ville, où j'ai fait bien des pas et des démarches. Je suis allé trouver des seigneurs qui ont reçu du noble Edelbert les plus signalés services; je leur ai parlé de son malheur et de leur devoir; je leur ai dit qu'ils pouvaient le délivrer, soit en entrant de force dans le château de Fichtenbourg, soit en prenant Cuneric lui-même à la chasse, et en le retenant prisonnier jusqu'à ce qu'il rendît à Edelbert ses biens et sa liberté. Mes efforts ont été vains... Ils m'ont objecté la puissance de Cuneric, le danger de l'entreprise et les malheurs qui pourraient en résulter. « Il faut attendre, ont-ils dit, que les amis et les vassaux d'Edelbert soient revenus de l'armée. Alors, on pourra tenter quelque chose. » Voilà comme ces cœurs ingrats ont répondu à mes vives instances! J'en ai versé des larmes de sang. Ce qui m'a le plus indigné, ma noble demoiselle, c'est qu'aucun d'eux n'a songé même à s'informer de vous. Alors, je ne leur ai point demandé s'ils voudraient vous recevoir dans leurs châteaux : j'ai pensé qu'il vous serait plus doux de partager notre indigence que de réclamer les secours de leur richesse.

— Oui, répondit Rose, j'aime cent fois mieux demeurer avec vous, si vous êtes assez bons pour me garder. C'est chez vous que mon père m'a dit de me rendre.

— Pour vous garder! s'écria le vieux charbonnier tout ému. Pensez donc que nous devons à votre noble père et à vous non seulement tout ce que nous avons, mais encore tout ce que nous sommes. Nos biens, nos personnes et nos vies sont à vous. Avez-vous oublié que, sans le noble Édelbert, je serais encore dans les cachots d'Eichtenbourg, que c'est lui qui m'en a délivré, qu'il a recueilli ma femme et ma fille dans son château, pendant qu'il courait après ce brigand ravisseur? N'est-il pas mon seigneur devant Dieu et devant les hommes, et ne suis-je pas son vassal? N'est-ce pas, d'ailleurs, la protection qu'il m'a donnée qui a attiré sur lui la haine et la vengeance de Cuneric? Lorsque nous avons tant de motifs de nous dévouer tout entiers à votre service, il faudrait que nous fussions les plus ingrats de tous les hommes pour ne pas le faire. Malheureusement, nos moyens ne sont point aussi grands que notre zèle; mais Dieu peut nous aider, et avec lui rien n'est impossible. En attendant, ma noble demoiselle, ne dites point que nous vous gardons chez nous; car vous nous feriez croire que vous n'avez pas une idée juste de nos devoirs envers la fille de notre maître, et du bonheur que nous trouvons à les remplir.

Le zèle sincère de ces braves gens fut une grande consolation pour Rose. Chaque jour elle recevait des marques nouvelles de leur affection. Elle se fût trouvée heureuse avec eux, et se fût résignée sans peine à partager leur vie pauvre et obscure, si le malheur de son père n'eût sans cesse occupé son esprit et déchiré son cœur. L'infortunée ne goûtait aucun repos; la sérénité de son visage et les brillantes couleurs de ses joues avaient disparu. Dès qu'on la laissait un moment seule, on la retrouvait les yeux baignés de larmes. Souvent elle s'échappait de la maison pour aller prier au pied d'un arbre dans la forêt. Sa douleur devint d'abord une sombre mélancolie, puis une langueur maladive qui lui laissait à peine l'usage de ses facultés, et dont elle ne sortait que lorsque le bon Waldmann s'entretenait avec elle des moyens propres à adoucir la misère du pauvre captif ou à le tirer de sa prison.

Un jour (c'était un dimanche), ils étaient tous les trois à table, et la conversation roulait, comme à l'ordinaire, sur la délivrance du noble Édelbert; le repas touchait à sa fin : il ne restait plus à servir qu'une assiette de champignons :

— C'est un plat qu'on a préparé pour vous, mademoiselle, dit le vieux charbonnier. J'espère que vous lui ferez honneur. Nous autres habitants des bois, nous faisons peu de cas de ces morilles; mais c'est une friandise de grands seigneurs. Autrefois, j'en portais souvent à votre château, quand votre noble mère vivait encore. On les aime aussi beaucoup à Fichtenbourg; mais je crains qu'on n'y en porte pas de longtemps, car un de mes confrères, établi dans les forêts de Cuneric, et qui se chargeait de fournir sa table de champignons, m'a juré ce matin qu'il n'en enverrait plus jamais au château, quand même on l'en prierait à genoux. Ce brave homme est furieux de ce que sa fille, qui était en service chez le concierge de Fichtenbourg, vient d'être congédiée brutalement par la femme de ce dernier.

Cette parole, que le vieux charbonnier avait dite sans y attacher aucune importance, fut un coup de lumière pour la jeune demoiselle.

— Voilà enfin l'occasion que je cherchais!

s'écria-t-elle aussitôt. Dès demain, je veux me déguiser en charbonnière, et porter des champignons à Fichtenbourg. Peut-être parviendrai-je à gagner les bonnes grâces de la femme du concierge. Je lui proposerai d'entrer à son service, et, si elle y consent, je trouverai sans doute le moyen de voir mon père, de le soulager dans sa misère, peut-être même de le délivrer.

Sainte Vierge Marie, ajouta-t-elle en joignant les mains, faites que ce projet réussisse! Dans tous les cas, je dois essayer.

Le vieux Waldmann ne parut pas d'abord approuver l'idée de Rose : il trouvait son dessein dangereux et d'une exécution difficile; mais elle réfuta victorieusement toutes les objections qu'il put lui faire, et sortit à l'instant même pour changer de costume. Quelques minutes après, elle rentra vêtue comme une fille de charbonnier; elle avait le corset rouge, la jaquette noire, la robe verte et le tablier blanc. Toutes ces hardes allaient parfaitement à sa taille et semblaient faites pour elle. Un grand chapeau de paille jaune complétait son déguisement.

Gertrude et Agnès poussèrent un cri de surprise et de joie en la voyant vêtue comme elles. Il semblait que ce nouveau costume eût diminué la distance qui les séparait. Elles battirent des mains et félicitèrent Rose de sa gentillesse.

— Il n'y a qu'une chose à craindre, dit la femme du charbonnier : c'est que la noblesse de vos manières et la blancheur de votre teint ne vous fassent reconnaître. Ces mains fines et délicates, cette gracieuse pâleur, cette voix pure, ce regard noble et doux, se trouvent plus souvent dans les châteaux que dans les chaumières.

Rose fut obligée, malgré sa modestie, de convenir que la charbonnière avait raison ; mais Waldmann connaissait le moyen de brunir la figure et les mains avec une infusion de certaines herbes. Il en fit l'essai sur la jeune demoiselle. L'opération réussit parfaitement.

Rose voulut partir dès le lendemain matin, craignant d'être prévenue par quelque autre jeune fille. Le vieux charbonnier ne s'y opposa point. Il alla, le soir même, chercher une quantité suffisante de champignons pour en remplir une corbeille.

— Vous partirez donc demain au point du jour, dit-il à Rose. Ma fille vous accompagnera jusqu'à la lisière du bois, au sommet d'une petite colline sur laquelle sont dressées trois croix de pierre. Arrivée là, vous verrez devant vous Fichtenbourg, et vous ne pourrez plus vous tromper de chemin. Agnès attendra votre retour.

Le jour suivant, Rose était prête à partir au lever du soleil. Elle prit à son bras le panier plein de champignons. Agnès en portait un autre qui renfermait des vivres pour le voyage. Le charbonnier et sa femme les accompagnèrent à quelque distance de la maisonnette, et ne les quittèrent qu'après leur avoir donné quelques sages conseils et les avoir recommandées à la protection du Tout-Puissant.

— La bonne et vertueuse demoiselle! se disaient-ils l'un à l'autre en la suivant des yeux. Elle réussira sans doute dans sa courageuse entreprise, car Dieu lui doit la récompense qu'il a lui-même attachée au quatrième de ses commandements.

CHAPITRE VII.

ROSE AU CHATEAU DE FICHTENBOURG.

Les deux jeunes filles arrivèrent heureusement jusqu'à l'extrémité de la forêt, et gravirent la colline où se trouvaient les trois croix de pierre. Parvenue au sommet, Rose vit se dresser devant elle, au-dessus des pins, la tour élevée de Cuneric. A cet aspect, son âme fut saisie d'une douleur amère.

— C'est peut-être sous les fondements de ce noir donjon, dit-elle, que languit mon malheureux père! Que fait-il à cette heure? se porte-t-il bien? vit-il encore? O mon Dieu! faites qu'il vive et que je parvienne jusqu'à lui!

Les deux amies se jetèrent à genoux devant une des croix qui dominaient la colline, et prièrent avec ferveur. Elles s'assirent ensuite sur l'herbe pour faire le repas du matin; après quoi Rose prit congé d'Agnès et continua sa route. Arrivée à la porte du château, qui était ouverte, elle franchit le seuil, et la première personne qu'elle aperçut dans la cour, ce fut Cuneric lui-même, en costume de chasse et prêt à partir à la tête d'une troupe nombreuse d'écuyers et de veneurs. A l'aspect du cruel ennemi de son père, la pauvre demoiselle tressaillit; elle sentit ses genoux se dérober sous elle, et fut forcée de s'appuyer sur le banc de pierre qui se trouvait sous la porte. Bientôt les cors se firent entendre et donnèrent le signal du départ. Toute la troupe défila devant la pauvre Rose, qui se leva toute tremblante; mais l'orgueilleux chevalier ne daigna pas même jeter la vue sur elle, et descendit la montagne au galop de son cheval.

La jeune demoiselle se laissa retomber sur son banc, pleine de trouble et d'inquiétude. Elle résolut de rester là jusqu'à ce qu'on vînt lui adresser la parole. Deux enfants qui jouaient dans la cour finirent par l'apercevoir et par s'approcher d'elle, mais en se tenant toutefois à quelque distance. Rose, voyant qu'ils la regardaient, leur demanda leurs noms et engagea avec eux une petite conversation. Au bout de quelques instants, ils vinrent s'asseoir auprès d'elle, sans plus de crainte. Ottmar, le petit garçon, ouvrit hardiment son panier pour voir ce qu'il contenait, et Berthe, la petite fille, lui demanda les bleuets qui ornaient son chapeau de paille. Rose s'empressa de les lui donner, ainsi que des poires hâtives qu'elle avait apportées, et bientôt les deux enfants devinrent pour elle deux amis.

C'étaient les enfants du concierge. Cet homme, regardant par son guichet pour savoir ce qu'ils étaient devenus, fut touché de les voir tranquillement assis à côté d'une inconnue qui leur prodiguait ses caresses. La beauté de la jeune paysanne, la pureté de son langage, la douceur de sa voix, la propreté de sa mise et ses manières distinguées, l'intéressèrent vivement.

Pensant que cette jeune fille était assise sur le banc de pierre pour s'y reposer, il sortit et lui proposa d'entrer un moment dans sa loge.

— Que portes-tu, mon enfant? lui dit-il ensuite avec bonté.

— Ce sont des champignons que je voudrais vendre, répondit-elle.

Ce brave homme ouvrit son panier et demanda le prix de sa marchandise.

— Prenez-les, répondit Rose, pour ce qu'il vous plaira de m'en donner. Je m'en rapporte à vous, et je suis sûre que vous n'êtes pas capable de faire tort à une pauvre fille.

— C'est bien parlé, mon enfant, reprit le concierge. Attends un moment, je vais les porter aux cuisiniers du château, et je ferai moi-même le marché avec l'intendant, qui en fait demander partout depuis quelques jours. Tu peux être sûre d'en avoir un bon prix.

Il prit le panier et courut aux cuisines. A peine était-il sorti, que sa femme entra dans la loge.

— Quelle est cette fille effrontée qui n'a pas craint d'entrer chez nous sans permission? cria cette femme. Parle, que veux-tu? que demandes-tu? Mais tu ne peux dire pourquoi tu es entrée... Sors donc vite, si tu ne veux pas que je lâche après toi le gros chien qui garde la cour.

La pauvre demoiselle ne savait que répondre à cette brusque apostrophe; mais les deux enfants intercédèrent pour elle, et firent voir à leur mère les fruits et les fleurs que la jeune étrangère leur avait donnés.

— Doucement, chère femme! dit au même instant le concierge, qui rentrait dans la loge avec le prix des champignons et le panier vide. Ne fais donc pas de peine à cette aimable enfant; elle me paraît fort honnête, et je crois que nous ferions bien de lui demander si elle ne voudrait pas entrer à notre service, puisque nous avons besoin de quelqu'un. Tu lui fais une querelle injuste, car, sans moi, elle n'aurait pas mis le pied dans notre loge.

— C'est autre chose, dit la femme du concierge; mais je ne le savais pas. Il faut que tu me pardonnes cette vivacité, jeune fille; car notre devoir est de veiller sur tous ceux qui peuvent entrer ou sortir.

— Vous avez raison, madame, répondit Rose. Je ne suis point entrée de moi-même dans votre loge; mais je sens que j'ai eu tort d'y rester, et je vous prie de m'excuser.

Ces paroles plurent à la femme du concierge, qui s'apaisait facilement, pourvu qu'on ne lui donnât pas tort.

— Eh bien! ma fille, lui dit-elle, puisque

mes enfants ont mangé de tes fruits, il faut que tu partages notre dîner.

Rose accepta. Les deux enfants étaient si charmés de l'avoir avec eux à table, qu'ils lui laissaient à peine le temps de porter les morceaux à sa bouche; ils lui faisaient mille questions, et elle y répondait avec une douceur et une sagesse qui firent le plus grand plaisir à leur mère.

Lorsqu'elle prit son panier vide pour s'en aller, les deux enfants lui crièrent à la fois :

— Ne t'en va pas! reste avec nous.

— Vraiment, je ne demande pas mieux, dit la concierge. Veux-tu entrer à mon service?

— Volontiers, madame, reprit Rose. Je vous promets de vous servir avec zèle et fidélité.

— Eh bien! mon enfant, ajouta cette femme, retourne auprès de tes parents, et consulte-les à cet égard. Si tu obtiens leur consentement, tu pourras venir ici dès demain.

Rose remercia cette femme, et sortit, pleine de joie, pour aller retrouver Agnès, qui l'attendait à l'entrée de la forêt, sous l'une des trois croix de pierre.

— Eh bien! mademoiselle, cria cette jeune fille en courant vers la fille d'Édelbert du plus loin qu'elle l'aperçut, que vous est-il arrivé? Tout va-t-il bien? Vous paraissez contente.

— Oui, ma bonne Agnès, répondit Rose, tout va bien. Je suis au comble de mes vœux.

— Que le Ciel en soit béni! reprit Agnès. Mais il est déjà tard, et vous devez avoir faim. Asseyons-nous ici, sous ce noisetier. Nous avons du pain, du lait, du beurre pour notre repas. Dînons, et vous me raconterez ensuite ce qui s'est passé.

— Quoi! tu m'as attendue jusqu'à ce moment pour dîner! s'écria Rose. Je t'en remercie mille fois; mais j'ai dîné chez le concierge de Fichtenbourg. Dépêche-toi de prendre un peu de nourriture, afin que la nuit ne nous surprenne pas en route.

Dès qu'Agnès eut achevé son frugal repas, les deux amies reprirent le chemin de la maisonnette. Le soleil était près de se coucher, quand elles rencontrèrent dans la forêt le charbonnier et sa femme, qui, pleins d'inquiétude, étaient venus au-devant d'elles. Ces braves gens apprirent avec joie l'heureux succès de Rose. Seulement, le regret de la voir s'éloigner d'eux les affligea beaucoup.

Quand ils descendirent dans l'étroit vallon,

la lune venait de se lever à l'orient, et blanchissait de sa douce clarté la maisonnette des bois. Rose, fatiguée, mais heureuse, salua ses hôtes, qu'elle devait quitter le lendemain, et se retira dans sa chambre, où elle reposa tranquillement, après avoir prié Dieu de bénir son entreprise.

CHAPITRE VIII.

ROSE EN SERVICE A FICHTENBOURG.

Le jour suivant fut triste pour Rose. Au moment de quitter l'honnête famille qui lui était si sincèrement attachée pour aller vivre, dans une condition misérable, au château du cruel ennemi de son père, elle ne put se défendre d'un sentiment pénible, et ce ne fut pas sans un grand serrement de cœur qu'elle accomplit son généreux sacrifice; mais l'amour filial et la confiance en Dieu fortifièrent son âme, et lui donnèrent le courage de faire ce qu'elle avait résolu.

Le vieux charbonnier et sa femme l'accompagnèrent jusqu'à l'extrémité de la forêt, où ils lui dirent adieu en versant beaucoup de larmes, auxquelles Rose mêlait les siennes.

Agnès, portant son petit sac de voyage, la conduisit jusqu'à Fichtenbourg.

La concierge les reçut de la manière la plus aimable.

— Voilà ce qui s'appelle tenir sa parole! dit-elle à Rose. Asseyez-vous, jeunes filles, et prenez quelques rafraîchissements.

Rose ouvrit le panier qu'elle avait au bras, et en tira quelques poupées du plus beau lin que la charbonnière lui avait remises pour les offrir à la concierge en la saluant de sa part. Celle-ci les reçut avec un grand plaisir. Ses enfants parurent aussi très-contents des fruits de toute sorte que la jeune servante leur distribua.

Au moment de partir, Agnès embrassa Rose avec beaucoup d'émotion.

— Pourquoi pleurer ainsi? dit la concierge. Crois-tu ton amie perdue parce qu'elle reste avec nous? Tu viendras la voir quand tu voudras, et si tu veux m'apporter à chaque visite un panier de champignons, tu gagneras bien ton voyage.

Agnès promit de revenir souvent, et reprit le chemin de la forêt.

Après son départ, la bonne Rose, se voyant seule dans le château de Cuneric, tomba dans une grande tristesse. La concierge s'en aperçut, et la fit asseoir à côté d'elle pour la distraire par une conversation très-longue et très-ennuyeuse, dont les huit ou dix servantes qu'elle avait successivement renvoyées firent les frais. Tout le fruit que Rose put tirer de son bavardage, ce fut d'apprendre que sa maîtresse était une femme très-vive et très-difficile à contenter. Elle lui promit de faire tous ses efforts pour ne point mériter les reproches qu'elle adressait à celles qui l'avaient servie jusque là.

Effectivement, elle se rendit le modèle d'une bonne servante. Elle prenait pour règle de sa conduite les préceptes du Seigneur Jésus et de ses apôtres, qui commandent aux serviteurs d'honorer leurs maîtres, non seulement quand ils sont doux et bons, mais lors même qu'ils sont rudes et fâcheux; de leur être soumis en toute chose, de leur obéir avec affection et avec zèle quand ils sont présents et quand ils ne le sont pas, cherchant plus à plaire à Dieu qu'à plaire aux hommes.

Rose était infatigable. C'était un plaisir de voir avec quelle ardeur elle se mettait à l'ouvrage et sa promptitude à faire toute chose. Il ne fallait jamais lui donner deux fois le même ordre; elle reprenait chaque jour, à la même heure, les travaux du ménage, et n'attendait pas qu'on vînt l'avertir. Elle-même voyait ce qu'il y avait à faire, et plus d'une corvée se trouvait finie avant qu'on y eût songé. Sa propreté, son dévouement aux intérêts de ses maîtres, sa discrétion, sa tempérance, son humeur égale et enjouée, malgré ses chagrins; sa franchise à avouer ses fautes, quand elle en avait commis quelqu'une par mégarde; sa douceur angélique et sa patience à souffrir les injustes reproches qu'on lui adressait quelquefois, la rendirent extrêmement chère au concierge et à sa femme. Ce fut au point que cette dernière perdit peu à peu ses habitudes de violence et d'emportement.

Cependant la pauvre demoiselle avait un service pénible, et le soir, lorsqu'après une longue journée remplie de travaux rudes et qui ne convenaient ni à son éducation, ni à sa naissance, elle se retirait triste et fatiguée dans sa petite chambre, elle avait besoin de prier pour obtenir du courage, et de se rappeler le motif de son entrée au château pour trouver la force d'y rester plus longtemps.

CHAPITRE IX.

ROSE DANS LE CACHOT DE SON PÈRE.

De longues et tristes journées avaient déjà passé pour Rose, sans qu'elle eût trouvé une seule occasion de pénétrer dans la prison de son père. C'était pour elle une amère douleur de se sentir si près de lui et de ne pas le voir. Toutefois, dès son arrivée au château, un rayon d'espérance avait lui à ses yeux ; elle avait appris que le concierge était en même temps le geôlier de la prison : de temps en temps elle lui faisait des questions sur les prisonniers ; de cette manière elle eut au moins la consolation d'apprendre que son père vivait toujours, et que même il se portait bien. Plus d'une fois elle avait prié le concierge de lui faire voir les captifs commis à sa garde ; mais à chaque demande il avait répondu, en secouant la tête, qu'il ne fallait pas être si curieuse. Souvent elle ne pouvait retenir ses larmes en voyant la petite écuelle remplie d'une mauvaise soupe, la portion de pain noir et la cruche d'eau qu'il portait au malheureux Édelbert.

Ah! disait-elle avec un soupir étouffé, ce

que je souffre n'est rien en comparaison de ce que souffre mon père; je veux apprendre par son exemple à supporter mes maux sans me plaindre.

Un soir, au moment de porter aux prisonniers leur nourriture, le concierge appela Rose.

— Allons, mon enfant, lui dit-il, viens avec moi; je dois faire demain un petit voyage pour les affaires du maître, il faudra que tu me remplaces dans le service de la prison; ma femme n'en a pas le temps et ne s'en soucie guère.

Il prit d'une main le panier où se trouvaient les écuelles à soupe, et de l'autre son paquet de clés, puis il se rendit à la prison par un long corridor sombre.

Rose ne s'attendait pas en ce moment à voir sitôt son père; elle fut effrayée de son bonheur, et elle sentait son cœur battre avec force en marchant derrière le concierge. Cependant elle se remit de son tronble et parvint à vaincre son émotion : elle ne voulait pas que son père la reconnût, persuadée que, si on venait à découvrir qu'elle était la fille d'Édelbert, on ne lui confierait pas pour le lendemain les clés de la prison.

Le concierge s'arrêta d'abord devant une

étroite ouverture, pratiquée dans l'épaisseur de la muraille, et fermée par une plaque de fer : dès qu'il l'eut tirée, la jeune fille, tremblante et inquiète, jeta un regard dans l'intérieur ; elle vit un homme à la physionomie féroce, à la barbe épaisse et aux cheveux en désordre, assis dans le coin le plus obscur du cachot.

— Ce prisonnier, dit le concierge en refermant la petite ouverture, a été jadis un vaillant homme de guerre ; mais l'ivrognerie et la passion du jeu l'ont jeté dans le crime ; il a quitté la noble profession des armes pour se faire voleur de grands chemins. Son affaire n'est pas belle.

Il ouvrit un autre guichet, et Rose vit sous la voûte sombre une femme chargée de fers. Ses cheveux étaient épars, et un affreux désespoir se peignait dans ses yeux.

— Cette malheureuse, lui dit le concierge, était autrefois une jeune fille belle et pure comme les anges ; mais elle s'est livrée au mal, et maintenant elle gémit dans les cachots sous une affreuse prévention d'infanticide. Si elle est convaincue de ce crime, elle le paiera de sa tête. Il y a des moments où le désespoir la prive de sa raison ; garde-toi bien d'ouvrir sa porte ; car elle pourrait, dans un accès de rage, se jeter sur toi et te déchirer.

Voici le seul cachot où nous puissions entrer, dit-il ensuite; le prisonnier qu'il renferme n'a commis aucun crime; c'est un homme doux, pieux et résigné, le chevalier Édelberg de Tannenbourg.

Rose ne l'eût pas reconnu; il était pâle et maigre; une barbe épaisse couvrait son visage, et ses vêtements tombaient en lambeaux. Il était assis sur un banc de pierre auquel l'attachait une chaîne assez longue pour qu'il pût faire le tour de son cachot; sur une table également en pierre, qui se trouvait devant lui, était posée une cruche d'eau avec un morceau de pain noir. On voyait à côté un bois de lit vermoulu, garni d'un peu de paille et d'une sale couverture. Ce cachot, destiné à renfermer des prisonniers d'un certain rang, était assez vaste, mais sa grandeur même ne le rendait que plus affreux. Sa forme circulaire, sa voûte élevée, ses murailles noircies lui donnaient un aspect singulier et effrayant. Le jour n'y entrait que par une étroite lucarne à fleur de terre, dont les vitres rondes, obscurcies par des décombres et des herbes grimpantes, ne laissaient arriver qu'une lumière verdâtre et décomposée.

Le vieux chevalier avait le coude appuyé

sur la table de pierre, et sa main soutenait le poids de sa tête inclinée. Quand le guichet s'ouvrit, il avança tristement un bras pour prendre la nourriture que le concierge lui apportait.

— Chevalier, dit celui-ci, vous ne me verrez pas demain ; je suis forcé de faire un petit voyage pour affaires ; ce sera ma servante qui viendra à ma place.

Édelbert jeta les yeux sur Rose en pensant à sa fille, mais sans la reconnaître.

— Hélas ! s'écria-t-il avec un soupir, voilà bien la taille et l'air de ma fille, c'est aussi son âge. Quel tourment pour moi de ne point recevoir de ses nouvelles, de ne savoir ni où elle est, ni quel est son sort, d'ignorer même si elle est encore au monde ! Je vous ai prié cent fois de prendre des informations sur elle, mais toujours en vain.

— A mon grand regret, chevalier, reprit le concierge ; cependant il ne faut désespérer de rien ; d'un jour à l'autre je puis être plus heureux dans mes recherches.

— Est-il possible, ajouta le pauvre captif, que parmi tant de chevaliers qui se disaient mes amis, quand j'étais libre et heureux, il ne s'en soit pas trouvé un seul qui ait voulu recueillir dans son château ma pauvre orpheline !

Édelbert se tut alors en pensant à l'honnête charbonnier : il avait presque la certitude que Rose s'était retirée chez lui ; mais il ne voulait pas parler de ce brave homme, de peur d'éveiller la haine de Cuneric ; il ajouta simplement :

— J'espère du moins qu'elle a trouvé asile chez quelques pauvres gens qui ont soin d'elle ; la seule grâce que je vous demande, ô mon Dieu ! c'est de ne pas mourir dans ce cachot avant d'en avoir acquis la certitude ! Mes yeux alors se fermeront en paix, quand même je ne reverrais plus son visage. Vous ne savez pas, mon ami, combien elle est bonne, sage et vertueuse, cette fille que je regrette : si vous le saviez, ma douleur ne vous paraîtrait point trop grande, ou plutôt vous vous étonneriez de me voir supporter avec tant de courage une perte aussi cruelle.

L'honnête concierge était si sensible aux plaintes du chevalier, qu'il versait lui-même d'abondantes larmes. Cela fit qu'il s'aperçut à peine de l'émotion de Rose. La pauvre enfant avait d'abord contemplé avec une espèce de terreur l'affreux cachot de son père, la pâleur de ses traits et les rides profondes que le malheur avait creusées sur son visage : sa douleur était restée muette; mais quand elle entendit ses tristes plaintes, son cœur éclata, malgré elle, en cris et en sanglots. Une force irrésistible l'entraînait vers son père : elle eut besoin des plus grands efforts pour se contraindre.

Édelbert fut frappé de cette douleur si vive.

— Est-ce que tu aurais perdu depuis peu ton père ou ta mère, mon enfant? dit-il à Rose.

La jeune fille put à peine répondre, à cause des sanglots qui étouffaient sa voix.

— Il y a déjà longtemps que je n'ai plus de mère! dit-elle enfin. Mon père vit encore; mais il est bien malheureux!

— Que Dieu ait pitié de lui, reprit Édelbert, et de toi aussi, mon enfant! car je vois que tu es une bonne et tendre fille.

— Vous avez raison, chevalier : c'est une bonne et excellente fille, tendre, pieuse, dévouée, telle enfin qu'on ne trouverait pas sa pareille à dix lieues à la ronde; seulement, elle se montre par trop sensible aux peines des autres, et, si je n'étais moi-même attendri comme elle, je dirais qu'elle n'est pas propre à visiter les prisonniers.

— Que Dieu te bénisse, mon enfant, dit le

prisonnier, pour l'intérêt que tu prends à mes peines en pensant à celles de ton père! Sois toujours sage et vertueuse; ne cesse point de prier le Seigneur et d'espérer en sa providence : il répandra ses biens sur ton père et sur toi.

En disant ces mots, il tendit à la jeune fille sa main chargée de chaînes. Rose la prit avec vivacité et la couvrit de ses larmes.

Par bonheur, le concierge ferma le cachot dans ce moment; car il eût été impossible à la jeune fille de se contenir davantage. Elle sortit de la prison sans rien voir autour d'elle, et, en traversant la longue galerie, elle eut besoin de se tenir à la muraille pour ne pas tomber.

CHAPITRE X.

ROSE SE FAIT CONNAITRE A SON PÈRE.

Rose passa le reste de la soirée sous l'impression des tristes images et des sentiments pénibles qui l'avaient affectée dans la prison. Le visage pâle de son père, son cachot affreux, ses chaînes pesantes, étaient encore devant ses yeux et déchiraient son âme. Il n'y avait que l'espérance de revoir bientôt le noble Édelbert, de se faire connaître à lui, d'adoucir sa misère, qui pût lui donner un peu de consolation et de calme.

Le travail de la journée fini, elle se retira dans sa chambre, où elle pria longtemps avec beaucoup de larmes. Elle demanda au Seigneur de bénir ses projets et d'éloigner tous les dangers qu'elle pouvait craindre; puis elle se mit au lit. Mais il lui fut impossible de fermer les yeux, tant son esprit était préoccupé de son père et de la visite qu'elle devait lui faire le lendemain.

A une heure de la nuit, la concierge vint lui dire de se lever et de descendre afin de préparer le repas du matin pour son mari, qui devait partir avant le jour.

En déjeunant, le concierge lui donna ses dernières instructions sur le service des prisonniers, et lui remit les clefs de la prison. Il monta ensuite sur un cheval qu'on venait de seller, et partit au galop. Le pont-levis fut remonté et la clef de la grande porte du château remise à Cuneric, qui la gardait toujours la nuit sous son chevet.

Le jour n'était pas encore près de paraître,

et toutes les personnes qui s'étaient levées pour le départ du concierge avaient regagné leurs lits. Rose prit le trousseau de clefs et remonta dans sa chambre, en emportant pour s'éclairer la vieille lanterne qui servait à son maître quand il visitait la nuit ses prisonniers. Elle hésita quelque temps; mais, voyant que tout était redevenu calme et silencieux dans le château, elle résolut de descendre à l'instant même au cachot de son père. Elle ôta ses souliers pour marcher avec moins de bruit, et, enveloppant la lanterne dans son tablier, elle se glissa doucement le long du corridor sombre qui menait aux cachots.

Arrivée devant la porte de celui de son père, elle s'arrêta un moment pour regarder autour d'elle et pour écouter. N'entendant et ne voyant rien, elle ouvrit avec précaution.

A la faible lumière de sa lanterne, dont le verre était tout noirci par la fumée, elle aperçut Edelbert assis sur son siége de pierre, les bras croisés sur sa poitrine. L'impression de cette clarté soudaine lui fit ouvrir les yeux, et, en les fixant sur Rose, il crut reconnaître la servante du concierge.

— Est-ce toi, mon enfant? lui dit-il. Que viens-tu faire dans mon cachot si tard, ou plutôt si matin, car il n'y a pas longtemps que le veilleur de la tour a crié : Deux heures!

Pardon si je trouble ainsi votre sommeil, répondit Rose à voix basse ; je voudrais m'entretenir avec vous sans témoins, et voilà pourquoi je suis venue à cette heure avancée de la nuit.

— Pour ce qui est de mon sommeil, il n'y a point de mal, mon enfant, reprit Édelbert ; les prisonniers dorment peu, malgré la solitude, le silence et l'ombre qui les environnent ; mais ta démarche me paraît imprudente, et je crains qu'elle ne t'attire de fâcheuses affaires. Une fille ne doit point, d'ailleurs, sortir de sa chambre pendant la nuit.

— Soyez tranquille à cet égard, dit Rose ; excepté le coq matinal et le veilleur de la tour, tout dort dans le château d'un profond sommeil. Ce n'est pas légèrement, et sans avoir invoqué le secours du Ciel, que je me suis décidée à cette démarche. Les tristes inquiétudes que vous avez témoignées devant moi sur le sort de votre fille ne m'ont pas laissée dormir, et j'ai saisi l'occasion favorable pour venir vous donner d'heureuses nouvelles.

— Des nouvelles de ma chère enfant ! s'écria le prisonnier. Oh ! tu es un ange envoyé du Ciel dans cet affreux cachot ! Parle, que sais-tu de ma fille ? Tu la connais, tu l'as vue, tu lui as parlé, elle se porte bien, elle est heureuse? Oh! dis-moi bien vite ce que tu sais.

— Je puis vous en donner des nouvelles très-certaines, répondit Rose. Connaissez-vous cette chaîne et cette médaille d'or?

— Dieu! s'écria le prisonnier en les saisissant d'une main tremblante, c'est la chaîne et la médaille que j'ai remises à ma fille au moment de notre séparation, comme un souvenir de son père. Je lui recommandai expressément de ne jamais s'en dessaisir Il faut que tu lui sois bien chère pour qu'elle t'ait confié cet objet précieux. Elle te l'a remis, sans doute, pour donner plus de poids à tes paroles et me faire croire plus sûrement à ce que tu aurais à me dire de sa part.

— Elle ne s'en est point dessaisie, ô mon père! elle la garde entre ses mains, comme vous le lui aviez ordonné... Je suis Rose, je suis votre fille.

Ainsi que nous l'avons déjà dit, la lanterne ne jetait dans le cachot qu'une faible lumière. Il n'est pas étonnant qu'Édelbert n'eût pas d'abord reconnu sa fille, d'autant plus que, depuis son entrée en service, elle avait pris l'habitude de laver son visage avec une eau qui dissimulait la blancheur naturelle de son teint. D'ailleurs, il ne s'attendait pas à la voir sous l'humble vêtement d'une servante.

— Quoi ! ma fille, c'est toi? s'écria-t-il en la pressant dans ses bras et en l'arrosant de ses larmes; toi dans ces lieux! toi dans le cachot de ton père ! Oh ! je puis mourir maintenant ; ces voûtes effrayantes peuvent s'écrouler sur ma tête ; je ne crains plus rien, j'ai ma fille dans mes bras !

— Mon père ! mon père ! disait Rose, que ce moment est doux pour moi !

Elle n'en put dire davantage, car le saisissement et l'ivresse du bonheur étouffaient sa voix.

Édelbert prit la lanterne, et, dirigeant sa faible lueur sur le visage de Rose, il reconnut ses traits fins et délicats sous la teinte brune qui les déguisait, ses yeux bleus si pleins de douceur et de mélancolie, ses beaux cheveux bruns qui flottaient autour de sa tête et tombaient en boucles sur ses épaules.

— Oui, c'est toi, mon enfant, lui disait-il avec un doux sourire, c'est toi que je tiens dans mes bras; je te reconnais, ou plutôt je reconnais ta mère, qui sans doute, du séjour de paix qu'elle habite, abaisse en ce moment ses regards sur cet affreux cachot pour prendre part à notre bonheur. Mais dis-moi, Rose, comment te trouves-tu dans ce château? par quel malheur es-tu réduite à la condition d'une servante à gages dans l'habitation du dernier des serviteurs de Cuneric?

Rose raconta au chevalier toute son histoire; elle lui dit l'accueil bienveillant qu'elle avait reçu de l'honnête charbonnier, ses tristes inquiétudes sur le sort de son père, l'idée qui lui était venue de s'habiller en paysanne et d'entrer au service du concierge, afin de se rapprocher ainsi d'Édelbert et de trouver peut-être une occasion de pénétrer dans son cachot.

— Maintenant, continua-t-elle, Dieu a béni mon entreprise et comblé tous mes vœux. Après une longue attente, j'ai eu le bonheur de vous voir, ô mon père! Je pourrai vous visiter souvent à l'avenir, soulager vos maux et adoucir la rigueur de votre position. Que ne dois-je pas à Dieu pour la grâce qu'il m'a faite? Oh! je me trouve aujourd'hui la plus heureuse des filles.

— Tu n'es pas la plus heureuse des filles, mon enfant, reprit Édelbert en levant au ciel ses yeux chargés de pleurs; mais c'est moi qui suis le plus heureux des pères. Bien souvent je me suis irrité contre ma position, j'ai pleuré sur moi-même en contemplant ces tristes chaînes qui chargent mes bras; mais aujourd'hui, Seigneur, je reconnais la sagesse de vos voies, et je bénis les rigueurs salutaires de votre main. Sans elles, je n'aurais jamais connu, comme je le connais maintenant, le cœur de ma fille; je n'aurais pas apprécié dignement le trésor que vous m'avez donné. Le jour où je reçus de l'Empereur cette chaîne d'or qui brillait sur ma poitrine comme un rayon de la faveur impériale, mon bonheur fut grand, je l'avoue; mais il n'était rien en comparaison de la joie que j'éprouve aujourd'hui dans cet affreux cachot, et sous le poids de ces chaînes de fer si dures à mes bras meurtris et déchirés. Si le superbe ennemi qui me tient ici prisonnier pouvait se faire une idée de la félicité que je goûte en ce moment, et qu'il m'a préparée lui-même, il serait jaloux de son captif. Sans doute que dans la débauche de ses nuits, quand il est à boire et à danser aux sons d'une musique bruyante, il se croit le plus heureux, et me regarde, moi, comme le plus infortuné des hommes; mais, je le jure par ce Dieu dont les regards percent les plus épaisses murailles, et dont la lumière me console dans l'ombre des cachots, alors que les éclats de sa joie et le bruit lointain de ses concerts viennent troubler le silence effrayant qui m'environne, je sens profondément que je ne voudrais pas changer ma position contre la sienne. Avec le pain et l'eau que je reçois dans ma prison, je suis plus heureux que lui dans ces salles splendides où il se fait servir les mets les plus rares dans des plats d'argent, et boit les vins les plus exquis dans des coupes d'or; car les fers qui enchaînent le corps n'empêchent point l'ame de s'élever librement vers Dieu; mais ce sont nos passions et nos vices qui, comme un brouillard épais, nous dérobent sa lumière, et nous privent des véritables biens qui ne se trouvent qu'en lui seul. Je te dis ces choses, mon enfant, pour te faire comprendre les consolations que le Seigneur réserve à ceux qui l'aiment. Les maux sont terribles quand celui qui nous les envoie ne nous donne pas la force nécessaire pour les supporter; mais, avec sa grâce, il n'y a point de position si triste où l'on ne puisse être heureux. C'est donc cette grâce qu'il faut implorer, c'est cette force qu'il faut obtenir. La prière et l'innocence, voilà les deux grandes sources de la bénédiction divine. Puissent-elles ne jamais tarir pour toi, ma fille! Continue toujours de préférer le cachot de ton père aux trompeuses félicités de Cuneric, et que le bonheur des méchants ne soit jamais pour toi une occasion de scandale et de péché; car les joies de ce monde sont vaines et fragiles, souvent même coupables, tandis que l'Esprit-Saint appelle bienheureux les justes qui souffrent avec patience.

L'entretien de Rose et de son père dura quelque temps encore; mais bientôt le souffle du matin se fit sentir, et une lueur grisâtre parut à la lucarne du cachot. Rose éteignit la lanterne qu'elle portait et dit adieu à son père. Au moment où elle refermait la porte, elle entendit la voix du veilleur de la tour, qui annonçait le lever de l'aurore.

CHAPITRE XI.

ROSE ADOUCIT LE SORT DE SON PÈRE.

Le lendemain matin, Rose était à déjeuner avec la concierge et ses deux enfants, lorsque le chevalier Cuneric entra précipitamment dans la chambre. La jeune fille fut saisie de terreur. C'était la première fois, depuis son arrivée au château, qu'elle le voyait mettre le pied dans la loge. A son air brusque et agité, la pauvre enfant jugea d'abord qu'elle était trahie.

— Dorénavant, dit Cuneric d'une voix dure et impérieuse, vous ne garderez plus la porte du château : je vais charger de ce soin quatre de mes hommes d'armes. Pour vous, il faut vous rendre à l'instant même aux cuisines pour les besoins du service; car aujourd'hui et demain j'ai beaucoup d'hôtes à recevoir!

A ces paroles, Rose sentit son cœur soulagé d'un grand poids. Cuneric s'était bien aperçu de son effroi subit; mais il l'avait attribué au respect que sa vue inspirait à une jeune fille timide. Cette idée flatta son orgueil; il sourit comme un homme content de lui-même, et, pour la première fois depuis son entrée au château, Rose reçut de lui un regard moins dédaigneux; car le plus grand bonheur, pour ce maître superbe, était de voir tout fléchir et trembler devant lui.

La jeune fille se rendit aux cuisines avec la concierge pour faire le travail qu'on venait de leur assigner. Dès le milieu du jour, un chevalier du voisinage entra dans le château avec une suite imposante. Le lendemain, il en vint un autre, suivi d'un cortége nombreux de cavaliers. A tous moments, c'étaient de nouvelles troupes d'hommes, soit à pied, soit à cheval, qui arrivaient à Fichtenbourg; de sorte que, non seulement la partie du château habitée par le chevalier, mais encore les bâtiments qui bordaient la vaste cour, étaient encombrés de monde. Sur le soir, ils allumèrent un grand feu en plein air pour faire cuire leurs aliments, et soupèrent avec un grand vacarme. Rose comprit sans peine le but de ce rassemblement d'hommes, et reconnut bientôt qu'elle ne s'était pas trompée. Tandis qu'elle faisait souper les enfants de la concierge, cette femme entra dans la chambre, pâle comme une morte, et s'écria aussitôt avec l'accent d'une vive douleur :

— Priez le bon Dieu, mes enfants : nous avons la guerre. Votre père, qui avait été chargé de réunir ces troupes que vous voyez au château, vient d'arriver à l'instant même, et doit aussi partir. Demain, avant le jour, on se met en marche.

Le jour suivant, le soleil n'était pas encore sur l'horizon, que déjà le signal du départ avait été donné. Le concierge, qui était un des plus vaillants soldats de Cuneric, avait endossé son armure. Couvert d'une cuirasse d'airain, l'épée au côté, le casque en tête et la lance à la main, il dit adieu à sa femme et à ses enfants éplorés. Rose partageait leur douleur et pleurait comme si cet homme eût été son père. Le concierge engagea sa femme à avoir bonne espérance et à prier Dieu pour lui. Lorsqu'il eut embrassé, l'un après l'autre, ses deux enfants, il dit à Rose :

— Et toi, ma chère enfant, m'oublieras-tu dans tes prières à la sainte Vierge Marie? Ne demanderas-tu pas au Seigneur qu'il me ramène auprès de mes enfants?

Les chevaliers étrangers, couverts de magnifiques armures; les cavaliers et les fantassins, portant de longues piques, passèrent en bon ordre sous les portes du château et sur le pont-levis. Cuneric venait le dernier. Quand tout le cortége eut défilé, il remit ses clefs à son vieil intendant, et lui dit :

— Bon et fidèle serviteur, je te confie ces clefs. Garde-les nuit et jour entre tes mains. Tu ne laisseras entrer ni sortir personne sans être présent toi-même avec deux au moins des hommes d'armes qui restent pour la garde du château. Souviens-toi d'exécuter cet ordre. Tu m'en réponds sur ta tête.

Puis il enfonça l'éperon dans les flancs de son cheval et partit au galop. Au même instant, les ponts-levis sont levés et toutes les portes fermées avec soin.

Rose et la femme du concierge furent encore très-occupées aux cuisines pendant le reste du jour. Il fallait nettoyer toute la vaisselle et réparer le désordre que tant de convives avaient nécessairement causé. Quand le soir fut venu, la concierge dit à Rose :

— Demain, de très-bonne heure, je partirai avec mes deux enfants pour aller voir ma vieille mère. Ce bruit d'armes et de chevaux m'a brisé la tête, et le départ de mon mari m'a laissée pleine de tristesse : j'ai besoin de me distraire et de me calmer. Je ne rentrerai pas avant le soir, car la route est longue pour les enfants. Toi, tu pourras te reposer tout le jour : le soin de la porte ne te regarde plus; mais n'oublie pas de porter la nourriture aux prisonniers, et de tenir un bon souper prêt pour le moment de notre arrivée.

Le lendemain, elle se mit en route avec ses enfants au lever du soleil.

Qu'on se figure maintenant le bonheur de Rose! Les jours précédents, elle n'avait pu voir son père qu'à la dérobée, à cause du travail extraordinaire dont elle était accablée; maintenant, elle avait une journée tout entière à lui consacrer. C'était plus qu'elle n'eût jamais demandé à Dieu. Elle ne songea donc pas à se reposer. Depuis longtemps, cette pieuse fille travaillait à procurer quelque soulagement à son père; ses moments de loisir et ceux qu'elle avait pu prendre sur son sommeil avaient été employés à coudre quelques chemises et à tricoter quelques paires de bas. Elle prit ces objets et d'autres encore, puis se rendit auprès d'Édelbert. Le chevalier se sentit renaître à la vie en se débarrassant des sales haillons dont il était couvert depuis si longtemps. Rose avait aussi la clef qui servait à attacher les fers des prisonniers : elle fit tomber les chaînes de son père, et lui dit :

— Venez maintenant, cher père : vous avez besoin de respirer un air pur après en avoir été privé si longtemps.

Édelbert la suivit, et arriva par une porte secrète dans un petit jardin dont le concierge avait la jouissance, et que Rose elle-même se plaisait à cultiver quand elle en avait le temps.

En entrant dans ce jardin, Édelbert se sentit tout ému. C'était par une belle et riante matinée d'automne; le soleil répandait une bienfaisante chaleur, et un vent tiède agitait doucement les feuilles des arbres, chargés de fruits mûrs et colorés. Le pauvre prisonnier resta quelque temps ébloui de cette lumière et enivré de cet air pur. Il lui sembla qu'il était sorti de son obscur et humide cachot pour entrer dans la splendeur et dans la joie d'un autre monde.

— Seigneur, s'écria-t-il, si le même bonheur m'attend au sortir de cette vie, je suis prêt à mourir aujourd'hui même!

Sous un grand noyer qui se trouvait dans un coin du jardin, près de la tour, était une petite table verte avec un banc de la même couleur. Rose y plaça le déjeuner de son père, et lui dit qu'il avait la liberté de passer tout le jour dans cet endroit.

— Je voudrais bien, dit-elle, rester auprès de vous; mais j'ai trop d'occupations. Je viendrai cependant vous trouver de temps en temps.

Elle partit. Pour bien jouir de cette ravissante matinée, le chevalier se promena longtemps dans le jardin. La lumière et la douce chaleur du soleil versaient dans son ame une vie nouvelle; il respirait à longs traits et avec bonheur l'air vif et pur qui l'enveloppait. Des pleurs s'échappèrent de ses yeux; il remercia le Seigneur de ces biens que l'homme dédaigne parce qu'il en jouit tous les jours, et dont la privation seule lui apprend à connaître le prix; mais il le remercia surtout, et avec un sentiment plus profond encore, de l'amour que sa vertueuse fille avait pour son père.

— L'amour, disait-il, est dans le monde moral ce que la lumière du soleil est dans le monde physique : il échauffe, il vivifie; sans lui, le monde ne serait qu'une froide et sombre prison.

Dans le courant de la journée, Rose vint plusieurs fois trouver son père, mais seulement pour quelques instants. A midi, elle lui servit un bon dîner, dont il avait grand besoin, car le régime de la prison l'avait fort affaibli. A la fin du jour, elle vint le prendre pour le reconduire dans son cachot. Une surprise agréable attendait le prisonnier à sa rentrée. Il crut d'abord que sa fille s'était trompée, et l'avait conduit dans une chambre du château de Fichtenbourg, tant son triste asile était changé et embelli! La couleur sale et grisalpêtre des murs avait disparu pour faire place à une éblouissante blancheur ; le plancher avait été lavé et recouvert d'un sable fin ; les vitres du soupirail n'étaient plus obstruées de poussière, de broussailles et de ronces, mais si claires et si transparentes, qu'elles laissaient voir l'azur du ciel et sa voûte parsemée d'étoiles ; une paille fraîche et un drap blanc remplaçaient le sale grabat sur lequel Édelbert avait gémi si longtemps ; un tapis neuf et très-épais servait de couverture ; une nappe blanche ornait la table de pierre, sur laquelle était un vase rempli de fleurs dont le doux parfum embaumait tout le cachot.

— Que ta tendresse est ingénieuse, mon enfant ! s'écria le pauvre chevalier. Tu as fait de ce lieu de douleur un véritable paradis. Mais, ajouta-t-il en regardant la voûte et les murs blanchis, tu n'as pas pu faire cela toute seule : comment se fait-il que tu aies trouvé dans ce château quelqu'un pour t'aider ?

— Il y a ici, répondit Rose, un vieux soldat qui avait appris l'état de maçon dans sa jeunesse, et qui se plaît à l'exercer encore de temps en temps. Il était malade la semaine passée. Ayant remarqué que c'était un homme estimable et craignant Dieu, j'ai prié la femme du concierge de lui envoyer quelques aliments propres à le rétablir, et je suis allée moi-même, à plusieurs reprises, lui porter ce qu'elle me donnait pour lui. Quand j'en avais le temps, je m'asseyais auprès de son lit pour le distraire par un moment d'entretien. Un jour, sans savoir que j'étais votre fille, il me parla de vous avec un profond respect et une tendre compassion pour votre malheur actuel. Il me dit, entre autres choses, qu'il avait assisté à cette grande bataille qui eût été perdue si votre habileté n'eût promptement réparé l'imprudence de Cuneric, et que lui-même vous avait dû la vie dans cette occasion. Voyant ses bonnes dispositions à votre égard, je suis allée hier soir lui demander s'il ne voudrait pas m'aider à mettre un peu d'ordre et de propreté dans votre affreux cachot. J'hésitais beaucoup à réclamer de lui ce service, et je m'attendais à bien des objections; mais il n'en fit aucune, et consentit tout de suite à prendre la plus grande part du travail et du danger. « Quand même Cuneric viendrait à le savoir, dit-il, peu m'importe : il ne peut blâmer un vieux soldat de ce qu'il fait pour un brave et malheureux chevalier qui lui a sauvé la vie. »

— Si j'ai rendu service à cet homme, reprit Édelbert, je ne m'en souviens plus; mais je vois avec plaisir qu'il ne l'a pas oublié. Sa reconnaissance me touche et me réjouit le cœur; elle me prouve que tous les hommes ne sont pas ingrats, mais qu'il en est aussi dans le cœur desquels un bienfait repose et dort, comme le grain de blé dans une bonne terre, pour porter ses fruits au temps convenable.

— Il n'est pas encore temps de nous séparer, dit Rose; nous allons souper ensemble, et, pour la première fois depuis notre séparation, nous serons assis à la même table.

Elle apporta le souper, qui était frugal, mais composé des mets qu'elle savait être agréables à son père. Il y avait d'ailleurs deux choses que le malheureux chevalier ne connaissait plus depuis longtemps : du pain blanc et frais avec une bouteille d'excellent vin.

— Mais, au nom du Ciel, dit Édelbert en jetant les yeux sur la table et sur le lit, explique-moi comment toi, qui es si pauvre, tu as fait pour te procurer toutes ces choses?

Cette question, de la part du chevalier, donna à sa fille l'occasion de lui faire connaître la belle conduite du charbonnier et de sa femme; car, si Rose était en état d'adoucir un peu la captivité de son père, c'était à ces braves gens qu'elle le devait bien plus qu'à ses gages de servante, qui étaient fort modiques.

Rose fut obligée de quitter son père à la chute du jour, parce qu'elle avait à préparer le repas du soir pour la femme du concierge et de ses enfants Elle embrassa tendrement Édelbert et s'en alla. Le chevalier eut de la peine à s'endormir, tant son cœur était doucement agité! L'image de sa pieuse fille était toujours devant ses yeux, et il pensait au précieux trésor qu'il possédait dans les vertus de cette enfant. Ses yeux finirent cependant par se fermer, et le lendemain, à son réveil, il trouva qu'il n'avait jamais si bien dormi.

Il était temps que Rose imaginât un moyen d'apporter quelque remède au malheur de son père, car le régime de la prison avait extrêmement affaibli sa santé. La jeune fille s'en aperçut bientôt. Aussi, depuis ce moment, elle ne manqua pas de lui ménager, chaque jour, quelque soulagement nouveau. Elle ne pouvait souvent le faire qu'à ses propres dépens; mais il lui était doux de se priver elle-même pour son père et de lui laisser ignorer ses sacrifices. Un jour qu'Agnès était venue lui apporter au château quelques provisions, elle lui remit des boucles d'oreilles garnies de pierres fines, le seul objet de prix qui lui fût resté depuis le pillage de Tannenbourg, et la chargea de les donner à son père pour les vendre. Tout l'argent qu'elle en retira fut consacré aux plus pressants besoins d'Édelbert, auquel elle fut heureuse de pouvoir donner chaque jour un peu de vin généreux et fortifiant.

Un jour, le concierge fut chargé d'un message auprès de l'épouse de Cunéric. Il quitta l'armée et arriva subitement au château. Pendant le peu de séjour qu'il y fit, il visita les prisonniers. Quelle fut sa surprise en ouvrant la porte du cachot d'Édelbert!

— Ah! ah! s'écria-t-il, je vois qu'on a fait ici des réparations locatives; mais je ne crois pas qu'on les mette sur les livres de dépense du chevalier Cuneric, car, s'il savait qu'on se mêle d'embellir ses cachots, il pourrait bien m'envoyer moi-même dans une chambre grillée, qui n'offrirait sûrement pas un aspect aussi agréable que celle-ci. Mais n'importe, je n'y trouve point de mal; seulement, j'admire comment, avec un peu de chaux, de sable et de travail, on a fait de ce cachot une chambre saine et d'un aspect agréable; tandis que certaines gens, par leur saleté et leur fainéantise, changent en un sale cachot la demeure la plus propre et la mieux ornée.

Cependant, lorsqu'il fut sorti de la prison, le concierge dit à Rose d'un ton plus sérieux :

— Le chevalier Édelbert est un excellent homme que j'aime de tout mon cœur, et, soit dit entre nous, je donnerais beaucoup de choses pour qu'il ne fût pas en prison. Je ne te ferai donc point un crime de la compassion qu'il t'a inspirée et de tout ce que tu feras pour adoucir son triste sort; mais, écoute, il ne faut pas que ton intérêt pour lui te porte jamais à favoriser son évasion. Ce serait d'abord une vaine tentative, car toutes les issues du château sont trop bien gardées pour qu'il s'échappe; ensuite, cette tentative seule causerait ma ruine. Mon emploi, mon pain, le pain de ma femme et de mes enfants, seraient perdus; ma vie même serait en péril, car tous les prisonniers qui sont ici, j'en réponds sur ma tête, et, si l'un d'eux venait à s'enfuir, Cuneric, dans sa fureur, serait homme à me poignarder. Ainsi, tu vois à quoi tu m'exposes. Jure-moi donc, par tout ce qu'il y a de saint et de sacré, que tu ne feras pas mon malheur et celui de ma famille.

Rose fit le serment qu'il demandait, et il partit.

CHAPITRE XII.

ÉVÈNEMENTS AU CHATEAU DE FICHTENBOURG.

Pendant qu'Édelbert trouvait dans l'amour de sa fille de si douces consolations, et que Rose, de son côté, trouvait dans le regard joyeux de son père le prix de sa tendresse, de grands changements s'étaient opérés à Fichtenbourg. Jusqu'alors, le château de Cuneric n'avait été ouvert qu'à la joie; mais, par suite d'événements imprévus, la douleur, que n'arrêtent ni les hautes murailles ni les solides bastions, venait de faire son entrée dans les somptueux appartements du chevalier. Les nouvelles de la guerre que sa témérité lui avait fait entreprendre contre un seigneur très-puissant n'étaient point favorables. Cuneric avait perdu ses équipages; il avait failli tomber lui-même au pouvoir de l'ennemi, et ses blessures le retenaient dans une forteresse éloignée. Au lieu d'envoyer comme autrefois, à Fichtenbourg, des voitures chargées de butin, il demandait de l'argent et d'autres secours de tout genre. Son épouse ne pouvait se rendre auprès de lui, parce qu'elle manquait de soldats pour l'escorter pendant le voyage; elle n'osait même sortir de ses murailles, parce qu'elle savait bien que l'autorité de son époux n'était fondée que sur la crainte. Les ennemis de Cuneric commençaient à lever la tête, et ils en venaient ouvertement à des violences. A plusieurs reprises, ils avaient saisi les provisions qu'on achetait, dans un bourg voisin, pour la table des maîtres de Fichtenbourg : de sorte que l'épouse et les enfants de Cuneric avaient été forcés de se contenter d'une nourriture commune et de souffrir de nombreuses et de cruelles privations. Les enfants avaient été atteints de la petite vérole, et pendant longtemps on avait douté de leur guérison.

Enfin, leur mère, à force d'inquiétudes, de chagrins et d'insomnies, était tombée elle-même dangereusement malade.

Rose avait appris tous ces malheurs, jusque dans leurs moindres circonstances, par la femme du concierge, qui, comme les personnes de sa condition, aimait un peu trop à parler; car la fille d'Édelbert n'allait que le moins possible, et seulement lorsqu'on lui en donnait l'ordre, dans cette partie du château qu'habitaient le chevalier et sa famille. Chaque fois qu'elle s'y rendait, c'était avec une répugnance qui s'augmentait à chaque pas, et au retour elle descendait les escaliers en courant. La vue du chevalier ou de quelque membre de sa famille lui faisait mal, et, sans pouvoir se l'expliquer, elle nourrissait dans son cœur une aversion profonde, non seulement pour Cuneric, qui avait commis une si criante injustice envers son père en lui ôtant ses biens et sa liberté, mais encore pour son épouse et pour ses enfants.

Elle s'empressa de raconter à son père ce qui se passait au château. Pendant son récit, un sourire presque imperceptible errait sur ses lèvres.

— Maintenant, disait-elle, ils sauront par leur propre expérience ce que c'est que de souffrir. Il faut que leur orgueil s'humilie.

L'épouse du chevalier, cette femme si fière qui a toujours vécu dans le luxe et dans l'éclat d'une haute fortune, qui habillait ses enfants avec tant de magnificence, qui était toujours en visite chez de nobles amies, ou qui les recevait dans ses salles brillantes, elle peut mener maintenant la vie calme et solitaire des couvents; elle fait aujourd'hui connaissance avec les larmes et les soupirs. Son époux, cet orgueilleux et téméraire chevalier qui a fait notre malheur et celui de tant d'autres, il doit reconnaître, à l'heure qu'il est, la vérité de cette parole : *On se servira pour vous de la mesure dont vous vous serez servi vous-même pour les autres.*

Le noble Édelbert ne put approuver les sentiments de sa fille.

— Quoi! mon enfant, s'écria-t-il, c'est toi qui parles ainsi? Je vois sur tes traits aimables et doux le froid sourire de la vengeance! Oh! non, ma chère fille, ne tiens pas ce langage : ce sont là des sentiments indignes de toi; la haine ne doit pas souiller ton noble cœur de ses poisons. Il est certain que ce chevalier a violé toute justice à mon égard; il m'a, sans aucun motif, traité en ennemi. Mais ne te souvient-il plus des enseignements et des exemples de notre divin Sauveur? Ne nous a-t-il pas dit d'aimer ceux qui nous haïssent, de faire du bien à ceux qui nous ont fait du mal?

Et toi, tu veux imputer à l'épouse de Cuneric les torts de son mari! La malheureuse a déjà bien assez à souffrir de l'humeur violente et hautaine de ce chevalier, et sans doute elle est la première à gémir de son indigne conduite. Ses enfants, ces créatures faibles, innocentes, qui ne savent pas encore distinguer leur main droite de leur main gauche, tu veux donc aussi les punir des crimes de leur père? Rose, Rose, que ton amour pour ton père ne te porte pas jusqu'à haïr son ennemi : tu vois bien que moi, je ne le hais pas. Vous le savez, Seigneur, ajouta-t-il en levant ses regards vers le ciel et en mettant sa main sur son cœur, si, dans la mêlée d'une bataille sanglante, je voyais ce chevalier en danger de mort, je me jetterais au-devant des épées et des lances pour sauver ses jours, même aux dépens des miens! Et toi, Rose, si Dieu te rendait le bonheur et l'aisance, et que l'épouse et les enfants de Cuneric, condamnés à l'indigence et au malheur, vinssent implorer les secours de ta pitié, tu leur fermerais ton cœur et ta porte! Ces pauvres petits enfants, cette malheureuse mère, tu serais impitoyable pour eux! tu les laisserais périr dans leur détresse!

— Oh! non, répondit Rose toute émue, je ne le ferais pas, je ne pourrais pas le faire : je partagerais volontiers avec eux tout ce que j'aurais.

— J'aime à le croire, continua le prisonnier. Cependant, si tu leur refuses même un regard affectueux et une parole bienveillante, comment ferais-tu pour eux davantage? Si tu fuis toute occasion de les voir, comment trouveras-tu l'occasion de leur faire du bien? Change de conduite à leur égard; va au-devant d'eux avec une affection sincère : tu accompliras au moins le précepte qui nous ordonne d'aimer nos ennemis, et plus tard tu pourras même leur faire du bien, s'ils ont besoin de ton assistance. Ce n'est point la prudence humaine qui m'inspire ces conseils; ce n'est point le désir de gagner la bienveillance du puissant ennemi qui me tient dans ses fers, ni de l'amener à nous rendre les biens qu'il nous a ravis. Si notre bienveillance n'avait pour principe que l'intérêt, elle n'aurait aucun mérite : ce serait une misérable et basse hypocrisie dont il nous faudrait rougir. Non, mon enfant, l'amour des hommes, cette fleur céleste, ne peut croître sur la racine impure d'un vil égoïsme : c'est dans les affections désintéressées d'un cœur sensible et charitable qu'elle germe et se développe. Elle n'est pas autre chose qu'un reflet et une image de cette bonté divine qui fait le fondement de notre sainte croyance, et qui doit pénétrer tous les cœurs véritablement religieux. Dieu lui-même est tout amour; il aime tous les hommes comme ses enfants. Même sur les plus méchants et les plus dépravés, il fait luire son soleil; même aux plus indignes de ses dons, il envoie ses pluies et ses rosées, car il veut que tous fassent pénitence et arrivent un jour au salut. C'est pour les sauver que son Fils unique a donné sa vie et répandu son sang sur la croix. Voilà pourquoi nous devons être aussi pleins d'amour, vivre entre nous comme des frères, faire du bien à tous les hommes, ne pas refuser notre bienveillance à nos ennemis mêmes et à ceux qui nous font du mal. Nous devons les aimer jusqu'à donner notre vie pour eux; car Dieu nous ordonne de les aimer comme nous-mêmes. Il faut que notre charité s'élève de la terre au ciel et devienne une charité divine. Ce n'est pas assez d'aimer par-dessus toute chose Dieu, qui est souverainement aimable : nous devons encore essayer d'atteindre, autant qu'il nous est possible, jusqu'à la force et à la grandeur de son amour. Ce saint amour pour Dieu et pour nos semblables, même pour ceux qui nous haïssent, peut seul nous rendre dignes d'entrer un jour dans le royaume céleste; et, si les joies de ce monde peuvent nous donner une juste idée du bonheur qui nous attend dans l'autre, il est certain qu'une ame privée d'amour serait malheureuse dans le Ciel même, au sein de la félicité. Aussi n'est-il pas possible que celui qui nourrit la haine dans son cœur soit reçu dans ce bienheureux séjour. Notre devoir sur cette terre, l'emploi de notre vie, c'est de faire naître en nous l'amour de Dieu et des hommes, de le faire germer au fond de notre cœur comme une plante noble et précieuse, de le cultiver sans relâche et de le faire épanouir. Souvent l'amour des choses vaines, de la gloire du monde, des voluptés grossières, des richesses périssables, ne laisse point de place, dans notre cœur, pour l'amour que Dieu commande, et l'étouffe dans son germe ; comme une puissante ivraie fait périr le grain de blé dans le sillon, comme les épines et les ronces détruisent les fleurs les plus rares ; mais la bonté divine vient à notre secours : elle nous envoie les afflictions et les maux pour purifier notre ame, pour en arracher, comme autant de mauvaises herbes : l'orgueil, l'égoïsme, l'attachement aux richesses de la terre et aux voluptés mondaines. Voilà pourquoi il nous a dépouillés de l'éclat de notre rang, de nos richesses temporelles et des jouissances que donnent les biens de ce monde. Sois-en persuadée, ma fille, lorsque Dieu nous envoie, ou tant qu'il nous laisse la douleur, c'est qu'il y a encore en nous quelque chose d'impur que le feu des afflictions doit consumer. Montrons-nous donc reconnaissants de sa tendre sollicitude à notre égard ; ne la rendons pas inutile en nourrissant dans notre cœur des sentimens de haine contre nos ennemis ; ne perdons pas ainsi le fruit de nos souffrances et les bénédictions attachées au malheur.

Rose prêtait une oreille attentive aux paroles du prisonnier.

— Vous avez raison, mon père, dit-elle en tournant sur lui ses yeux humides et attendris. Je vois combien je suis encore éloignée du royaume céleste; mais je veux travailler à m'en rendre plus digne, et j'espère que Dieu me fera la grâce d'y réussir. Je veux l'aimer par-dessus toutes choses et chérir tous les hommes comme moi-même, sans en excepter Cuneric et sa famille. Si le malheur doit servir à me rendre meilleure et plus aimante, je consens à souffrir aussi longtemps que Dieu le voudra; car le temps que nous pouvons passer dans le malheur est bien court, si on le compare à une éternelle béatitude.

Rose tint parole. Dès que les enfants de Cuneric furent rétablis, et qu'ils descendirent de leur appartement pour courir dans les cours, suivis de leur bonne, elle ne chercha plus à les éviter en faisant semblant de ne pas les voir; au contraire, elle s'approchait d'eux et les saluait avec un doux sourire; elle engageait avec eux de petites conversations, et leur témoignait toute sorte de complaisances. Elle se fit apporter par Agnès un jeune chevreuil et un couple de tourterelles pour les leur donner : le chevreuil au petit garçon, les tourterelles aux deux petites filles. C enfants étaient fort doux et fort aimables, e se reprocha d'avoir pu être si longtemps sa amitié pour ces innocentes créatures.

— C'est un grand plaisir dont je me s privée, dit-elle : de sorte que j'ai été pu par ma faute même. Oh ! mon père a bi raison, l'amour vaut mieux que la haine.

Quelques jours après Rose trouva l'occasi de manifester mieux encore le sentiment n veau que son père avait développé chez elle.

CHAPITRE XIII.

COURAGE DE ROSE.

Après de longues pluies, un beau jo d'automne avait paru. Le soleil répandait u vive lumière et une douce chaleur, qui se blaient donner aux campagnes une vie no velle. Tous les serviteurs du château s'étai dispersés dans les champs pour la récolte. bonne des enfants de Cuneric, nommée Th cle, était restée pour les garder. Après le d ner, elle se rendit avec eux dans la cour château.

Au milieu de cette grande cour, il y av

un très-beau puits. Il était entouré d'une margelle en pierres artistement taillées, et son toit en pyramide, soutenu par six colonnes élégantes, était orné de nombreuses sculptures de pierre, comme tous les monuments de l'art germanique au moyen-âge. L'eau se trouvait à une profondeur extraordinaire : il fallait un quart d'heure environ pour faire descendre et remonter, au moyen d'une roue à bras, l'énorme seau qui servait à la puiser. Les étrangers, qui venaient en grand nombre visiter les curiosités du château, n'y trouvaient rien de plus admirable que ce puits. Pour leur donner une idée de son étonnante profondeur, on y laissait tomber de petits cailloux, et les visiteurs étaient surpris du temps qui s'écoulait jusqu'au moment où le bruit de leur chute arrivait à leurs oreilles. On mettait aussi une bougie allumée dans le seau et on le descendait. C'était alors un merveilleux spectacle de voir l'effet de la lumière sur les parois du puits, tapissées de mousse et d'herbe qui croissait entre les fissures des pierres : la flamme de la bougie se réfléchissait dans chaque goutte d'eau suspendue à la muraille, et brillait à l'œil de ceux qui regardaient comme un astre lumineux au sein d'une nuit obscure. Les maçons, qui, de temps en temps, avaient à réparer le puits ou à le nettoyer, se servaient pour cela d'un grand nombre d'échelles mises au bout les unes des autres et attachées par des pitons de fer scellés dans la muraille. C'était une vieille tradition, que ceux qui descendaient jusqu'au fond de ce sombre abîme, quand le toit qui en couvrait l'entrée n'existait pas encore, voyaient à midi les étoiles étinceler dans l'azur du ciel. Autour de ce puits s'étendait une verte pelouse, qui se détachait fort agréablement, sur le pavé de la cour, dans un grand cercle de sorbiers.

Les trois enfants étaient à jouer sur le tapis de verdure, auprès du puits. Les deux petites filles, Minna et Brenda, admiraient les beaux fruits rouges des sorbiers. Il fallut que leur bonne leur en cueillît quelques grappes, dont elles enfilaient les baies pour s'en faire des colliers et des bracelets. Leur coquetterie précoce perçait dans cet amusement : elles attachaient à leur cou et à leurs bras ces parures enfantines, et les comparaient aux colliers et aux bracelets de corail dont se parait leur mère, et qu'elles devaient porter aussi quand elles seraient plus grandes.

Ernest, le petit garçon, s'amusait à jeter des cailloux dans le puits. Il choisissait les plus gros qu'il pût trouver, puis il prêtait une oreille attentive jusqu'à ce que le bruit de leur chute montât jusqu'à lui ; et il se mettait à sauter de joie. Quand il fut las de cet amusement, il s'en alla à quelque distance du puits. Un petit oiseau vint alors se poser sur le bord du seau, au fond duquel il y avait toujours un peu d'eau. Il y descendit pour boire ou pour se baigner. Le petit garçon l'avait vu.

— Bon! dit-il à ses sœurs dans sa simplicité naïve, je vais prendre cet oiseau, et nous aurons là bien de quoi nous divertir.

Il monte aussitôt sur la margelle du puits, étend un de ses bras pour atteindre le seau, et, comme il n'y parvient pas d'abord, il se penche de plus en plus, jusqu'à ce que, perdant l'équilibre, il est précipité dans cet abîme effrayant.

Les deux petites demoiselles poussent un cri de terreur. Leur bonne, qui venait de les laisser seules pour aller manger en cachette quelque friandise à la cuisine, accourut toute effrayée et s'approcha du puits. Contre toute espérance, elle entendit l'enfant pleurer et gémir. Elle jeta les yeux dans le gouffre, et vit le pauvre Ernest, à une grande profondeur, suspendu par un pan de son habit à l'un des pitons scellés dans la muraille; mais elle ne savait comment le retirer. La châtelaine était alors malade, et ne pouvait sortir de sa chambre; tous les gens du chevalier étaient occupés au travail des champs. La pauvre fille, tremblante et pâle comme une morte, se tordait les mains de désespoir et appelait tous les saints à son secours.

Tout à coup elle voit Rose accourir. Un des enfants de la concierge se trouvait indisposé depuis la veille, et la jeune servante était restée auprès de lui pour le soigner.

Rose vit tout d'abord ce qu'il y avait à faire.

— Vite, vite, cria-t-elle à la malheureuse Thècle, aide-moi à me placer dans le seau, et descends-le doucement. Avec le secours de Dieu, j'espère sauver l'enfant.

Elle se recommande à la Providence. La manivelle tourne et le seau descend; mais, à mesure qu'il s'abaisse, la jeune fille sent augmenter son effroi; la fraîcheur et l'humidité la saisissent; le soleil semble prêt à s'éteindre, et les ténèbres deviennent de plus en plus épaisses. Cependant elle arrive jusqu'à portée de l'enfant.

— Arrête! crie-t-elle alors d'en bas.

Le seau reste en place. Elle essaie de prendre dans ses bras le pauvre Ernest et de le décrocher; mais ce n'était pas chose facile : Rose ne pouvait se servir que d'une main à la fois, car elle avait besoin de l'autre pour tenir la chaîne et ne pas tomber elle-même au fond du puits. Elle fit longtemps de vains efforts.

Une angoisse terrible s'emparait d'elle, et une sueur froide ruisselait sur son front. Dans ce moment affreux, elle implora le secours du Très-Haut, et une fervente prière monta du sein de l'abîme. Enfin, la courageuse jeune fille a réussi : elle tient l'enfant dans ses bras! Ernest s'attache fortement à elle et l'embrasse d'une étreinte convulsive, comme s'il craignait de tomber encore; mais ses pleurs et ses cris ont cessé. La pauvre Thècle sent avec joie que le seau est devenu plus pesant, et s'empresse de le remonter.

Aux cris plaintifs qu'elle avait entendus dans la cour, la mère, quoique malade, était accourue à sa fenêtre. Quel coup de foudre pour elle lorsque les deux petites filles lui crièrent de toute leur force :

— Ernest est tombé dans le puits!

Pâle et atterrée, la pauvre dame saisit les barreaux de la fenêtre pour se retenir. Ses genoux se dérobent sous elle, ses mains tremblent... Il lui semble que les battements de son cœur vont briser sa poitrine.

Thècle lui crie que l'enfant n'est point tombé jusqu'au fond du puits, qu'il est resté accroché dans sa chute, et que la servante du concierge est descendue pour le retirer. Une lueur d'espérance brille alors dans l'ame de la pauvre mère. Elle veut prier : la parole lui manque; mais du fond de son cœur s'élève une muette prière à la très-sainte Vierge, qui a vu mourir son Fils sur la croix pour le salut des hommes. Pendant qu'elle lui demande la vie de son premier né, de son fils unique, ses yeux demeurent fixés sur le puits. Après quelques moments d'horrible attente, elle voit remonter Rose, tenant d'une main la chaîne, et de l'autre l'enfant, qui se cramponne à elle de toute sa force, et semble endormi sur son épaule. Quand le seau fut assez monté, et que Thècle le vit se balancer au-dessus de l'abîme, au niveau de la margelle de pierre, elle fixa le mouvement de la roue, et, tirant la chaîne du puits avec un crochet destiné à cet usage, elle essaya de prendre l'enfant dans ses bras; mais la pauvre fille, encore toute troublée et tremblante, n'avait ni assez de force ni assez d'adresse pour arrêter le seau d'une main, tandis que de l'autre elle saisirait le petit garçon. Elle fit longtemps de vains efforts, et c'était pour la mère un af-spectacle... A tous moments, elle s'attendait à les voir rouler tous les trois dans l'abîme.

Rose comprit qu'on ne réussirait pas de cette manière. Elle dit à Thècle de lâcher le seau, puis elle essaya de lui présenter l'enfant de manière qu'elle pût le recevoir dans ses bras; mais celle-ci ne pouvait les étendre assez pour le saisir. La pauvre mère, qui regardait de son balcon, ne pouvait soutenir cet affreux spectacle... Un nuage couvrait ses yeux.

— Pas ainsi! pas ainsi! criait-elle aussi haut que sa faiblesse le lui permettait.

Rose ne l'entendit pas; mais elle jugea elle-même qu'il fallait s'y prendre autrement, parce que cette seconde manière était encore plus dangereuse que l'autre.

Après un moment de réflexion, elle dit à Thècle :

— Prends le crochet et pousse le seau de telle sorte qu'il se balance doucement d'un bord à l'autre.

Thècle obéit sans se rendre compte de ce qui devait en arriver.

— Maintenant, continua Rose en souriant pour donner un peu de courage à cette pauvre fille, toute tremblante, quand tu verras le seau près de toi, tu prendras l'enfant à deux bras et avec force; mais il faut attendre que je te le dise.

Au signal convenu, Thècle n'eut pas de peine à enlever le petit garçon et à le poser à terre. Elle tendait la main pour prendre aussi Rose de cette manière.

— Non, dit celle-ci; mais pousse plutôt le seau vers une des colonnes qui soutiennent le toit.

Thècle obéit encore. Le seau vint près du bord, et Rose mit pied à terre. Quel bonheur pour elle de se sentir enfin hors de l'abîme! Avec quelle joie elle contemplait la lumière du jour et l'azur du ciel! Elle tomba aussitôt à genoux, et remercia le Seigneur de la double délivrance qu'il venait d'opérer.

— Quelle agréable nouvelle je vais porter à mon père, et comme il sera content de moi! s'écria-t-elle.

Effectivement, elle courut à la prison, et fit à Édelbert le récit de ce qui venait d'arriver.

Le chevalier en fut ému jusqu'aux larmes. Il serra tendrement sa fille contre son cœur, et lui dit :

— Dieu te bénisse, mon enfant, pour la joie que tu me donnes, pour les douces larmes que tu me fais répandre! Mais remercie le Ciel du noble courage que tu as montré dans cette occasion, car tu n'aurais pas sauvé la vie d'un homme, si le Seigneur ne t'avait d'abord fait la grâce d'aimer tes ennemis.

CHAPITRE XIV.

GÉNÉROSITÉ DE ROSE.

Thècle avait porté à sa mère l'enfant si miraculeusement sauvé. La noble dame oublia dans ce moment qu'elle était malade; elle courut à son fils et, le prenant dans ses bras, lui demanda cent fois s'il n'avait point de mal. Il était sans blessure, mais très-pâle encore de frayeur et d'angoisses. La pieuse mère tomba sur ses deux genoux pour rendre grâce au ciel de ce bonheur.

— Vous me l'avez donné deux fois, mon Dieu, s'écria-t-elle, je veux l'élever pour vous et vous le consacrer.

Elle se releva, faible et languissante, et s'asseyant dans son fauteuil, elle mit l'enfant sur ses genoux.

— Méchant enfant, dit-elle, vois la frayeur que tu m'as causée par ton imprudence! Combien de fois ne t'ai-je pas défendu de t'approcher du puits, de t'arrêter auprès des chevaux, de monter aux arbres? ta désobéissance a failli te coûter la vie. Qu'aurait dit ton père si ce malheur fût arrivé? Sois donc plus docile à l'avenir. Tu n'as été sauvé que par miracle : remercie le Seigneur, qui a envoyé un de ses anges pour te préserver de la mort. Cet ange, c'est la fille d'un pauvre charbonnier; mais où est-elle donc ? je ne la vois pas. Va la chercher, Thècle; dis-lui qu'elle vienne à l'instant même recevoir mes remercîments : sa belle action ne doit pas rester sans récompense.

Thècle courut à la chambre du concierge, où elle trouva Rose assise auprès du lit de la jeune malade et tricotant.

—Viens, lui dit Thècle; ma noble maîtresse veut que tu te rendes tout de suite auprès d'elle : réjouis-toi, car tu vas recevoir sans doute un beau cadeau.

Cette parole blessa le noble cœur de Rose ; ne voulant point de récompense pour une action désintéressée, elle eut d'abord l'intention de rester; mais elle craignit de faire de la peine à la pauvre mère et se rendit à son invitation.

En entrant dans la chambre, une aimable rougeur se répandit sur ses joues; l'épouse de Cuneric était assise et le petit Ernest sommeillait auprès d'elle. A la vue de Rose, elle se leva pour courir à sa rencontre, et, malgré son rang, elle serra tendrement dans ses bras la jeune servante grossièrement vêtue.

— Ma fille, lui dit-elle, que ne te dois-je pas pour l'action courageuse que tu viens de faire! Tu m'as sauvée du désespoir en sauvant mon fils d'une mort certaine. Sans toi, cet aimable enfant, qui repose si doucement sur ce lit, ne serait plus qu'un corps sans vie au fond du gouffre où son imprudence l'avait fait tomber; sans toi je n'aurais plus de fils; sans toi je ne serais plus une heureuse mère. Mais je saurai mesurer ma reconnaissance à mon bonheur; à partir de ce moment tu ne me quitteras plus : je te regarde comme ma propre fille.

Pour toi, ajouta-t-elle en se tournant vers Thècle avec un visage sérieux mais son colère, je ne puis te garder plus longtemps à mon service. Tu as manqué au plus facile de tes devoirs, celui de ne jamais perdre de vue les enfants commis à ta garde. Je vais régler ton compte aujourd'hui même, et demain tu quitteras le château.

La pauvre fille pleurait et se lamentait en demandant pardon; elle se mit à genoux, dit qu'elle était une pauvre orpheline, qu'elle ne savait où aller, qu'elle ne commettrait plus la même faute.

— Tu m'as fait cent fois la même promesse et tu ne l'as jamais tenue, répondit la noble dame; je ne puis plus me confier à ta parole :

il m'en coûte d'avoir à te renvoyer, mais il n'est pas juste que pour l'amour de toi je laisse la vie de mes enfants dans un danger perpétuel ; va donc et tâche de mieux remplir tes devoirs dans une autre maison.

Rose fut touchée du malheur de cette pauvre fille et prit sa défense.

— Permettez-moi, madame, dit-elle, de vous parler en faveur de Thècle ; il est certain qu'elle a commis une très-grande faute. Sa légèreté a causé d'horribles angoisses à votre cœur de mère, et peu s'en est fallu qu'elle n'ait coûté la vie à votre fils ; mais je suis persuadée que cette leçon lui servira pour l'avenir et la guérira pour toujours de son étourderie. C'est pour cette raison, madame, que je vous conjure de lui pardonner. Voyez d'ailleurs ce qu'elle a fait pour réparer sa faute ; non-seulement elle s'est donné mille peines, mais encore elle a exposé sa vie pour sauver celle de votre enfant. Voulez-vous donc ne vous souvenir que de ses torts et oublier son zèle, ses généreux efforts, son louable dévouement? Voulez-vous que cette malheureuse orpheline s'éloigne de vous en versant des larmes? Tout à l'heure, quand vous avez invoqué le secours de Dieu, il a aussitôt exaucé vos prières : n'imiterez-vous pas sa miséricorde ? fermerez-vous votre cœur aux supplications de cette pauvre fille ? refuserez-vous de faire grâce après que vous même l'avez reçue? Oh! non, je ne puis le croire; vous serez sensible à la douleur, aux regrets, à l'excellent cœur de votre servante; vous n'oublierez pas surtout qu'il vous est plus facile de lui pardonner qu'à elle de vivre honnêtement lorsque vous l'aurez congédiée.

Pour moi, madame, je ne puis accepter vos offres. Je regarderais comme un péché de prendre la place de cette pauvre fille, et, pour rien au monde, je ne voudrais trouver mon bonheur dans le malheur d'autrui.

Pendant que Rose parlait ainsi, la noble dame la regardait avec surprise.

— Vraiment, dit-elle, je ne sais ce que je dois le plus admirer de ton courage ou de tes nobles sentiments. Je ne puis rien refuser à ton intercession généreuse. Thècle ne perdra point sa place, mais il faut cependant que tu restes auprès de moi; je ne veux plus que tu me quittes. Il m'est impossible en ce moment de te récompenser comme je le désire; mon époux est absent, et moi je suis comme prisonnière dans ce château; mais j'espère qu'avant peu Cuneric reviendra de la guerre et fera pour toi ce que tu mérites. En attendant, il faut cesser ton service chez le concierge et demeurer auprès de moi comme ma fille, ma compagne, mon amie. Je vais te donner d'autres habits, car tu n'es pas née pour porter le vêtement d'une servante.

Rose fut profondément touchée de la conduite de la noble dame, qui se montrait si bonne à son égard et pardonnait si généreusement au repentir de Thècle. Elle se sentait pleine d'estime et d'amour pour elle et n'eût pas demandé mieux que d'accepter ses offres bienveillantes. Mais elle réfléchit que par là elle s'ôterait les moyens de voir aussi souvent son père et qu'elle l'abandonnerait à des mains étrangères ; elle ne crut pas devoir d'abord se faire reconnaître pour la fille du noble prisonnier ; elle voulut se réserver le temps de le consulter à ce sujet.

— Excusez-moi, madame, répondit-elle à l'épouse de Cuneric, si je ne puis consentir à cette généreuse proposition : je suis reconnaissante de vos bontés ; mais quand nous avons eu le bonheur de faire quelque bien avec le secours de Dieu, je crois qu'il nous est plus avantageux de ne pas en recevoir la récompense dans ce monde, afin de la trouver dans une autre vie ; d'un autre côté, je suis si contente dans ma condition actuelle que je ne désire point de meilleure place. Ce n'est point la position qui honore les hommes, mais la manière dont ils savent en remplir les devoirs et en supporter les charges. Mon service chez le concierge, qui est aussi le geôlier de la prison, me permet de faire un peu de bien aux prisonniers : je me trouve parfaitement heureuse; vous ne voudriez pas que je le fusse moins en acceptant vos bienfaits.

— Fille étonnante! reprit la dame, je ne te comprends pas. Ce que tu me dis de ton bonheur dans la loge enfumée du concierge et du malheur de vivre auprès de moi, me semble tout-à-fait extraordinaire. Il n'est donc pas en ma puissance de te rendre aucun service! Demande-moi ce que tu voudras, et je jure de te l'accorder, pour peu que cela soit possible.

— Eh bien, madame, répondit Rose, je vous prends au mot. Donnez-moi le temps de réfléchir sur la grâce que je dois vous demander; peut-être qu'avant peu vous pourrez contribuer puissamment à mon bonheur. Alors je réclamerai l'exécution de votre promesse; jusqu'à ce moment laissez-moi, je vous prie, dans mon heureuse obscurité, et permettez que je me retire, car l'enfant du concierge est malade et je ne puis le laisser seul aussi longtemps.

Elle dit et s'en alla.

CHAPITRE XV.

ROSE SE FAIT RECONNAITRE.

Hildegarde de Fichtenbourg, l'épouse de Cuneric, était une femme aussi distinguée par la bonté de son cœur que par les agréments de son esprit Elle appréciait le désintéressement de Rose; elle se sentait animée des plus vifs sentiments de bienveillance pour elle et souhaitait sincèrement de la voir heureuse. Cependant elle ne s'expliquait pas sa conduite; elle soupçonnait avec raison qu'il y avait quelque chose de mystérieux dans son existence. Cette idée l'occupa longtemps.

— Est-il possible, disait-elle, que la fille d'un pauvre charbonnier ait de pareils sentiments et les exprime dans un si noble langage? où a-t-elle pris ce maintien qui m'a si fort surprise lorsqu'elle est entréee dans cette chambre et qu'elle a conservé tout le temps qu'elle y est restée? elle n'éprouvait pas plus d'embarras en ma présence que si elle avait toute sa vie fréquenté la plus haute noblesse et reçue la meilleure éducation. Tout cela m'étonne encore plus que sa générosité; son courage et sa présence d'esprit me paraissent admirables. Et quel motif peut-elle avoir pour refuser de vivre auprès de moi, où elle eût été incontestablement plus heureuse? Je crains qu'il n'y ait là-dessous quelque mystère. Marcherait-elle dans une mauvaise voie? aurait-elle à cacher quelque secret dont la découverte pourrait la couvrir de honte? Je ne le crois pas; cependant je veux l'observer de plus près.

Elle ordonna d'abord au vieil intendant du château de surveiller tous les pas et toutes les démarches de la jeune fille. Cet homme exécuta l'ordre de sa maîtresse, et n'eut à donner sur Rose que les témoignages les plus honorables.

Mais un matin ce zélé serviteur, vint tout hors d'haleine, lui rapporter qu'à une heure avancée de la nuit, quand tout dormait au château du plus profond sommeil, Rose allait visiter dans son cachot le chevalier captif, et passait des heures entières auprès de lui.

— Ce fait me paraît bien grave et bien dangereux, dit-il; cette jeune fille peut amener sur nos têtes de grands malheurs en prêtant la main à l'évasion du prisonnier. Le courage ne lui manque certainement pas pour une telle entreprise. Cependant je ne puis dire encore quel est le sujet de leur entretien. Je me suis placé derrière la porte du cachot pour écouter avec toute l'attention dont je suis capable; mais je n'ai entendu qu'un murmure inintelligible. Ce n'est pas que la conversation se fît à voix basse, mais le vieux chevelier est devenu sourd, et il faut qu'on lui parle à l'oreille.

La dame de Fichtenbourg fut extrêmement surprise de ce rapport.

—Edelbert, dit-elle, est le plus dangereux de nos ennemis : Cuneric me l'a répété chaque fois que j'ai voulu obtenir de lui quelque adoucissement au sort de ce malheureux prisonnier; il m'en a dit tant de mal, que je ne puis avoir de cet Edelbert que l'opinion la plus défavorable. Des relations aussi intimes entre cette jeune étrangère et le plus cruel de nos ennemis ne peuvent me plaire. Il faudra que je prête moi-même l'oreille à leurs entretiens.

Elle chargea le vieil intendant de venir aussitôt l'avertir à la prochaine visite que Rose ferait au chevalier. Du reste, elle lui défendit de rien dire à personne de cette circonstance mystérieuse. Elle voyait Rose presque tous les jours, la traitait avec une bonté singulière et lui faisait beaucoup de petits cadeaux.

Quelques jours après, l'intendant se rendit

à l'appartement de la châtelaine, au milieu de la nuit.

— Voici le moment, madame, lui dit-il ; ils sont ensemble.

La châtelaine se hâta de jeter un manteau de satin sur ses épaules, et alla se placer derrière la porte du cachot.

— Je joue ici un triste rôle, pensa-t-elle ; mais le motif qui m'amène justifie ma conduite. C'est dans l'intérêt de cette jeune fille à qui je veux du bien, et dans celui de mon époux, que je viens écouter à cette porte. Ces deux puissantes raisons peuvent me servir d'excuse.

La porte était entr'ouverte ; la lumière d'une lampe éclairait faiblement le cachot du prisonnier. La châtelaine prêtait une oreille attentive et ne perdit pas un seul mot.

— Tout cela me prouve, disait le père, que cette noble dame a beaucoup d'amitié pour toi.

— Oh ! oui, répondait Rose, elle est si bienveillante à mon égard, que je me reproche de ne pas oser lui dire que je suis votre fille ; elle mérite, j'en suis sûre, cette marque de confiance, et garderait fidèlement notre secret.

D'ailleurs, mieux que personne, elle pourrait obtenir votre liberté de son époux.

— C'est ce que je ne crois pas comme toi, disait Edelbert ; tu ne sais pas jusqu'où va la haine de Cuneric. Il est loin d'avoir le cœur doux et sensible comme son épouse : c'est l'homme le plus dur et le plus violent que j'aie connu de ma vie.

— Cependant il est père, disait Rose, et quand il saura que c'est moi qui, après Dieu, ai sauvé la vie de son fils unique, cet homme si dur s'attendrira peut-être. Si je me jette à ses pieds, si je lui demande par le salut de son enfant la grâce de mon père, il aura pitié de mes larmes et ne voudra pas vous laisser mourir dans ce cachot.

— Ne te flatte pas trop de cet espoir, reprenait Edelbert ; je connais son ame hautaine et inflexible. Il trouvera ton action belle, parce qu'elle lui est avantageuse ; il la louera volontiers, il annoncera même l'intention de te prouver sa reconnaissance ; mais qu'il en vienne jamais à oublier sa haine contre moi, c'est ce que je n'espère pas. Cette haine est trop profonde et trop vivace : tes faibles mains arracheraient plutôt un chêne fortement enraciné dans la terre.

— Cependant, mon père, ajoutait la jeune

fille, si l'on parvenait à lui prouver qu'après tout le mal qu'il vous a fait, privé par lui de tous vos biens et de votre liberté même, vous l'aimez néanmoins, vous le bénissez, vous priez Dieu pour lui, vous êtes prêt à lui rendre service; s'il apprenait que c'est à vous qu'il doit la vie de son enfant, puisque ce sont vos conseils et vos sages remontrances qui ont fait naître en moi le désir de lui être utile et mis dans mon cœur l'amour à la place de la haine que je sentais pour lui et pour tous les siens, croyez-vous qu'à cette idée son ame ne s'attendrirait pas, comme les glaces de l'hiver se fondent aux chaudes haleines du printemps? croyez-vous qu'il soit absolument impossible de le fléchir?

— Je ne dis pas que cela soit absolument impossible, reprenait Edelbert; mais je te répète que cela ne me semble guère vraisemblable. Au reste, nous avons tout le temps de nous entendre à ce sujet. Cuneric est absent; je dois rester en prison jusqu'à son retour. Son épouse ne peut rien pour moi. Elle voudrait, de son propre mouvement et sans consulter son époux, briser mes chaînes; que je n'accepterais pas cette grâce, qui pourrait plus tard lui coûter bien cher; elle m'offrirait seulement d'aller et de venir en toute liberté dans le château, que je refuserais encore, à cause des désagréments que cette faveur pourrait lui attirer de la part d'un homme aussi méfiant et aussi haineux que son époux. Ne te presse donc point de parler, ma fille, et laisse-moi dans ce cachot aussi longtemps que Dieu voudra. J'aime mieux être captif que d'occasionner la moindre peine à cette dame, dont le cœur est si généreux.

J'attends de Dieu seul la fin de mes malheurs, et j'espère en sa Providence. Mais laissons là ce sujet d'entretien qui nous donne à tous deux trop d'émotion : nous le reprendrons une autre fois.

Edelbert et sa fille commencèrent alors à parler d'autre chose. La châtelaine en avait assez entendu : elle se hâta de remonter dans son appartement. Il lui fut impossible de goûter un instant de sommeil. L'étonnement, l'admiration, la douleur se partageaient son âme ; elle se disait :

— Cette prétendue fille de charbonnier est donc une noble demoiselle ! Pour se rapprocher de son père, elle s'est résignée à prendre un vêtement et des fonctions indignes d'elle. Tout ce qu'elle gagnait par un travail pénible, tout ce qu'elle recevait pour ses besoins, elle le portait à son père. C'est par tendresse filiale qu'elle a refusé la position heureuse que je lui offrais, et préféré l'état misérable où elle s'était elle-même réduite. Quelle grandeur d'ame! et quel bonheur pour sa mère, si elle vivait encore! C'est à cette jeune fille, dont le père languit dans nos cachots, que nous devons la vie de notre fils; c'est son père lui-même qui lui a inspiré ce zèle et ce pieux dévouement? Oh! que l'ame de ce chevalier doit être noble et pure!

Elle versa un torrent de larmes et ajouta :

—Non, cet excellent homme ne peut rester plus longtemps prisonnier; il faut qu'il redevienne libre, que ses biens et son château lui soient rendus, que ce digne père et son admirable fille jouissent du bonheur dont ils sont dignes. Que n'ai-je le droit d'ouvrir les portes de sa prison et de lui restituer toutes ses richesses! cette nuit même je ferais tomber ses chaînes, et demain il rentrerait dans Tannenbourg. Mais cela m'est impossible : je n'ai point l'autorité nécessaire. Le vieil intendant n'obéirait point aux ordres que je lui donnerais à cet égard, et mon époux ne me pardonnerait de sa vie le simple désir que je forme en ce moment. Mais si les femmes n'ont point la puissance qu'il faut pour faire par elles-mêmes le bien qu'elles désirent, elles peuvent au moins le déterminer par leurs prières et par leur intercession. Dès que mon époux sera revenu de la guerre, je me jetterai à ses genoux; j'essaierai si mes sollicitations et mes larmes ont quelque pouvoir sur son cœur.

Mais, d'ici là, comment dois-je me conduire à l'égard de Rose? se demanda-t-elle; faut-il lui dire que je connais son véritable nom? La querelle de son père avec mon époux ne la regarde point. Dois-je la traiter selon son rang, lui donner le vêtement qui convient à une noble demoiselle, lui assigner un appartement au château et la recevoir à ma table? Quel serait l'effet de cette conduite sur les gens qui m'environnent? Sans doute que le vieux châtelain, soutenu par tous ses compagnons d'armes, s'opposerait obstinément à ce que Rose visitât son père; il la ferait surveiller de près, au point qu'elle ne pourrait plus adoucir la captivité d'Edelbert. Ce serait ajouter au malheur de cette pieuse fille. Non, il ne faut pas que personne au château sache le secret de sa naissance. Je ne lui dirai pas moi-même que je le connais, car ni elle ni son père n'y gagnerait rien, et ce serait me jeter moi-même dans une foule d'embarras inutiles. Le mieux est de faire à Rose, et par son intermédiaire, à son noble père, tout le bien possible, sans éveiller l'attention, et d'attendre, pour dévoiler ce mystère, un moment plus favorable. Tout me fait espérer qu'il ne tardera pas longtemps.

CHAPITRE XVI.

ROSE DEMANDE LA LIBERTÉ DE SON PÈRE.

Le lendemain, la dame de Fichtenbourg fit appeler Rose, et la reçut avec plus d'amitié qu'elle ne lui en avait encore montré jusque là.

—Je sais, lui dit-elle, que tu es touchée d'une tendre compassion pour le captif Edelbert, et que tu lui fais beaucoup de bien. Ce sentiment est louable et je l'approuve entièrement; mais, ma chère enfant, tes moyens ne répondent pas à tes intentions généreuses; car tu ne possèdes rien. Je veux seconder ta bienfaisance : je mets ma cuisine et ma cave à ta disposition, et je veux que désormais tu y prennes ce qui sera nécessaire pour les besoins du chevalier.

Elle donnait chaque jour à Rose ce qu'on avait servi de meilleur sur sa propre table, et un vin d'une qualité supérieure à celui qu'elle-même buvait à l'ordinaire. Elle fit en sorte que le vieil intendant ne le sût pas, et parvint à calmer la défiance que lui avait inspirée la

14.

jeune servante. Il ne se passait point de jour qu'elle ne se rendît avec ses enfants à la loge du concierge, disant qu'elle voulait rendre honneur à celle qui avait sauvé son fils unique. La manière honorable dont elle traitait Rose, et son ascendant sur la femme du concierge, contribuaient à rendre le service de la jeune fille moins pénible ; elle exigeait qu'elle vînt passer ses moments de loisir dans les appartements, et qu'elle y conduisît même les enfants du geôlier, faveur dont sa femme se sentait extrêmement flattée, et qui la rendait toute fière et toute heureuse d'avoir chez elle une servante si chère à la noble châtelaine.

Cependant Hildegarde attendait avec une vive impatience le retour de son époux. S'il ne lui eût envoyé dire qu'il était rétabli et au moment de se mettre en route pour la rejoindre, elle était décidée à l'aller trouver au camp. Il revint enfin avec les deux chevaliers et la plupart des hommes d'armes qui l'avaient accompagné. Chevaliers et hommes d'armes avaient le casque et la lance ornés de rameaux de chêne. Ils firent leur entrée avec pompe et franchirent la porte au son de joyeuses fanfares. Cuneric sauta en bas de son cheval et embrassa vivement son épouse et ses enfants, qui l'attendaient dans la cour ; puis il se rendit avec eux dans la grande salle, suivi des deux chevaliers, de ses pages et de ses plus braves soldats. Quand les premiers éclats de la joie furent passés, Hildegarde, voyant que son époux avait les yeux constamment fixés sur son fils, qui était à la vérité un bel enfant, lui raconta comment il était tombé dans le puits et comment Rose l'avait sauvé. Elle n'omit aucun détail, et peignit cet accident avec les couleurs les plus vives. A ce récit, le chevalier frissonna.

— Ainsi donc, mon cher fils, tu te serais noyé, dit-il, et ton père ne t'eût jamais revu! Quel coup affreux pour ta mère et pour moi! Mon sang se glace dans mes veines à cette seule pensée. Sois donc plus sage à l'avenir, mon cher Ernest.

Hildegarde, voulant ajouter encore à l'attendrissement du père, fit apporter le vêtement que son fils avait le jour de sa chute, et qu'elle avait conservé depuis comme un souvenir de son accident funeste. Elle lui montra la déchirure que le crochet de fer y avait faite. Cuneric l'examina très-attentivement et dit avec émotion :

— Il était temps que le secours arrivât : encore quelques fils rompus, et c'en était fait de notre Ernest. Cette pauvre servante nous a rendu là un bien grand service! Cette action lui fait honneur ; elle a montré dans cette circonstance un courage au-dessus de son sexe et une présence d'esprit non moins admirable que son courage. Mais l'as-tu récompensée !

— C'est un soin que j'ai voulu vous laisser, reprit Hildegarde. Ce que j'aurais pu lui donner, ce que j'aurais pu faire pour elle, eût été bien peu de chose en comparaison de ce qu'elle mérite : car elle a exposé sa propre vie pour sauver celle de notre enfant. Moi, qui assistais de loin à ce terrible spectacle, je me sentais défaillir en la voyant se balancer au-dessus de l'abîme. Ce n'est pas avec quelques pièces d'or qu'on pourrait payer un pareil service. Je lui ai dit que je me réservais de vous demander sa récompense. J'espère qu'elle n'aura point perdu pour attendre.

Cuneric était plus ému qu'il ne l'avait jamais été pendant toute sa vie. Impétueux dans tous ses désirs, il voulut voir sur-le-champ la jeune servante. On appela Rose, qui entra dans la salle avec un air modeste, mais plein de dignité. Le chevalier fit éclater ses transports en la voyant paraître.

— Sois la bien-venue, lui dit-il, ma jeune héroïne. Tu as sauvé mon fils, grâces te soient rendues ; mais, si je ne me trompe, nous nous connaissons déjà... Oui, oui, je me souviens de t'avoir vue dans la chambre du concierge ; mais alors je ne soupçonnais pas chez toi ce noble courage. Maintenant, je te dois beaucoup : car, sans toi, je serais un père malheureux, et ce jour de bonheur serait pour moi un jour de deuil et d'amertume. Dis-moi ce que tu veux : je n'ai rien à te refuser; non, rien, je le jure par Dieu même! ajouta-t-il dans le transport de sa reconnaissance, et entraîné par son impétuosité naturelle. Quand tu me demanderais un de mes deux châteaux, Fichtenbourg ou Tannenbourg, foi de chevalier, tu serais sûre de l'obtenir.

— Vous venez de contracter à mon égard un engagement bien grave, monseigneur, reprit Rose d'un ton calme et avec une touchante modestie. Ces deux nobles chevaliers sont témoins de votre promesse. Je pourrais vous demander une grâce importante, et, d'après votre parole, vous ne me la refuseriez pas; mais je ne demande point de grâce, et je ne veux que justice... Rendez-moi, rendez à mon père ce que vous nous avez pris.

— Comment? que veux-tu dire? s'écria Cuneric, tout déconcerté; j'ai quelque chose à vous rendre? je vous ai pris quelque chose? Mais qui donc es-tu, et quel est ton père?

— Je suis Rose de Tannenbourg, répondit-elle; Édelbert est mon père... Je vous prie de lui rendre sa liberté et ses biens.

Les deux chevaliers et tous les hommes de

guerre qui se trouvaient dans la salle furent saisis d'étonnement. Cuneric fit un pas en arrière et demeura comme pétrifié. Autant la belle action de Rose l'avait puissamment et profondément ému, autant sa vieille haine contre Édelbert se rallumait en ce moment avec violence. Il se livrait au fond de son ame une lutte effrayante entre deux sentiments contraires. Il était pâle; ses yeux noirs lançaient des regards terribles, et il murmurait à voix basse :

— Je donnerais un de mes châteaux seulement pour que ce ne fût pas la fille de cet homme qui eût sauvé mon fils.

Tous les assistants étaient effrayés du changement subit qui s'était opéré dans l'ame du chevalier; ils se regardaient les uns les autres sans rien dire et avec embarras.

L'épouse de Cuneric prit la parole, et lui dit d'une voix douce :

— Je sais depuis quelques jours que cette pauvre servante est la fille d'Édelbert. C'est sa tendresse pour son père, le désir de le visiter dans son cachot, de le consoler dans sa triste solitude, de le servir et de partager avec lui ses faibles ressources, qui l'ont portée à venir au château sous cet humble vêtement, à prendre du service chez le concierge, à se condamner aux plus durs travaux et à souffrir patiemment les caprices d'une femme qui n'a jamais pu garder chez elle aucune servante. Elle s'est résignée à des occupations grossières, que sa naissance et son éducation devaient lui rendre dix fois plus insupportables qu'à toute autre. Bien des fois, mon cœur a été déchiré en voyant, de ma fenêtre, cette demoiselle, faite pour vivre dans le même rang que nous, porter sur sa tête une cruche pesante ou balayer la cour. Depuis quelque temps, le secret de sa naissance m'était connu; mais je le cachais avec soin, n'osant rien faire de moi-même, et attendant votre retour avec une vive impatience. Maintenant, cher époux, écoutez la voix de l'humanité. Quand cette jeune demoiselle n'aurait pas sauvé la vie de votre enfant, sa tendresse filiale devrait suffire pour apaiser votre haine contre le père d'une si vertueuse fille.

— Par mon glaive! s'écria Sigebert, l'un des deux chevaliers qui avaient accompagné Cuneric, la conduite de cette demoiselle envers son père me paraît infiniment plus admirable que son courage à sauver l'enfant. Braver le danger d'un moment, c'est un effort dont les ames communes sont quelquefois capables; mais se condamner à de longs et pénibles travaux, les supporter, comme elle a fait, avec une patience angélique et une persévérance à toute épreuve, c'est le propre d'une grande ame. Un cœur capable de tels sacrifices est ce qu'il y a de plus rare et de plus précieux au monde. A votre place, Cuneric, je ne réfléchirais pas longtemps sur ce que je dois faire en pareille circonstance.

— Cuneric, dit à son tour Théobald, l'autre chevalier, il me semble que, si Edelbert était réellement animé de quelque sentiment de haine contre vous, il y a longtemps qu'il aurait pu vous faire bien du mal. Pendant que vous étiez à combattre les ennemis du dehors, cet homme, que vous regardez comme un ennemi mortel, était au milieu de votre château; sa fille avait les clefs de la prison. A sa place, neuf personnes sur dix auraient profité de la circonstance pour mettre le feu au château pendant la nuit, et s'échapper à la faveur du désordre. Quoi que vous puissiez dire, je ne crois pas que vous ayez aucune raison légitime de le haïr.

Cuneric était debout, les yeux fixes et sans parole; sa respiration était pénible et son front brûlant : il semblait n'avoir rien entendu de ce que son épouse et les deux chevaliers venaient de lui dire. Tous les regards, fixés sur lui, exprimaient la plus vive anxiété. Rose avait les yeux levés au ciel et soupirait. Un silence effrayant régnait dans la salle.

La châtelaine s'approcha de son époux, et lui dit avec une émotion touchante :

— Cuneric, je vous demande en grâce de de m'écouter encore un instant... Vous regardez Édelbert comme votre plus cruel ennemi... En cela vous êtes dans l'erreur. S'il avait contre vous les sentiments de haine que vous lui supposez, serais-je donc la première, moi, votre fidèle épouse, à vous prier de lui rendre la liberté? Non : je vous conseillerais plutôt de resserrer ses chaînes; mais il n'en est point ainsi, et je veux vous en convaincre. C'est moi seule qui ai découvert la naissance de Rose. Jusqu'au moment où elle vous l'a fait connaître elle-même, personne que moi, dans le château, n'en était instruit. Ceux de vos gens qui sont chargés de garder cette forteresse n'en savaient pas plus que vous à cet égard. C'est par moi aussi que votre intendant a pu découvrir les visites nocturnes que Rose faisaient à son père. J'ai voulu savoir quel en pouvait être le but. Alors (ce n'est pas sans quelque honte que je fais l'aveu de ma curiosité devant vous et devant ces nobles chevaliers), j'allai me placer, au milieu de la nuit, derrière la porte du cachot, pour écouter la conversation du père et de la fille. C'est une démarche humiliante à laquelle votre intérêt m'a portée, et que je me suis reprochée; mais je devais m'assurer par moi-même qu'ils ne formaient aucun mauvais dessein contre vous. Que ce soupçon était injuste! Certes, ils se parlaient sans défiance... Ils ne se doutaient guère que je les écoutais! Je ne vous rapporterai point ce que j'entendis; mais je vous dirai seulement que leur entretien me fit rougir de mon indiscrétion. Pas un mot de colère ou de haine contre vous. Malgré sa triste captivité, le cœur d'Édelbert est sans fiel et ne connaît point la vengeance. Non seulement je l'entendis louer la belle action de Rose et la remercier même de ce qu'elle avait fait pour nous, mais encore sa fille lui disait que, sans lui, sans ses exhortations paternelles, jamais elle n'eût pu se résoudre à aimer son ennemi ni les enfants de son ennemi, encore moins se dévouer pour sauver la vie de notre Ernest. « C'est un bienfait dont ils doivent rendre grâce à Dieu d'abord, ajoutait-elle, puis à vous, mon père; puis à moi enfin. Vous m'avez parlé selon la sagesse que Dieu vous a donnée, et moi, je me suis conduite selon vos paroles. » Vous voyez donc, cher époux, que c'est à Édelbert que vous devez la vie de votre enfant. Il n'eût point donné de semblables conseils à sa fille, s'il eût été réellement votre ennemi, et vous ne pouvez rester son ennemi après ce qu'il a fait pour vous... Vous hésitez encore, ajouta-t-elle. Songez cependant que vous avez promis à Rose, devant Dieu et sur votre parole de chevalier, de lui accorder tout ce qu'elle vous demanderait. Que le Seigneur touche votre ame et vous porte à prendre le parti le plus juste!

— Eh bien! dit enfin Cuneric d'une voix sombre et étouffée, je dégage ma parole... Je donne à Rose le château de Tannenbourg avec tout ce qui en dépend; mais, pour Édelbert, j'entends qu'il demeure où il est.

En parlant ainsi, le chevalier détournait les yeux pour ne pas voir son épouse.

— Viens, mon fils, s'écria la châtelaine dans une violente agitation et les yeux tout en pleurs, viens prier ton père en faveur de celle qui t'a sauvé la vie. Supplie-le de ne pas lui accorder seulement la moitié de sa demande; mets-toi à ses genoux, élève tes petites mains vers lui; fais comme moi : nous l'implorerons ensemble, et tu répéteras chaque parole que j'aurai prononcée.

Cet aimable enfant, touché des larmes de sa mère et de la douleur de Rose, qu'il aimait presque aussi tendrement que sa mère, se mit lui-même à pleurer. L'air sinistre de son père lui faisait peur. Il comprit sans peine qu'il s'agissait de l'apaiser. Il se jeta donc à genoux, éleva ses mains suppliantes, et répéta l'une après l'autre les paroles de sa mère :

« Cher père, laissez-vous attendrir à mes prières, et rendez la liberté au père de Rose. Vous le savez, cette bonne demoiselle n'a pas réfléchi un seul moment lorsqu'il a fallu exposer sa vie pour moi. Faites de même, et n'hésitez pas à lui accorder ce qu'elle demande. Comme elle m'a retiré de l'abîme, délivrez Édelbert de sa prison. Elle ne m'a point laissé périr dans le gouffre où j'étais tombé : ne laissez pas non plus le chevalier mourir dans son affreux cachot. Rendez-lui son père comme elle vous a rendu votre fils, et prouvez-moi que vous m'aimez en récompensant noblement celle par qui je vis encore.

» Oh! ne détournez pas ainsi les yeux : regardez votre fils, votre Ernest. Sans Rose, vous ne l'auriez point revu; sans elle, vous seriez un père malheureux, et vous n'auriez trouvé que des larmes à votre retour. N'est-ce rien pour vous qu'elle m'ait sauvé la vie? »

— Assez! cria Cuneric, dont les yeux commençaient à se remplir de larmes, et qui voulait dissimuler son émotion. Votre père est libre, ajouta-t-il en se tournant vers Rose. Je lui rends son château et tous ses biens. Votre conduite me prouve que j'ai pu être injuste à son égard.

— Dieu soit loué! s'écria aussitôt la noble Hildegarde en pressant son époux dans ses bras. Ernest, remercie ton père et baise-lui la main.

Rose était au comble du bonheur; les deux chevaliers pleuraient sans vouloir cacher leurs larmes, et adressèrent leurs félicitations à Cuneric.

— Après ce que vous venez de faire, dit Théobald, je sens que mon estime pour vous s'est augmentée.

— Vous avez fait le devoir d'un noble et généreux chevalier, ajouta Sigebert. La justice est plus que la valeur, et la victoire que nous remportons sur nos ennemis n'égale point celle que nous remportons sur nous-mêmes.

Les écuyers et les hommes d'armes qui se trouvaient présents à cette scène étaient vivement émus. Plusieurs pleuraient, tous louaient hautement la conduite généreuse du châtelain.

— Cela est beau! cela est grand! cela est noble! se disaient-ils l'un à l'autre.

Puis ils s'écrièrent tous ensemble :

— Vivent Cuneric, Hildegarde et le petit Ernest! vivent Édelbert et son admirable fille!

CHAPITRE XVII.

ROSE ANNONCE A SON PÈRE QU'ELLE A OBTENU SA LIBERTÉ.

Le chevalier Cunéric n'était plus le même homme. Depuis que la justice et l'humanité avaient pris le dessus dans son ame, il se trouvait plus heureux. La conscience d'avoir vaincu ses passions haineuses et suivi les conseils de la raison le remplissait d'une joie intime et profonde qu'il n'avait jamais connue. Il sentait son cœur s'apaiser comme la mer après une horrible tempête. Son front s'était éclairci, et la sérénité de son ame brillait sur son visage. Le petit Ernest fut frappé lui-même de cet heureux changement.

— Cher père, lui dit-il, comme vos regards sont calmes, doux et bienveillants! Le visage de ma mère ou celui de Rose n'est pas plus agréable à voir que le vôtre depuis un moment. Tout en vous respire la paix et le bonheur. Oh! j'ai bien plus de plaisir à vous regarder maintenant, et il me semble que je vous aime davantage.

La fille d'Édelbert s'approcha du chevalier, et le remercia de la manière la plus touchante.

— C'est trop, mademoiselle, répondait Curic; je n'ai fait que mon devoir : je ne mérite de vous ni éloges ni reconnaissance. J'ai été juste envers vous et contre moi-même. C'est le moins qu'on puisse attendre d'un homme qui n'est pas dépourvu de tout sentiment humain. Mais, ajouta-t-il, il faut aller visiter votre père dans son triste cachot. Je me croirais coupable de l'y laisser un moment de plus. C'est vous qui avez obtenu sa délivrance : c'est à vous de lui en porter la nouvelle. Allez donc le trouver; mais intercédez pour moi auprès de lui. Plaidez ma cause aussi éloquemment que vous avez plaidé la sienne, et apaisez son juste ressentiment comme vous avez triomphé de mon injuste haine pour lui.

La châtelaine fit alors un signe à son époux, et s'entretint avec lui, à voix basse, auprès d'une fenêtre. Il fit un geste d'approbation accompagné d'un doux sourire, et Hildegarde dit à Rose :

— Venez avec moi pour un moment, chère demoiselle.

Elle la conduisit dans une chambre magnifique, où elle avait réuni les vêtements et les bijoux que devait porter un jour la fille d'Édelbert, quand elle reprendrait son rang. Hildegarde voulut elle-même l'aider dans sa toilette. Elle arrangea sa longue chevelure de manière à la faire tomber en boucles naturelles sur ses épaules; puis elle la revêtit d'une belle robe blanche garnie de la plus riche dentelle. Rose parut alors d'une beauté merveilleuse; les tendres couleurs de son visage surpassaient l'éclat des lys et des roses et le doux incarnat des fleurs du pommier. Sa démarche était noble, et un air de dignité modeste brillait dans toute sa personne. Hildegarde ne put la contempler sans une joie secrète. Un sourire d'admiration effleura ses lèvres; mais elle garda le silence, pour ne pas éveiller des pensées orgueilleuses, dans le cœur d'une jeune demoiselle, par un imprudent éloge de sa beauté.

La châtelaine prit ensuite une charmante cassette en bois d'ébène, contenant de riches ornements d'or.

— Ma chère amie, dit-elle à Rose en l'ouvrant, voici les bijoux de votre excellente mère. Cuneric les avait pris et me les avait donnés; mais je n'ai jamais pu me résoudre à les porter : j'aurais eu honte de me parer ainsi de vos dépouilles, et je les ai tenues en réserve, soupirant après le jour heureux où je pourrais vous les rendre. Ce jour est venu :

reprenez ces parures, qui doivent vous être chères; je vous les remets dans l'état où je les ai reçues.

Rose prit la cassette en remerciant la noble dame; elle regarda les perles, les diamants et les pierres précieuses de toutes couleurs dont cette cassette était remplie; elle admira leur beauté et leur vif éclat, mais sans laisser paraître la joie que montrent les jeunes personnes de son âge en recevant pour la première fois ces riches parures.

— Chère mère, dit-elle en essuyant une larme, comme ces joyaux vous rappellent vivement à mon souvenir! S'ils ont du prix à mes yeux, c'est parce qu'ils viennent de vous.

— Voyez, madame, dit-elle à Hildegarde, cette bague en diamants... Ma mère la reçut à l'autel comme anneau de mariage. Ce collier de perles lui fut donné, le jour de ses noces, par la duchesse Hermangarde. Mon père lui fit présent de ces boucles d'oreilles en brillants lorsque je vins au monde. Hélas! pauvre mère! je crois la voir encore parée de ces bijoux. Que notre vie est peu de chose! Ces pierres sont encore là, et le temps n'a point diminué l'éclat de leurs vives couleurs, tandis que celle qui les portait jadis n'est plus aujourd'hui que cendre et poussière! Que serait donc l'homme, ce roi des créatures de Dieu sur la terre, s'il n'avait en lui quelque chose de plus durable que ces diamants et ces pierres éclatantes?

— J'admire ces sentiments élevés, mademoiselle, reprit la châtelaine, et ces larmes qui brillent dans vos yeux me semblent plus belles et plus précieuses que toutes ces pierreries. Le temps flétrira les couleurs de votre visage; les grâces de votre jeunesse passeront avec les années; vous-même, enfin, deviendrez cendre et poussière; mais vos nobles sentiments ne subiront point le même sort : ils n'ont rien à craindre du temps, qui détruira ces pierres si dures; ils seront pour votre ame un ornement éternel et incomparablement plus riche que ces parures ne le sont pour votre corps.

Lorsque la toilette de la jeune demoiselle fut terminée, Hildegarde l'accompagna jusqu'à la porte de la prison. Rose l'ouvrit aussitôt, et se précipita dans le cachot de son père en s'écriant :

— Dieu soit béni, mon père! vous êtes libre.

Mais quelle fut sa surprise de voir Édelbert en habit de velours noir et dans le costume de chevalier qu'il portait autrefois aux fêtes! Il avait au cou sa chaîne d'or et sa médaille.

Les deux chevaliers, Sigebert et Théobald, étaient à ses côtés.

C'était Hildegarde qui avait prié son époux d'envoyer à Édelbert ce costume de chevalier, pendant qu'elle donnerait à Rose un vêtement digne de sa naissance et de son rang. Cuneric avait pensé aussi qu'il était bon de préparer le captif à la nouvelle de sa délivrance, afin de lui épargner le saisissement d'une joie trop vive et d'un bonheur inattendu. Théobald et Sigebert s'étaient chargés de ce soin. Ils s'étaient rendus au cachot du prisonnier avec les vêtements qui lui étaient destinés, et l'avaient aidé à s'en revêtir en lui parlant d'un changement prochain dans sa position, sans lui dire néanmoins qu'il était libre, parce qu'on était convenu de laisser à sa vertueuse fille le plaisir de lui annoncer la première cette heureuse nouvelle.

Édelbert prit sa fille dans ses bras, et la serra contre son cœur avec une émotion profonde.

— Chère enfant, lui dit-il, avec le secours de Dieu, tu as remporté une victoire que les glaives et les lances de toute une armée impériale n'eussent jamais obtenue. La force des armes n'aurait pu que prendre d'assaut le château de Cuneric et dompter son bras; mais la douce puissance de ton amour filial et de ta charité envers tous les hommes a triomphé de son cœur, et changé sa haine en amitié. Offrons au Seigneur le tribut de notre vive gratitude : il a tout conduit d'une manière admirable ; il a béni ta tendresse envers ton père ; il a couronné tes efforts du plus heureux succès.

Édelbert vit alors les diamants et les pierreries dont Rose était parée.

— Ma fille, lui dit-il, puisque Dieu te rend aujourd'hui ces biens périssables, porte-les, mais pour la gloire de son nom, et en mémoire de ta vertueuse mère. N'oublie pas ce que je t'ai dit pour te consoler de leur perte ; apprends à posséder ces richesses fragiles sans y attacher ton cœur, et que leur possession ne puisse pas plus te corrompre que leur privation n'a pu t'affliger ! Cependant, ma chère fille, je me réjouis de ce que le Seigneur te les a rendues ; car tu as vendu, pour adoucir mon triste sort, tes boucles d'oreilles en brillants, seul et dernier reste de notre fortune passée. Bien souvent, la nuit, dans la solitude de mon cachot, mon ame s'est émue à la pensée de ce généreux sacrifice, et j'ai prié le Ciel de t'en récompenser dans cette vie et dans l'autre. Il a déjà rempli la moitié de mon vœu : j'espère qu'il exaucera toute ma prière.

Les deux chevaliers, Sigebert et Théobald,

ne pouvaient assez admirer la beauté de Rose, qui rougissait en recevant leurs éloges, qu'elle prenait pour des flatteries.

— Ce ne sont point des flatteries, mademoiselle, lui disaient-ils; mais louer votre beauté, c'est louer le moindre de vos mérites. La bonté de votre cœur, la noblesse de vos sentiments et la tendresse que vous avez montrée envers votre excellent père, vous honorent bien davantage. Quand, sous l'humble vêtement d'une servante, vous descendiez au cachot d'Édelbert, vous n'étiez pas moins belle, aux yeux de celui qui voit tout, que vous ne l'êtes en ce moment, aux yeux des hommes, sous ces pompeux vêtements.

Rose dit ensuite à son père que le seigneur de Fichtenbourg l'avait chargée d'obtenir de lui son pardon. A cette parole, les yeux d'Edelbert se remplirent de larmes.

— Tu vois mes pleurs, dit-il, ô ma fille! et tu sais que je lui ai pardonné depuis longtemps.

Comme il disait ces mots, la porte du cachot s'ouvrit, et le chevalier Cuneric entra, suivi de son épouse et du petit Ernest. Édelbert et Cuneric se tendirent la main l'un à l'autre, suivant l'usage de la chevalerie, et s'embrassèrent avec la plus vive émotion. Il n'y avait plus de haine entre eux. Ils goûtèrent les charmes d'une pleine et franche réconciliation, et se jurèrent une amitié éternelle.

Édelbert salua, comme il le devait, la dame de Fichtenbourg; puis il prit dans ses bras le fils de Cuneric. La vue de cet enfant, à qui Rose avait sauvé la vie, fut pour le sensible Édelbert un grand sujet de joie. Fatigué des émotions vives qu'il venait d'éprouver, il s'assit sur le banc de pierre de son cachot, mit l'enfant sur ses genoux, et, le regardant avec des yeux attendris et pleins de larmes, lui donna sa bénédiction :

— Cher et charmant enfant, dit-il, que Dieu te fasse croître pour le bonheur de ton père et de ta mère! qu'il te rende un jour aussi vertueux que vaillant!

— Chevalier, dit la dame de Fichtenbourg, qu'il aime ses parents comme votre fille vous aime! qu'il ait le noble cœur de Rose et ses généreux sentiments! C'est tout ce que nous pouvons demander au Ciel.

Ce beau jour fut terminé par un repas somptueux dans la grande salle du château, qui était éclairée de la manière la plus brillante. Édelbert et sa fille occupèrent à table les deux premières places; Cuneric s'assit à côté d'Édelbert, Hildegarde à côté de Rose.

Tous les convives étaient joyeux et contents, Cuneric plus que tous les autres : de sorte que, depuis longues années, on ne se souvenait pas de l'avoir jamais vu si plein de gaieté. Lui-même en convenait.

— C'est la première fois, disait-il, que je sens une pareille joie. Ma folle inimitié contre toi, cher Édelbert, empoisonnait tous mes plaisirs. Quelles douces choses que la paix et l'union des cœurs! Ah! je le comprends aujourd'hui, l'inimitié et la haine sont des vapeurs sorties de l'abîme; la bienveillance et l'amour sont une rosée descendue du ciel.

Cuneric avait fait apporter sur la table de grandes coupes d'or qui ne servaient que dans les occasions les plus solennelles, et le meilleur vin qu'il eût dans ses caves échauffait la gaieté des convives; mais Édelbert avait devant lui la coupe dont il se servait ordinairement à Tannenbourg. Elle était en argent, du travail le plus précieux. Elle lui était chère comme un souvenir de son aïeul. Rose avait remarqué cette coupe en se mettant à table, et avait témoigné sa reconnaissance à Hildegarde par un regard qui exprimait combien elle était touchée de cette attention délicate.

Cuneric, le premier, la prit entre ses mains, la remplit et la but à la santé d'Édelbert et de sa fille. Les deux chevaliers Théobald et Sigebert suivirent son exemple ; Édelbert la vida aussi comme eux à son tour ; mais il annonça l'intention de ne pas faire deux fois la même prouesse.

— Chevaliers, dit-il, nous avons affaire à forte partie. Je reconnais ici la vérité de cette parole de l'Écriture : *Le vin en a vaincu plusieurs qui se confiaient en leur force.* Pour moi, je crains de me mesurer contre un pareil adversaire, et je crois que, si nous ne prenons garde, il nous aura plus tôt jetés à bas que ne pourrait le faire une armée de Sarrasins.

Cuneric sourit de cet appel à la sobriété, qui se trouvait adroitement mêlé à l'éloge de son vin.

— Je te reconnais là, dit-il à Édelbert. Te souviens-tu de ce temps où nous étions tous deux pages à la cour du duc ? Alors, comme aujourd'hui, tu me prêchais la tempérance, à moi et à nos jeunes compagnons. Ce n'était pas sans motif, je l'avoue ; mais, pour aujourd'hui, sois tranquille : nous pouvons célébrer gaiement notre réconciliation sans nous exposer au malheur que tu crains. Avant de boire, chacun proposera un toast. Ces dames, je l'espère, ne refuseront pas d'y prendre part.

Hildegarde et Rose choquèrent leurs coupes; mais leurs lèvres effleurèrent à peine le vin généreux dont elles étaient remplies.

Édelbert porta le premier toast.

— Puissent tous les Allemands, dit-il, et surtout les chevaliers de ce noble pays, vivre ensemble dans la paix et la concorde, et ne jamais se diviser entre eux pour des raisons frivoles!

— Puissent toutes les dames et toutes les demoiselles allemandes avoir les douces vertus de la noble Hildegarde, de la charmante Rose et de Mathilde, sa bienheureuse mère! dit Théobald.

Sigebert dit à son tour :

— Puissent tous les parents élever leurs enfants comme Édelbert et Mathilde ont élevé leur fille! puissent tous les enfants avoir pour leurs parents le respect et l'amour que Rose a eus pour son père!

— Et puissent tous les pères et mères, ajouta Cuneric, trouver dans leurs enfants la joie que donnent à Édelbert les vertus de son admirable fille!

Ce fut le dernier toast. Les convives se retirèrent dans leurs chambres pour s'y reposer des fatigues et des émotions de la journée.

CHAPITRE XVIII.

EDELBERT ET SA FILLE RENTRENT DANS LEURS BIENS.

Le lendemain au point du jour, Cuneric en habit de voyage, en bottes et en éperons, entra dans la chambre d'Edelbert.

—Chevalier, lui dit-il, il y a longtemps que j'ai mis mes gens sur pied et même fait seller des chevaux. Mon intention était d'aller avec toi à Tannenbourg, afin de te rendre ton château et tes biens. Mais Hildegarde a fait une sage réflexion : elle a pensé qu'un château qui depuis longtemps n'est plus habité que par une centaine de cavaliers, ne doit pas être dans le meilleur état possible, et qu'il faut y remettre les choses en ordre avant de le rendre à ses maîtres. Elle n'a pas tort à cet égard, dit en souriant Cuneric ; mais, quant à moi, je n'y aurais jamais songé. Il faut donc te résoudre à rester encore quelque temps ici avec ton excellente fille. Tu y consens, n'est-ce pas, cher ami? Après tant de mauvais jours passés dans ces murs, tu ne refuseras pas d'en passer quelques-uns avec moi dans les douceurs de notre amitié nouvelle.

Edelbert se rendit avec joie au désir de Cuneric, et tous deux descendirent dans la grande salle du château. Bientôt après Sigebert et Théobald vinrent les y joindre avec leurs écuyers, et l'on se mit à table pour le repas du matin.

Le déjeuner fini, les deux chevaliers, impatients de rentrer dans leurs châteaux, prirent congé de Cuneric et d'Edelbert, et partirent à la tête de leurs hommes d'armes qui les attendaient dans la cour.

— Edelbert, dit alors le seigneur de Fichtenbourg, il faut que tu visites mon château dans tous ses détails; après le dîner, nous aurons une partie de chasse dans mes forêts. Vois d'abord les portraits de mes aïeux qui font l'ornement de cette salle.

Edelbert considéra ces vieux chevaliers tout couverts de leurs armures et leurs épouses représentées avec le costume de leur temps. Cuneric s'arrêtait longtemps devant la plupart d'entre eux, racontant les grandes choses qui avaient rendu leurs noms célèbres.

Quand ils eurent passé en revue toute la galerie, il conduisit Edelbert à son arsenal rempli de toute sorte d'armes neuves et brillantes, et non-seulement d'armures complètes pour les chevaliers, mais encore de harnais magnifiques pour leurs chevaux de bataille.

Cuneric mena ensuite Edelbert dans toutes les autres parties du château, lui fit parcourir de longues galeries voûtées, où il admira surtout des têtes de cerfs merveilleusement peintes et surmontées de bois naturels d'une grandeur prodigieuse.

Ils visitèrent les écuries, où piaffaient des coursiers ardents et vigoureux. Ils descendirent dans les caves profondes et creusées dans le roc, où se trouvaient rangés d'énormes foudres et de grands tonneaux remplis des vins les plus exquis : Édelbert fut obligé de les goûter.

Ils arrivèrent enfin au puits, dans la cour du château : ce ne fut pas sans un sentiment d'effroi qu'ils se penchèrent pour en mesurer des yeux la profondeur. Dans ce moment, le chevalier de Tannenbourg se réjouit en pensant à la courageuse action de sa fille. Cuneric se rappela avec attendrissement le danger qu'avait couru son fils; tous les deux, sur le théâtre de cet accident, s'embrassèrent avec effusion, et leurs voix s'unirent pour rendre grâce à Dieu.

Pendant ce temps-là, Hildegarde montrait

à Rose toutes les richesses de son ménage, ses armoires pleines de linge blanc comme la neige, ses riches et magnifiques dentelles, ses cuisines vastes et propres, et beaucoup d'autres choses remarquables. Elle ouvrit ensuite quelques armoires qui se trouvaient dans une pièce particulière, et fit voir à Rose le linge fin, les vêtements et les étoffes que le chevalier Cuneric avait apportés de Tannenbourg.

— J'ai conservé ces effets avec le plus grand soin, dit la noble dame, et je vais donner des ordres pour les faire reporter dans votre château. Les plus belles de ces pièces ont été faites, m'a-t-on dit, par les mains de votre vertueuse mère ; ce sont des témoignages de sa vie laborieuse et de sa tendresse pour sa fille. Dès ce temps-là, cette excellente mère pensait à votre établissement futur. C'eût été vraiment un grand malheur que ces biens si légitimes eussent passé pour jamais en d'autres mains, comme des richesses mal acquises dont on dépouille un injuste possesseur.

Rose voulut visiter le concierge et sa famille. Hildegarde l'accompagna. Comme elles traversaient la cour pour se rendre à la porte du château, Cuneric et Édelbert se joignirent à elles. Le concierge était en ce moment assis dans son grand fauteuil de cuir, et se reposait des fatigues de la guerre. Quand il entendit la voix de Cuneric, il se leva aussitôt pour ouvrir et vit devant lui la fille d'Édelbert,

— Eh bien! Rose! dit-il; oh! non, pardonnez-moi, je voulais dire mademoiselle Rose; que m'a-t-on dit sur vous? qu'ai-je appris? Mais entrez donc avec nos dignes maîtres. Oh! vraiment, j'aurais plutôt cru à la chute du ciel que je ne me serais imaginé avoir chez moi, pour servante, une noble héritière de Tannenbourg. C'est quelque chose d'inouï. Je puis à peine me figurer qu'une demoiselle de votre rang a balayé de ses mains ce plancher que je foule sous mes pieds. Cependant je m'étonne d'avoir eu assez peu de pénétration pour ne pas deviner plus tôt que vous étiez la fille du noble Édelbert. Hier au soir, pendant que cette nouvelle arrachait des cris de surprise aux soldats rassemblés dans la cour, je suis accouru et j'ai tout appris : ce fut pour moi un trait de lumière; je compris alors ce tendre intérêt que vous inspirait le chevalier. J'admire aujourd'hui votre piété filiale, et je vois avec plaisir que le Seigneur et notre excellent maître vous en ont dignement récompensée. Mais Hedwige, quels yeux elle ouvrait en apprenant cette nouvelle! la pauvre femme! j'ai cru qu'elle en perdrait la tête. Mais tant pis pour elle; il faut qu'elle s'excuse auprès de vous, ma noble demoiselle, de toutes les grossièretés qu'elle a pu se permettre à votre égard.

Les deux enfants du concierge se tenaient timidement à l'écart; Rose alla les chercher et se mit à leur parler avec sa bonté accoutumée. Ces avances qu'elle leur fit leur rendirent le courage.

— Te voilà bien belle maintenant, mademoiselle Rose! lui dit la petite Berthe; on dirait qu'avec ces nouveaux habits tu as pris même un nouveau visage.

— Je n'y vois point de mal, dit le petit garçon, pourvu que mademoiselle Rose continue d'être notre servante; car jamais de la vie nous n'en trouverons une qui la vaille.

Cette parole naïve fit rire toute la compagnie.

— Où donc est votre mère, enfants? demanda Rose.

— Elle était là tout à l'heure, dit la petite fille; elle achevait de couper le pain pour la soupe : la soupière est encore sur la table.

— Oui, ajouta le petit garçon; mais quand elle a vu venir les maîtres, elle a pris la porte, comme si elle avait eu un loup à sa poursuite.

Rose passa par une porte qui conduisait à la cuisine, et ramena la femme du concierge dans la chambre.

La pauvre femme parut toute confuse en voyant devant elle Rose et Édelbert en habits magnifiques, et les maîtres du château avec eux. Elle devenait rouge et pâle tour à tour.

— Mon Dieu, dit-elle, je me cacherais dans un trou de souris pour dérober ma honte aux regards de vos seigneuries ; car elles savent sans doute les beaux noms que j'ai souvent donnés à cette noble demoiselle. Mais si j'avais su quelle était sa naissance et à quel degré d'honneur elle devait être élevée par la suite, il est certain que je me serais comportée bien différemment à son égard.

— Je ne suis pas en cela de votre avis, bonne femme, reprit Hildegarde ; le dernier des hommes a Dieu pour père, et cette haute origine lui constitue une noblesse à laquelle nulle autre ne peut se comparer. Le plus pauvre mendiant, pourvu qu'il suive les commandements du Père céleste et vive selon la justice, recevra dans l'autre monde une couronne plus glorieuse que toutes celles de la terre. Nous devons donc traiter avec bienveillance et avec amour les plus misérables même d'entre les hommes. Vous éprouvez de la honte et du regret d'avoir montré peu de douceur envers celle qui fut votre servante, parce que sa position est changée et que vous voyez en elle aujourd'hui une demoiselle de haute naissance; mais n'aurons-nous pas des regrets plus amers, une confusion plus grande ne couvrira-t-elle pas notre visage, lorsque ces pauvres, que nous aurons traités en ce monde avec hauteur et avec mépris, nous les verrons dans un monde meilleur, environnés de gloire et assis à la droite de Dieu ?

La femme du concierge convint de ses torts, et demanda pardon à Rose à plusieurs reprises et en versant beaucoup de larmes. Rose lui répondit :

— J'ai souvent désiré, ma chère Hedwige, de vous donner certains conseils qui me paraissent bons à suivre ; mais je ne le pouvais pas tant que j'étais à votre service, et il me fallait attendre un moment plus favorable. Ce moment est venu, et maintenant il faut que je vous parle. D'abord, je dois dire hautement ici, en présence de vos maîtres et de mon père, que vous êtes au fond une excellente femme, une épouse soigneuse et fort attachée à votre mari, une mère tendre et dévouée pour vos enfants, une parfaite maîtresse de ménage ; vous êtes active et laborieuse ; l'ordre et la propreté règnent dans votre maison ; vous avez une économie qui n'est point de l'avarice et vous faites beaucoup de bien aux pauvres. Il est certain aussi que vous aimez à rendre service, et que vous vous montrez amicale et prévenante envers tout le monde, quand la colère ne vous égare pas ; mais quand votre vivacité vous emporte, alors vous n'êtes plus maîtresse de vous-même, vous dites et vous faites des choses qui n'ont point de sens. Cette mauvaise humeur empoisonne votre existence et fait le malheur de ceux qui vivent avec vous : elle vous a donné partout la réputation d'une méchante femme ; on dit même, quoiqu'à tort, que vous avez peu de jugement ; on dit cela parce que vous vous laissez plus souvent gouverner par la colère que par la raison.

Faites donc un effort sur vous-même ; rendez-vous maîtresse de cette humeur violente, écoutez les conseils de la raison ; persuadez-vous bien que la colère peut justement s'appeler un court accès de folie ; songez que la patience et la douceur sont les premières vertus commandées par l'Évangile. Prenez aujourd'hui la ferme résolution de vous corriger, renouvelez-la matin et soir, et même dans le cours de la journée, en invoquant le saint nom de Dieu, et en implorant son secours par de ferventes prières. Vous ne réussirez pas dès le premier jour : car la chose la plus difficile au monde, c'est de se vaincre soi-même ; mais ne perdez point courage, ne vous lassez pas, mais affermissez-vous de plus en plus dans ces bonnes intentions : un arbre ne tombe pas sous le premier coup de cognée. Persévérez toujours, et vous finirez par vaincre la colère, qui est véritablement le plus cruel ennemi que vous ayez sur la terre.

Après cela, quand vous aurez une nouvelle servante, vous saurez comment vous conduire envers elle : si vous voyez que ce n'est pas la bonne volonté qui lui manque, n'exigez pas qu'elle sache, dès le premier moment, ce qu'elle ne doit apprendre que par une longue habitude. Prenez la peine de la former vous-même par vos conseils et en lui montrant ce qu'il faut faire : point d'impatience ; répétez-lui dix fois la même chose plutôt que de vous fâcher une seule. Si elle vient à faire quelque maladresse, reprenez-la sans aigreur et sans emportement : de cette manière vous la rendrez docile et soumise ; elle comprendra qu'elle vous doit beaucoup pour vos conseils et vos leçons, elle voudra vous complaire en tout ; elle préviendra vos désirs et se montrera pleine de respect et d'attachement pour vous.

Oui, ma chère Hedwige, tâchez de dompter en vous cette malheureuse habitude, et je vous réponds que vous passerez partout pour une excellente femme. Si j'avais moins d'estime pour vous, je ne vous aurais pas fait ce long sermon. Profitez de mes conseils et vous n'aurez pas à vous en repentir.

— Voilà ce qui s'appelle parler avec sagesse! cria Cuneric ; voilà une leçon que beaucoup d'hommes, j'en excepte Édelbert, et beaucoup de femmes, j'en excepte la mienne, auraient besoin d'apprendre par cœur. Vous êtes, Rose, une charmante demoiselle ; et la meilleure éducation s'unit en vous au naturel le plus heureux. Soyez sûre que je prends ma part de vos sages conseils ; ils me rappellent ceux que mon père me donnait souvent à propos de la colère, et qu'il renfermait dans une courte sentence : « Mon fils, mon fils, me disait-il en secouant sa tête blanchie dans les batailles, plus d'esprit et moins de bruit ; c'est le moyen de se tirer d'affaire en ce bas monde. »

Quelques jours après, Cuneric et son épouse, suivis d'un brillant cortége de soldats et de serviteurs en livrée, se rendirent avec Édelbert et sa fille au château de Tannenbourg. Le bruit de leur arrivée s'était déjà répandu au loin. En traversant les villages et les hameaux situés dans les domaines de Cuneric, on voyait sortir de toutes les maisons, de toutes les chaumières, des hommes, des enfants et des femmes, qui se réjouissaient de la réconciliation des deux chevaliers, et témoignaient un vif désir de voir la jeune demoiselle qui avait montré un si grand amour pour son père, et si courageusement sauvé l'héritier de Cuneric.

Mais quand on arriva sur les terres de Tannenbourg, on ne vit sur la route qu'une solitude profonde et un silence de mort : il semblait que les villages n'avaient plus d'habitants. Édelbert en était surpris et cherchait la cause de ce calme extraordinaire. Son inquiétude à cet égard ne dura pas longtemps: arrivé devant la porte extérieure de son château, il vit la cour encombrée de monde. Tous ses vassaux s'y trouvaient réunis en habits de fête et rangés dans le plus bel ordre : d'un côté les enfants, les jeunes gens et les hommes sur plusieurs lignes ; de l'autre les petites filles, les jeunes demoiselles et les mères. Waldmann, le charbonnier, porta la parole au nom des hommes, et Gertrude au nom des femmes. Waldmann s'était résigné à apprendre par cœur une espèce de harangue très-longue et très-absurde, que l'intendant du château lui avait composée dans le style de l'époque. Le brave charbonnier commença d'un ton solennel et avec un geste emphatique :

— Puisque c'est une chose assurée, visible, oculaire, et qui ne peut être sérieusement révoquée en doute que...que...que...dans ce beau jour qui...

Le malheureux, trahi par sa mémoire qui succombait sous le poids des belles choses qu'il avait à dire, ne put aller plus loin;

mais il ne perdit pas la tête et continua sur un ton plus modeste :

— Excusez-moi, mon seigneur et maître, votre honorée et chère présence m'a si fort troublé, que toute la rhétorique dont j'avais chargé mon esprit s'est comme envolée. J'en suis fâché vraiment, car tout ce que je puis vous dire, c'est que, heureux d'avoir vu ce beau jour, je puis mourir maintenant sans regret.

La harangue de Gertrude eut le même sort que celle de son mari ; la chère femme oublia tous les compliments qu'elle avait à dire et ne trouva guère que des pleurs de joie pour saluer le retour d'Édelbert et de sa fille. L'émotion des bons paysans était extrême : Édelbert et sa fille, attendris eux-mêmes jusqu'aux larmes, parcoururent les rangs de cette foule joyeuse.

Sur le perron qui se trouvait devant la porte des appartements, Sigebert, Théobald et quelques autres chevaliers, avec leurs épouses, leurs fils et leurs filles en habits magnifiques, et une suite nombreuse d'écuyers et de serviteurs, attendaient les arrivants. Sur le devant du perron se tenait Agnès, la douce fille du charbonnier, en robe blanche et le front couronné de fleurs ; elle portait dans ses mains un coussin de velours cramoisi, sur lequel étaient posées les clefs du château.

— Noble châtelaine, dit-elle à Rose, non-seulement vous avez rendu la liberté à votre glorieux père, mais vous lui avez encore ouvert les portes de son château : c'est donc à vous qu'il appartient de lui en remettre les clefs.

Rose reçut le coussin et l'offrit au noble Édelbert, qui prit les clefs en levant vers le ciel un pieux regard. Le souvenir de la nuit terrible où il était resté à cette même porte, par la pluie et le vent, garroté sur une charrette, pendant que Rose pleurait et se lamentait, lui revint en ce moment à la mémoire, et rendit plus touchante encore la réception que l'épouse de Cuneric lui avait préparée.

— Avant que mon pied ne franchisse le seuil de cette porte, dit-il, rendons-nous à la chapelle du château et remercions le Seigneur qui a changé la haine en amitié et la douleur en allégresse ; offrons-lui le tribut d'une pieuse reconnaissance en chantant un joyeux *Te Deum*.

Tous les chevaliers et leurs dames s'empressèrent de le suivre à la chapelle, qui bientôt retentit de leurs actions de grâces et de leurs chants.

De la chapelle on se rendit à la grande salle

du château, où un splendide repas était servi. Des tables furent dressées dans la cour pour les hommes d'armes des chevaliers et pour les vassaux. Édelbert ne put attendre la fin du repas; il quitta la table et vint partager la joie de ses fidèles vassaux, parmi lesquels il aimait à se trouver, comme un père au milieu de ses enfants. Il chercha d'abord dans la foule l'honnête Waldmann et sa femme.

— Vieux et fidèle serviteur, dit-il au charbonnier, puisque toi et Gertrude vous avez si généreusement reçu ma fille dans votre humble cabane, de ce moment vous ne quitterez plus mon château : toi, Waldmann, je te fais dès aujourd'hui mon écuyer; c'est un poste qui te convient mieux encore que l'état de charbonnier dans la forêt; car de bonne heure tu as servi comme cavalier, et je ne connais point d'homme qui se tienne mieux à cheval que toi. La bonne Gertrude, qui ne m'a point laissé manquer de linge dans ma triste prison, sera chargée de la lingerie du château. Quant à Agnès, je veux qu'elle soit la compagne inséparable de ma fille dans la prospérité, comme elle a été sa fidèle amie dans le malheur.

Édelbert fit ensuite le tour des tables et trouva quelque parole agréable à dire à chacun des convives. La dame de Fichtenbourg, voyant qu'il était impossible d'inviter à la fois tous les vassaux d'Édelbert, s'était contentée de réunir les pères de famille les plus avancés en âge avec leurs enfants et leurs petits enfants, sans distinction de riches et de pauvres. Elle avait dit aux autres que le chevalier les inviterait à leur tour une autre fois. Plusieurs de ceux qui étaient présents avaient reçu autrefois d'Edelbert des secours annuels ou mensuels. Depuis que le domaine avait changé de maître, ils ne recevaient plus rien. Le seigneur de Tannebourg leur annonça qu'à l'avenir ils recevraient de lui les mêmes bienfaits : cette promesse les remplit de joie ; tous jurèrent qu'ils étaient prêts à donner leurs biens et leurs vies pour un si bon seigneur. Cuneric était descendu et marchait à côté d'Edelbert. Frappé du zèle et de l'enthousiasme de ces braves gens, il s'écria :

— Il est donc vrai que la douceur fait plus que la violence, et qu'il vaut mieux être aimé que d'être craint !

— Se faire aimer des bons et se faire craindre des méchants, reprit Édelbert, voilà selon moi le devoir d'un parfait seigneur.

CHAPITRE XIX.

SUITE DE L'HISTOIRE DE ROSE.

Quelques jours après, Cuneric et son épouse retournèrent dans leur château. Depuis lors, la plus franche amitié régna entre les deux chevaliers, et ce fut entre eux un échange continuel d'agréables visites. Soit pour ses intérêts, soit pour ceux de ses vassaux, Cuneric prenait en toute occasion les conseils d'Édelbert; Rose honorait sa noble Hildegarde comme une seconde mère, et cherchait continuellement à s'instruire auprès d'elle. L'union intime qui s'était établie entre eux faisait le plus doux charme et le plus bel ornement de leur existence.

Une fois Cuneric demeura quelque temps sans venir à Tannenbourg; il usa même de divers prétextes insignifiants pour empêcher Édelbert et sa fille de se rendre dans son chataau comme ils en avaient le désir. Mais un jour il arriva brusquement au galop de son cheval, et invita son ami ainsi que Rose à le suivre incontinent à Fichtenbourg. Ils remarquèrent bien sur son visage et sur toute sa personne qu'il avait quelque idée en tête; mais ils ne parvinrent pas à lui tirer son secret. Cependant ils se mirent en route avec lui. Lorsqu'ils furent arrivés à Fichtenbourg, Cuneric leur laissa à peine le temps de saluer la châtelaine.

— Edelbert, dit-il, suis-moi à l'instant même, et que Rose vienne avec nous.

Il entraîna presque de force le vieux chevalier; Hildegarde et Rose les suivirent. Ils traversèrent l'obscure galerie qui menait au cachot d'Edelbert.

— Où me conduis-tu donc? lui dit Edelbert en souriant; est-ce que tu voudrais me remettre en prison?

— En vérité, disait Rose, je ne me sens nulle envie de rentrer dans ce lugubre cachot. Quelle peut être l'intention du chevalier Cuneric?

Le châtelain ne répondit pas, mais il ouvrit la porte du cachot, et ils virent avec étonnement une chapelle superbe et magnifiquement ornée dans le goût de l'époque : de hautes fenêtres à vitres de couleur y laissaient descendre une douce lumière; la voûte et les murailles étaient peintes en bleu de ciel et semées d'étoiles d'or; l'autel était orné de brillantes ciselures.

Edelbert et sa fille témoignèrent aussitôt leur étonnement et leur admiration.

— J'étais bien sûr que ceci vous plairait, leur dit alors Cuneric; c'est une surprise que j'ai voulu vous ménager; et voilà pourquoi j'ai refusé de vous recevoir au château pendant tout le temps qu'ont duré ces travaux. Eh bien! qu'en dites-vous? Ne voilà-t-il pas une magnifique chapelle? Mais c'est à ma pieuse Hildegarde qu'en revient tout l'honneur, car c'est elle qui m'a donné cette heureuse idée. Voici comment la chose s'est passée entre nous deux : l'automne dernier, lorsqu'après vous avoir conduits à Tannenbourg, nous revînmes au château, Hildegarde me pria de visiter avec elle le triste cachot où tu avais gémi si longtemps, cher Edelbert. A parler vrai je n'en avais nulle envie.

Pourquoi descendre dans ce cachot? lui dis-je; qu'y veux-tu faire? tu sais bien que sa vue ne peut pas m'être agréable.

Je finis cependant par me rendre à ses vives sollicitations et je la suivis.

— Tu vas voir, me dit-elle en ouvrant la porte, comme l'amour filial a su transformer ce noir cachot en une riante demeure.

— En effet, lui répondis-je, l'aspect de ce

lieu était horrible et repoussant; aujourd'hui le voilà clair et brillant comme une chapelle.

Cette parole causa la joie la plus vive à Hildegarde.

— Cher époux, dit-elle, cette excellente idée qui te vient en ce moment était déjà la mienne, mais je ne voulais point parler la première. Quand j'ai vu la magnifique chapelle de Tannenbourg, je me suis dit aussitôt : il nous en manque une pareille dans notre château. Alors je pensais que ce cachot spacieux et à voûte élevée pourrait facilement recevoir cette pieuse destination. Nous devons beaucoup à Dieu qui nous a conservé notre fils, et nous ne pouvons nous dispenser de lui prouver notre reconnaissance par un monument consacré à son saint nom. La fondation d'une chapelle est la meilleure chose que nous puissions faire pour nous acquitter envers lui. Sous un autre rapport, d'ailleurs, cette idée me semble très-heureuse : nous n'avons point de chapelle au château : c'est la seule chose qui nous manque. Jusqu'à ce moment il a fallu nous rendre chaque dimanche et chaque jour de fête à l'église du village, située au pied de la montagne, pour y entendre le service divin. Il est bon sans doute que riches et pauvres, seigneurs et vassaux, adorent au même autel et se courbent devant le même

Dieu ; mais il arrive aussi que ce trajet si long nous devient impossible, soit dans les jours de maladie, soit par les mauvais temps. Une chapelle, bâtie dans l'intérieur même de notre château, ne peut manquer d'attirer la bénédiction divine sur nous et nos descendants.

Cette proposition me plut.

— Tu as parfaitement raison, lui dis-je, il sera fait selon ton désir. Nul prisonnier désormais n'entrera dans ce triste cachot pour y gémir dans les fers, car nous en ferons un monument de notre reconnaissance envers Dieu, qui nous a fait la grace de sauver notre fils par les mains de Rose, pour me réconcilier ensuite avec Edelbert et me rendre la paix du cœur, que j'avais depuis si longtemps perdue. Voilà comment cette chapelle a été faite.

— Demain, ajouta la noble Hildegarde, elle sera consacrée au Seigneur par le pieux abbé Norbert ; beaucoup de chevaliers, parmi lesquels se trouveront Sigebert et Théobald, doivent se rendre au château avec leurs épouses et leurs enfants, pour assister à cette fête pieuse ; mais c'est sur vous, noble Edelbert, et sur vous, aimable Rose, vous, les meilleurs et les plus chers de nos amis, que nous comptons surtout pour l'embellir de votre présence. Nous sommes certains que vous prendrez à la consécration de cette chapelle un intérêt tout particulier, car c'est à vous qu'elle doit son existence, et vous ne pourrez assister à cette cérémonie sans une religieuse et douce émotion.

La consécration de la chapelle fut en effet une très-belle et très-touchante fête. Les chevaliers invités ne manquèrent pas d'arriver exactement à l'heure indiquée avec leur suite, tous en grand costume, suivant l'usage de ce temps-là, revêtus de la cuirasse, le casque en tête et l'épée au côté. Ils se rangèrent des deux côtés de l'autel. Leurs épouses étaient en robes noires brochées d'or, comme c'était alors la coutume aux plus grandes fêtes. Les demoiselles étaient en blanc et couronnées de fleurs. Tous se présentèrent devant le Seigneur animés des plus purs sentiments de piété. Le jeune Ernest et ses deux sœurs se mirent à genoux devant l'autel en élevant leurs petites mains dans une attitude recueillie, de sorte qu'à les voir on les eût pris pour des anges.

La chapelle était jonchée et tapissée de feuillage, l'autel paré de fleurs fraîches écloses; une multitude de cierges brillaient allumés, et des nuages d'encens montaient vers le ciel.

Le vénérable abbé Norbert, revêtu de l'étole sacrée et la mitre à la main, s'avança vers l'autel, suivi de plusieurs ecclésiastiques en habits sacerdotaux et se tourna vers l'assemblée. Il vit avec une secrète joie l'attitude recueillie de tous les fidèles, et leur fit un petit discours dont voici à peu près la substance :

« Mes très-chers frères, un fils miraculeusement rendu à ses parents, un père soulagé dans sa prison par une vertueuse fille, voilà ce qui a donné lieu à la fondation de cette chapelle, voilà ce qui a suggéré aux maîtres de ce château l'idée de consacrer au culte du Seigneur le cachot le plus sombre où jamais ait gémi un prisonnier ; c'est parce qu'il a été le théâtre de la tendresse filiale et du dévouement de Rose de Tannenbourg, que nous venons aujourd'hui nous agenouiller au pied de cet autel et remercier Dieu de ses bienfaits.

» L'événement qui nous a préparé ce jour solennel me fournira aussi le texte de mon discours. Cependant, de peur de blesser la modestie de quelques-uns de mes honorables auditeurs, je ne parlerai pas davantage de cet événement : il est suffisamment connu de tous. Je me contenterai de tirer de cette histoire les salutaires leçons qu'elle renferme. Je vois cet autel entouré d'un grand nombre de pères de famille, de leurs chers enfants ;

un mot pour les uns et pour les autres, ce sera tout.

» Parmi les œuvres du Seigneur il n'en est pas où sa sagesse et sa bonté se révèlent d'une manière plus admirable que dans ce lien d'amour qu'il a mis entre de tendres parents et les créatures les plus aimables et les plus faibles qu'il y ait sur la terre, les petits enfants: il a mis dans le cœur des pères et des mères une affection puissante, un sentiment plein de force, qui est comme une étincelle de cet amour immense qui embrasse toutes choses. Ses premiers bienfaits, c'est par l'entremise de nos parents qu'il les répand sur nous, c'est par eux qu'il pourvoit aux premiers besoins de nos corps et de nos ames: un bon père et une mère sont les ministres de sa providence, et voilà comment l'être invisible nous manifeste et nous révèle son amour infini dans l'affection que nos parents ont pour nous.

» Puissent donc tous les pères et toutes les mères s'efforcer d'offrir à leurs enfants une fidèle image de la bonté souveraine; puissent-ils se conformer à leur divin modèle, qui ne se contente pas de nous donner la nourriture et l'entretien du corps, mais sait encore, par toutes sortes de moyens, pourvoir à notre instruction morale, et nous porter au bien par l'attrait des récompenses et par la crainte des châtiments ; de sorte que toutes ses dispositions ne tendent qu'à faire de nous des hommes vertueux et sages ! Puisse l'amour des pères et des mères pour leurs enfants, cette flamme descendue du ciel, n'être jamais obscurcie par la vapeur grossière des affections terrestres, et ne jamais dégénérer en une aveugle indulgence qui perd les enfants, en fermant les yeux sur leurs défauts et sur leurs fautes ! Puisse encore cette flamme céleste, l'amour des pères et des mères pour leurs enfants, ne jamais s'éteindre dans l'amour du monde, dans la fange des vices, dans une atmosphère impure de plaisirs et de passions coupables !

» Puissent à leur tour les enfants apprécier, comme ils le doivent, le bonheur d'avoir des parents sages et vertueux ! Jeunes gens et jeunes filles, qui avez déjà laissé derrière vous le premier âge, reportez-vous à ces douces années de votre enfance, le plus heureux temps de votre vie : vos parents ont pourvu à tous vos besoins ; une tendre mère a préparé de ses mains diligentes les vêtements dont vous avez été couverts ; votre père ne s'est épargné aucune peine, et s'est interdit bien des plaisirs pour vous fournir tout ce qui était nécessaire à votre entretien. Quand vous étiez malades, votre mère passait de longues nuits sans sommeil auprès de votre lit de douleur. C'est la tendresse inquiète de vos parents qui vous a préservés de tous dangers. C'est auprès d'eux que vous avez trouvé un refuge dans vos petits malheurs, et ce sont eux qui ont séché vos larmes. Leur intelligence a dirigé vos premiers pas dans la vie, elle a suppléé à votre inexpérience, et leur esprit a passé en vous. Ils vous ont appris à parler : vous leur avez demandé cent fois le nom des choses qui frappaient vos yeux, et jamais ils ne se sont lassés de répondre avec une aimable complaisance à toutes vos questions; ils vous ont fait connaître ce qu'il y a de vrai, de bon et de beau dans le monde, et vous ont appris à l'aimer; ils ont été les médiateurs entre vous et vos frères ou vos jeunes camarades, et ont terminé vos petites querelles en vous rappelant à la douceur, à la paix, à l'union. La joie que votre bonne conduite causait à votre père, le sourire amical de votre mère, étaient pour vous une récompense plus douce que tous les cadeaux si chers à l'enfance. Les corrections mêmes qu'ils jugeaient parfois nécessaires étaient encore des preuves de leur amour : de sorte que, depuis le moment où vos yeux se sont ouverts, toute votre vie est un bienfait continuel de la Providence.

» Reconnaissez donc, dans cette œuvre admirable établie par Dieu lui-même, son amour et sa bienveillance pour les hommes. Honorez-le dans la personne de vos parents, qui ont été les instruments volontaires de sa tendresse. Adorez-les, ces parents que Dieu vous a donnés; obéissez-leur en toute chose, car ils vous surpassent en sagesse, et c'est à votre bien que s'applique leur intelligence; empressez-vous de faire toutes leurs volontés. Que vos cœurs soient toujours remplis pour eux de la plus tendre reconnaissance! Loin de vous l'ingratitude, le plus affreux de tous les vices, quand il souille l'âme d'un enfant! Ayez en eux la plus entière confiance. Avez-vous commis quelque faute? n'ayez point recours à la dissimulation et au mensonge pour éviter le châtiment, car ce serait faire les premiers pas vers un abîme où vous seriez sûrs de périr sans retour; appliquez-vous à leur causer de la joie. Les bienfaits que vous avez reçus d'eux sont trop grands pour que vous puissiez jamais leur en payer le prix; mais vous pouvez du moins leur témoigner que vous sentez l'étendue de vos devoirs à leur égard. Comme ils ont eu soin de votre enfance débile et souffrante, prenez soin, à votre tour, de leur vieillesse infirme et nécessiteuse; adoucissez leurs derniers jours. Imposez-vous à vous-même les plus rudes privations plutôt que de les laisser manquer jamais du nécessaire. C'est le seul moyen d'accomplir le quatrième commandement et d'être heureux dans cette vie et dans l'autre. La bénédiction du Seigneur vous accompagnera jusqu'à la tombe, et vous partagerez dans le Ciel la gloire qu'il réserve à ses élus.

Maintenant, j'élève mes regards vers le Seigneur, à qui cet autel va être consacré. Nous avons tous en lui un père plein d'amour, et il veut trouver en nous des enfants pleins de reconnaissance; il demande que nous lui donnions le plus tendre des noms, le nom de *père*, et lui-même nous dit, par la bouche d'un de ses prophètes, qu'*une mère peut oublier son enfant*, mais que *lui, parce qu'il est Dieu, n'oubliera jamais les siens*. Pères et mères, qui avez dans le cœur une vive et profonde tendresse pour vos enfants, apprenez par là quel est l'amour du Père céleste pour tous les hommes. Dans vos misères, dans vos douleurs, dans vos défaillances, consolez-vous par cette pensée : *Dieu m'aime infiniment plus que je n'aime mes enfants. Comment pourrait-il n'avoir pas soin de moi? comment pourrait-il m'oublier?* Mais il n'y a que les enfants dont le cœur a été formé au respect, à l'amour, à la confiance, à l'obéissance envers leurs parents, qui puissent avec vérité, et dans l'effusion du cœur, donner à Dieu ce doux nom de *père*; seuls ils sont capables de l'aimer par-dessus toutes choses; seuls ils peuvent résister à toutes les séductions du mal par attachement à ses saintes lois; seuls ils seront des hommes vertueux et sages. Il n'y a que des enfants habitués, dans la maison paternelle, à chérir leurs frères et sœurs, et purs de tout sentiment de haine, d'envie, de contention, qui, à leur entrée dans le monde, puissent aimer tous les hommes comme leurs frères et leurs sœurs, comme les enfants du Père céleste. Ceux-là seulement trouveront, dans leur confiance en Dieu, un ferme appui contre les afflictions et les peines dont la vie de l'homme n'est jamais exempte; eux seuls verront la mort sans effroi, parce qu'ils sauront qu'elle ne vient les prendre que pour les conduire à la maison de leur Père céleste, la plus heureuse demeure que des enfants puissent habiter.

» Notre Père qui êtes aux Cieux, faites que tous les hommes vous aiment par-dessus toute chose, et qu'ils s'aiment entre eux comme des frères! faites qu'ils assistent dans leurs maux la veuve et l'orphelin, et qu'ils se gardent purs de la corruption du siècle, qui tarit dans tous les cœurs la source des sentiments humains et de l'affection véritable! Voilà le culte que vous aimez, Seigneur, et que votre divin Fils est venu apporter au monde. C'est par là seulement que toutes les familles de la terre arriveront à ne former plus qu'une immense famille, sur laquelle vos regards de père s'abaisseront avec amour. En attendant, Seigneur, et pour avancer votre œuvre divine, que votre bénédiction descende sur cette chapelle, que je consacre à votre gloire sous l'invocation de la bienheureuse Vierge, choisie par un décret de votre amour et de votre sagesse pour être la mère de votre Fils, notre Seigneur, qui était avec vous dès le commencement, et qui règne avec vous jusqu'à la fin des siècles. *Amen.* »

Le pieux abbé fit alors les cérémonies de la dédicace et de la consécration; puis il célébra, pour la première fois, la messe dans la chapelle.

Le service fini, tous les assistants, émus et pleins de joie, se rendirent dans la grande salle du château pour se mettre à table. Ils étaient à peine assis, qu'une fanfare éclatante se fit entendre dans la cour. Cuneric et les autres chevaliers se lèvent aussitôt, courent à la fenêtre et regardent. Ils voient une troupe nombreuse de cavaliers revêtus d'armes brillantes. Au même instant, des serviteurs se précipitent dans la salle en criant :

— Le duc de Souabe!

Les chevaliers se disposaient à sortir au-devant de lui, quand il entra lui-même accompagné de plusieurs seigneurs de sa cour. C'était un homme d'une figure majestueuse et d'une haute taille. Les boucles de [illegible] veux commençaient à blanchir, [illegible] n'avait point encore amorti le feu de [illegible] gards. Il salua d'abord Edelbert en lui [illegible] la main.

— Tannenbourg, lui dit-il, j'ai [illegible] annoncer le premier l'heureuse paix, [illegible] le prix et la fin de nos combats. Vous [illegible] votre part de cette gloire, et il m'est doux de vous offrir les remerciements de l'empereur et les miens pour le secours que vous nous avez prêté dans cette guerre. La conduite de vos hommes d'armes a été parfaite ; ils se sont montrés dignes de vous. J'ai voulu vous les ramener moi-même, afin de leur rendre auprès de vous ce témoignage honorable. Nous sommes arrivés hier à Tannenbourg au commencement de la nuit, et j'ai appris que vous étiez en visite chez le chevalier Cunéric. Je suis parti au lever du soleil, suivi de mes guerriers, pour vous voir en passant dans ce château, persuadé que je trouverais aussi dans Cunéric un loyal et fidèle ami de son souverain. Me suis-je trompé ? ajouta-t-il en se tournant vers le sire de Fichtenbourg et en lui tendant la main. Vous ne vous attendiez pas à ma visite. Je viens, par l'ordre de l'empereur, vous exprimer la joie que [illegible] cause votre réconciliation avec le noble Edelbert, et vous témoigner la satisfaction [illegible] j'éprouve moi-même à voir la paix et l'amitié rétablies entre deux braves chevaliers qui n'étaient pas faits pour se haïr.

Cuneric était transporté de joie. La faveur de l'empereur et celle du duc faisaient sur lui l'effet d'un vin du Rhin : il en était comme enivré.

Le duc aperçut alors le pieux abbé. Il s'avança vers lui, et lui témoigna la joie sincère qu'il éprouvait à le voir; puis il ajouta :

— Je suis d'autant plus heureux de vous rencontrer ici, vénérable père, que nous autres gens du monde, nous pouvons rarement jouir de votre vue; car vous ne sortez du cloître que pour aller où vos pieux devoirs vous appellent.

Puis, se tournant vers l'épouse de Cuneric, il lui dit :

— Me pardonnerez-vous, noble châtelaine, si, me confiant dans votre bonté, je viens augmenter le nombre de vos convives, et m'asseoir à votre table avec les seigneurs de ma suite, pour lesquels je réclame, ainsi que pour moi, toute votre indulgence? Je vous salue en leur nom et au mien, aimable hôtesse, et nous allons, puisque vous le permettez, prendre part à votre fête pieuse.

— Pour vous, mademoiselle, ajouta-t-il en se tournant vers Rose de Tannenbourg, je suis chargé d'une commission particulière dont je m'acquitterai après le dîner. En ce moment, je ne veux pas faire attendre plus long-temps ces nobles chevaliers ainsi que leurs dames et leurs demoiselles, à qui j'offre mes salutations. A table donc, et je veux donner ici le bon exemple ; car, à vrai dire, la marche rapide que nous venons de faire m'a fort aiguisé l'appétit. Mettons-nous donc à table, comme de vrais amis et sans cérémonie. Je désire que la dame de Fichtenbourg et la fille du noble Édelbert se placent à mes côtés, quoique ce soit faire mentir le proverbe qui dit que la vertu se trouve dans le milieu. Quant à vous, M. l'abbé, j'aimerais à vous voir assis en face de moi, entre les deux chevaliers devenus amis. Nulle autre place ne saurait mieux vous convenir ; réconcilier les hommes, mettre la paix entre eux, étendre dans les cœurs tout sentiment de haine, telles sont vos saintes occupations. De cette manière, d'ailleurs, nous aurons autour de nous les quatre personnes qui ont la plus grande part dans l'événement qui nous rassemble, et nous en pourrons parler tout à notre aise ; les autres convives savent les places qu'ils doivent prendre.

Le duc s'assit à la première place, où l'on

avait mis exprès un couvert de grand prix et une coupe d'or à belles ciselures. Les autres conviés se rangèrent dans l'ordre qui avait été fixé d'avance.

Lorsque la première faim fut apaisée, le duc prit la parole et dit :

— Comme le bruit des démêlés de Cuneric et d'Edelbert était venu jusqu'à nous à l'armée, nous y avons appris aussi leur réconciliation. Cette seconde nouvelle nous a fait autant de plaisir que la première nous avait causé de peine. La part que la noble Hildegarde et surtout l'aimable Rose ont dans cet heureux événement, nous est déjà connue; cependant le vif intérêt que nous prenons à toute cette histoire nous fait désirer d'en connaître jusqu'aux plus petits détails.

Alors il fit diverses questions et s'informa exactement de chaque circonstance. Édelbert et Rose, Cuneric et Hildegarde s'empressaient tour à tour de satisfaire sa curiosité. Il prêtait à leurs récits la plus grande attention; tantôt c'était le malheur d'Edelbert qui faisait couler ses larmes, tantôt c'était l'héroïsme de Rose qui excitait son admiration. Il donna aussi de justes éloges à la conduite de la noble Hildegarde et témoigna combien il était satisfait des derniers procédés de Cuneric. Pour ménager ce dernier, Edelbert et Rose voulaient supprimer certaines circonstances ou glisser légèrement sur certains détails; mais Cuneric ne le permettait pas, et il racontait lui-même fidèlement ce qu'ils avaient passé sous silence.

— J'ai été bien coupable, disait-il, mais le mal est fait et rien ne sert de le cacher. Il faut mieux reconnaître franchement ses fautes et les réparer aussi bien qu'on peut; je crois l'avoir fait d'une manière honorable, et je conseille à tout homme qui a commis les mêmes fautes d'en faire autant. Je lui réponds d'avance qu'il s'en trouvera bien; s'il ne le fait pas, au contraire, le contentement et la paix ne rentreront jamais dans son cœur.

A la fin du récit, le duc jeta sur l'assemblée un regard satisfait.

— C'est à cette aimable demoiselle, dit-il, que nous devons d'être aussi joyeusement réunis autour de cette table; sans elle, nous serions en ce moment à nous combattre les uns les autres dans le feu d'une sanglante bataille. Car il va de soi que nous n'aurions pas laissé Édelbert en prison; il était déjà convenu à l'armée impériale que, la guerre une fois terminée avec les ennemis du dehors, je marcherais avec des forces considérables contre le château de Cuneric et que je m'en emparerais. Le chevalier de Firchtenbourg ne se fût pas rendu sans coup férir ; il eût fait une vive résistance et beaucoup de sang aurait coulé sous les murs de son château. Remercions Dieu de ce que la douce entremise d'une femme a prévenu ces affreux malheurs.

La modeste Rose ne peut s'empêcher de rougir à cette parole :

— Oui, dit-elle, monseigneur, il faut remercier Dieu qui a donné à ces tristes querelles une fin si heureuse ; mais pour moi je ne mérite pas tant d'honneur. Dieu seul a tout conduit. Le petit oiseau qui est venu boire ou se baigner dans le seau du puits a autant de part que moi à la réconciliation des deux chevaliers ; car sans lui je n'aurais point eu l'occasion de sauver le jeune Ernest, et de rendre un aussi important service à son père.

— Mademoiselle Rose a raison, dit le pieux abbé Norbert, il faut rapporter tout à Dieu, qui est le souverain auteur de tout bien, et souvent fait naître des plus petites circonstances les plus heureux résultats, comme un arbre immense naît d'un germe imperceptible. Les hommes et les choses ne sont que les instruments de sa providence et de sa bonté ; seulement les êtres qui concourent à l'accomplissement des desseins de Dieu méritent leur part des bénédictions et de l'amour que nous devons au bienfaiteur suprême.

Le vénérable abbé développa davantage cette idée, et, rappelant toute l'histoire de Rose, montra par la suite des faits, par l'enchaînement des effets et des causes, les utiles enseignements qu'elle renferme.

Son discours intéressa vivement toute l'assemblée ; quand il eut fini, le duc prit en main sa coupe d'or et se leva :

— A la santé de Maximilien d'Autriche, notre gracieux empereur! dit-il.

Tous alors, l'abbé, les chevaliers, les écuyers, les dames et les demoiselles se levèrent avec respect, répétèrent à haute voix la santé qu'il avait portée, et vidèrent leurs coupes. Le duc remit la sienne sur la table, et, se tournant du côté de Rose, lui dit :

— C'est en ce moment solennel que je veux remplir le message dont sa majesté l'empereur m'a chargé pour vous, ma chère demoiselle : votre noble conduite et votre piété filiale, qui nous ont épargné les malheurs d'une guerre civile, après une guerre étrangère si heureusement terminée, sont venues jusqu'aux oreilles de l'empereur ; et vous allez savoir ce qu'il a résolu dans sa haute sagesse ; votre noble père et tous les convives s'en réjouiront avec vous.

Le duc fit un signe à l'un des chevaliers de

sa suite, qui apporta une grande lettre, écrite sur un parchemin chargé de riches ornements; elle était enveloppée dans un étui de velours rouge; des rubans de soie brochés d'or attachaient le sceau impérial enfermé dans une boîte d'ivoire. Le duc remit cette lettre à Rose, étonnée d'une si grande faveur.

— Mademoiselle, lui dit-il, votre père n'ayant point de fils, la seigneurie de Tannenbourg, qui est un fief mâle, doit après lui tomber dans le domaine impérial; mais sa majesté, considérant que vous lui avez déjà rendu plus de services que dix fils ne pourraient peut-être lui en rendre, a résolu de faire passer sur votre tête cette riche seigneurie; la lettre que je vous ai remise vous expliquera plus en détail cette insigne faveur. Ainsi vous pouvez, dès aujourd'hui, vous choisir un époux parmi les enfants des plus nobles chevaliers de toute l'Allemagne; il n'aura pas d'autre condition à remplir que de prendre le titre de votre seigneurie de Tannenbourg. Puisse le nom illustre de vos ancêtres se transmettre pur et sans tache à une longue suite de descendants! puisse votre noble famille subsister longtemps pour le bonheur de vos vassaux et pour la gloire de l'empire!

Edelbert était profondément touché de cette

faveur signalée qu'il recevait de l'empereur. Rose, qui ne se croyait point digne d'un si grand honneur, ne trouvait point de paroles pour exprimer sa reconnaissance.

Le duc témoigna le désir de visiter le puits et la chapelle au sortir de la table. Aussitôt Hildegarde ordonna de fixer autour du seau des bougies allumées, afin d'éclairer la ténébreuse profondeur du puits.

Le duc s'y rendit avec tous les convives. Comme tous ceux qui avaient visité ce puits merveilleux, il en admira la gracieuse architecture. Mais quand il eut suivi quelque temps des yeux le seau qui descendait avec son cercle de bougies allumées, il jeta un cri de surprise et d'effroi.

— Est-il possible, mademoiselle, s'écria-t-il en s'adressant à Rose, que vous ayez osé vous risquer dans cet abîme ? En vérité, j'en frémis pour vous. Cette hardiesse vous exposait à une mort certaine. Depuis ce moment je sais le nom qu'il faut vous donner ; vous êtes l'héroïne de Tannenbourg. Tant que ce château subsistera, vous aurez un monument de votre gloire, qui apprendra aux races futures que vous avez été la plus tendre des filles et la plus courageuse des femmes.

— Oh ! non, monseigneur, s'écria la jeune demoiselle, en rougissant ; que ce puits soit plutôt un monument de la miséricorde et de la Toute-Puissance divines ! Aujourd'hui, en regardant au fond de cet abîme, je sens bien que je n'ai pas trouvé en moi le courage qu'il fallait pour y descendre, mais que c'est le Seigneur qui me l'a inspiré. C'est donc lui qui a sauvé l'enfant. C'est donc lui, le Père des miséricordes et l'auteur de tout bien, qu'il faut remercier; c'est à lui seul que doivent s'adresser l'hommage et les actions de grâces de tous ceux qui visiteront ce puits.

Le duc se rendit ensuite à la chapelle, et s'agenouilla dévotement sur les marches de l'autel, puis, se relevant, il dit :

C'est l'admirable dévouement de Rose pour son père prisonnier, qui a transformé un affreux cachot en cette brillante chapelle : il me semble qu'il serait bien de mettre au-dessus de l'autel cette inscription en lettres d'or : *Monument de piété filiale*.

A cette parole, une vive rougeur colora le visage de Rose.

— Oh ! non, monseigneur, dit-elle ; ce serait trop d'honneur pour une créature humaine. Dieu seul est grand ! Dieu seul a fait tout ce qui cause aujourd'hui notre joie : à lui seul donc ce temple et cet autel doivent être consacrés.

Le pieux abbé loua la modestie de Rose.

— Au lieu de l'inscription que l'humilité de la jeune châtelaine condamne à juste titre, dit-il, je propose d'écrire en lettres d'or, au-dessus de l'autel, le quatrième commandement de Dieu, le premier à l'observation duquel il ait attaché une récompense : *Honore ton père et ta mère, afin que tu vives longtemps sur la terre.*

Il en fut ainsi ; et la promesse divine, renfermée dans ce verset de l'Ecriture, reçut plus tard son entier accomplissement.

L'HERBIER

DE PAULINE.

Voici, mes jeunes lecteurs, une histoire intéressante, que j'ai recueillie pendant mon séjour en Dauphiné. La scène se passe dans un petit village, nommé La Bergère, près de Valence : peut-être visiterez-vous un jour les lieux où naquit mon héroïne, et donnerez-vous quelques larmes au souvenir de sa tendresse fraternelle.

Le père de Pauline était un bon paysan, qui tenait à bail quelques pièces de vigne. Son travail suffisait à entretenir sa famille dans une honnête aisance. Sa femme, partageant ses idées d'ordre, entretenait le modeste ménage, et cultivait les germes heureux que Dieu avait mis dans le cœur de ses deux enfants, Adolphe et Pauline : les jours pour eux s'écoulaient purs et calmes, ramenant les mêmes joies et les mêmes devoirs. La famille se réunissait tous les soirs pour remercier Dieu de ses bontés, et pour le prier de continuer cette tranquillité heureuse au milieu de laquelle elle vivait.

Adolphe avait cinq ans de plus que sa sœur; il eût été difficile de voir deux enfants plus tendrement unis : lorsque Pauline était encore au berceau, Adolphe s'était établi de son chef le petit gardien de sa sœur. Plein d'attention pour sa faiblesse, il l'entourait des soins les plus vigilants, et cherchait par tous les moyens à lui témoigner son affection. Lorsque sa sœur commença à marcher, il continua ce rôle : ce fut lui qui dirigea les pas de sa sœur; il la menait promener, traînant avec lui un chariot destiné à la recevoir lorsque la marche l'aurait fatiguée : les plus belles fleurs qu'il cueillait pendant la route étaient pour elle : il s'amusait à lui tresser des petits paniers de jonc où elle déposait ses bouquets; enfin, il trouvait son bonheur dans les soins attentifs dont il entourait à chaque instant la faiblesse de Pauline. Plus tard, lorsqu'elle grandit, il devint son premier maître; car, par ses bonnes qualités, il avait gagné le cœur du curé du village, et son intelligence l'avait mis à même de profiter rapidement des leçons de ce vénérable instituteur. A son tour, il fut celui de sa sœur : rien ne le rebutait dans cette tâche difficile à son âge, mais que sa tendresse et la docilité de Pauline rendaient agréable. Adolphe était fier d'initier sa sœur aux premiers éléments des connaissances utiles, et celle-ci, assise près de lui, écoutait avec une sorte d'admiration les leçons de son jeune précepteur qu'elle apprenait à chérir de plus en plus. Ce fut au milieu de ces occupations et de ces joies que s'écoula l'enfance de nos deux amis : Pauline atteignit sa treizième année et Adolphe sa dix-huitième.

Tant de bonheur et de tranquillité ne devait pas durer longtemps. A cette époque la France, en guerre avec la moitié de l'Europe, avait besoin de soldats pour conserver la gloire qu'elle s'était acquise dans tant de batailles célèbres ; la guerre, si détestée par les mères, la guerre réclamait chaque mois de nouveaux combattants, la conscription appelait sous les armes tous les jeunes gens de vingt et un ans. Mais le besoin d'hommes se faisant plus vivement sentir, l'empereur rendit un décret qui obligeait tous les Français, âgés de dix-huit ans, de tirer au sort à qui ferait partie des nouvelles levées. Ce décret arriva jusqu'à La Bergère. Grand émoi parmi la tranquille famille : bien des larmes coulèrent et vinrent attrister ces journées jusqu'alors si pures et si calmes. Adolphe chercha à rassurer ses parents en leur disant que le sort lui serait favorable, et qu'il ne les quitterait pas.

Ces consolations prodiguées avec amour ramenèrent un peu de confiance dans le cœur de son père, de sa mère et de Pauline. On se mit en prière pour obtenir de Dieu une heureuse réussite, et Adolphe s'arrachant aux embrassements de sa famille se rendit au chef-lieu où devait se faire le tirage. Malheureusement son espéranee fût trompée : il amena un des numéros désignés pour partir.

Adolphe revint tristement au village : ce n'était pas sur son sort qu'il s'apitoyait : le bruit de nos victoires était arrivé jusqu'à La Bergère, et avait fait bondir de joie le cœur du jeune enthousiaste : la carrière des armes lui souriait ; mais abandonner ses parents, dont il était si tendrement aimé, sa sœur habituée à ses caresses et à ses soins ; une pareille idée lui faisait venir les larmes aux yeux et renversait tous ses rêves de gloire. Néanmoins, pendant la route, il sentit qu'il fallait arriver la joie sur le visage, et qu'il devait soutenir le courage de sa famille au lieu d'augmenter ses alarmes par un air de tristesse profonde.

D'ailleurs, une fois à l'armée, se disait-il, je me distinguerai ; ma bravoure me signalera à l'attention de mes chefs : peut-être aurai-je le bonheur de faire une action d'éclat, de devenir officier, et alors je pourrai contribuer au bien-être de mes parents. Je leur enverrai mes petites économies, je leur écrirai mes aventures, je leur parlerai de mon avancement ; et quand j'irai en congé, quelle joie pour eux d'avoir un fils officier, décoré peut-être ! Oh ! comme Pauline sera heureuse et fière !...

Ces réflexions adoucirent un peu ses regrets, et il s'avança d'un pas plus leste vers le village. Il était arrivé au pied de la colline, qu'il faut gravir pour arriver à La Bergère, lorsqu'il aperçut une jeune fille. Son cœur ne le trompa pas : c'était Pauline ; pressée de savoir le résultat du tirage, elle était venue là guetter le retour de son frère ; et d'aussi loin qu'elle l'aperçut, elle l'appela en descendant précipitamment la colline. Elle fut bientôt dans les bras d'Adolphe.

— Eh bien, frère, lui demanda-t-elle avec inquiétude et en interrogeant son visage, dis-moi, nous quitteras-tu ?

— Hélas ! oui, répondit Adolphe en la serrant de nouveau sur son cœur : pauvre Pauline ! mais du courage ; va, je reviendrai, et alors...

Il ne put achever : la pâleur répandue sur les traits de sa sœur lui en ôta la force : il l'embrassa à plusieurs reprises, les larmes aux yeux, et lui prodigua mille consolations qui lui rendirent un peu de calme. Ils arrivent auprès de leurs parents ; nouvelle scène de douleur.

Un voisin, riche fermier, était alors dans la chaumière : il racontait que son fils avait tiré un mauvais numéro ; mais, disait-il, je lui ai déjà trouvé un remplaçant, et pour cinq cents francs j'en serai quitte. Cet homme mit alors en avant auprès de la famille éplorée ces consolations banales, à l'usage des gens secs, prodigues de paroles et avares de bonnes actions... Adolphe reviendrait comme tant d'autres ; tout le monde ne mourait pas à la guerre, et autres phrases de la même force ; après quoi il se retira.

La famille était plongée dans une stupeur profonde et se laissait aller au découragement ; Pauline seule avait repris courage. Ce fermier venait de parler d'un remplaçant : avec cinq cents francs on pouvait donc acheter un homme qui partirait à la place d'Adolphe. Cette idée la préoccupait vivement. Cinq cents francs, disait-elle, et nous conservons ce cher Adolphe! Mais où trouver une somme aussi forte? Cette seconde réflexion chassa de son cœur l'espérance qu'elle avait saisie avec tant d'avidité : avant de se mettre au lit, elle pria Dieu de prendre en pitié la douleur de ses parents et la sienne, et toute la nuit elle chercha dans sa tête les moyens de se procurer l'argent nécessaire au rachat de son frère bien-aimé. Le matin elle se leva le cœur plus léger et le visage moins triste.

Quelle était la cause de ce changement? Avant de vous l'apprendre, mes jeunes lecteurs, parlons un peu d'un talent de notre héroïne, dont j'avais jusqu'ici oublié de vous parler. Vous vous représentez peut-être Pauline comme une jeune paysanne bonne, douce, aimante, mais sans instruction, sachant tout au plus lire couramment et à peine écrire; vous vous trompez. Outre les connaissances qu'elle devait à son frère, Pauline s'était fait elle-même un talent gracieux, qui, jusqu'ici, lui avait servi d'amusement. Dans ses excursions sur les montagnes, elle s'occupait à recueillir des fleurs sauvages, et, de retour à la chaumière, elle les desséchait si habilement qu'elle leur conservait presque toute leur fraîcheur et le brillant de leurs couleurs; puis elle les fixait avec art sur des morceaux de soie, dont lui faisait cadeau chaque année le marchand possesseur du vignoble que cultivait son père. Elle savait mettre tant de soin dans cette opération délicate que la grâce, l'élégance des fleurs, la richesse de leurs tons semblaient revivre sur la soie.

Quel procédé employait Pauline? Je ne saurais, vu mon ignorance, le dire à mes jeunes lecteurs: au reste, je ne veux les intéresser

17.

qu'à l'excellent cœur et à la tendresse fraternelle de mon héroïne.

A son lever elle courut cueillir les plus belles fleurs; elle les disposa comme de coutume entre les feuilles du vieux registre qui lui servait à les dessécher: et chaque jour ses parents la virent occupée de ce soin, futile en apparence. Ils s'étonnèrent de cette légèreté; Adolphe lui-même en fut désagréablement surpris. Néanmois, il était facile de voir qu'il se passait quelque chose d'extraordinaire dans la tête de Pauline: mais son secret était bien gardé et sa mère seule put le deviner.

— Pauline, ma chère enfant, lui dit-elle un jour en la voyant rentrer, après une longue absence, les mains pleines de fleurs; ton père a eu besoin de toi pour l'aider à attacher la vigne, et tu es allée courir dans les champs... Pourquoi rester si peu de temps près d'Adolphe, qui est à la veille de nous quitter? Tu n'aimes donc pas ton frère?

Un pareil reproche d'indifférence pour celui qui occupait toutes ses pensées, froissa douloureusement le cœur de la pauvre Pauline; elle fondit en larmes et cacha sa tête sur les genoux de sa mère: celle-ci, touchée de son chagrin, la releva avec douceur et l'embrassa en lui disant qu'elle ne doutait pas de sa tendresse pour Adolphe. Pauline essuya ses yeux et confia son secret à sa mère.

— Mon herbier, lui dit-elle, doit avoir une certaine valeur : car j'ai vu, il y a quelques années, des hommes venir dans les environs pour recueillir les mêmes plantes, et ils semblaient fort contents d'en trouver en si grande quantité. Adolphe m'a dit que ces plantes servaient à l'étude d'une science dont j'ignore le nom. J'ai donc le projet de porter à Valence ma collection de plantes que j'ai amassées pour mon seul plaisir et peut-être aurai-je le bonheur de la vendre à quelque amateur. C'est dans ce but, chère mère, que depuis quelques jours je parcours tous les environs ; je veux réunir les plantes les plus rares et les plus belles, afin que ma collection soit complète et que sa valeur soit plus grande : vous voyez que loin d'oublier mon frère je ne pense qu'au moyen de le conserver parmi nous.

Pauline termina son explication en suppliant sa mère de ne point s'opposer à son départ pour la ville. Celle-ci, indécise, gardait le silence, et son père, qui venait d'entrer, détournait la tête d'un air de doute. Il régna un moment de silence pendant lequel les parents échangèrent un regard et sentirent leurs yeux se remplir de larmes, tant cette marque d'amitié fraternelle les avait émus. Tous deux doutaient du résultat du voyage ; néanmoins, quand Pauline leur eut présenté sa riche collection, son projet perdit quelque chose à leurs yeux de sa première étrangeté. La permission fut donc accordée. Valence n'est qu'à trois lieues, disait Pauline en embrassant tour à tour son père et sa mère, j'ai fait souvent des courses plus longues dans les champs et à la recherche de mes fleurs; si j'ai le malheur de ne pas réussir, j'en serai quitte pour un peu de fatigue que, grâce à Dieu, ma santé me permet de supporter. Au surplus, je pourrai passer la nuit chez la parente de ma mère, qui demeure tout près de Valence, et m'y reposer avant de revenir.

Pauline ayant ainsi répondu d'avance à toutes les objections qu'on aurait pu lui faire sur les embarras de ce voyage. Ses parents la fixèrent au jour suivant. La jeune fille se coucha de bonne heure afin de se préparer aux fatigues du lendemain.

Le lever du soleil la trouva prête à partir; elle prit son herbier, dans lequel elle avait arrangé ses plus belles fleurs, le mit dans un panier, et, se recommandant à Dieu, elle descendit légèrement, pour n'éveiller personne, l'escalier de bois qui conduisait à sa chambre. Mais sa mère l'avait entendue: elle l'appela, Pauline vint l'embrasser; elle reçut aussi la bénédiction de son père et partit. Au bout de la vigne, elle rencontra son frère qui travaillait dès le point du jour, attendant le départ de sa sœur; il la pressa sur son cœur, fit des vœux pour le succès de sa généreuse entreprise, lui adressa d'utiles recommandations pour son voyage, et la suivit des yeux jusqu'au moment où elle disparut au détour du chemin.

Pauline pressa le pas et fut bientôt sur la route de Valence.

C'était par une belle matinée du mois de mai; le ciel était pur, l'air tiède, et le riant spectacle de la nature donnait de nouvelles forces à notre jeune voyageuse; le souvenir de son frère animait son courage pendant le trajet, et lui faisait presser le pas. Elle s'arrêta une fois ou deux pour admirer quelques fleurs qui croissaient sur les bords de la route, elle en cueillit même quelques-unes qu'elle ajouta à sa collection: et en considérant son herbier, elle se persuada de plus en plus qu'il valait beaucoup. Elle arriva enfin à Valence : c'était jour de marché; sur la place on voyait se presser un grand nombre de jeunes paysannes des environs avec des paniers pleins de légumes, de beurre, d'œufs et d'autres produits. Pauline en aperçut quelques-unes qui ne vendaient que des fleurs; elle alla se ranger parmi ces dernières.

La timide enfant devint bientôt, comme on le pense, l'objet de la curiosité générale; mais elle surmonta son embarras, tira son herbier de son panier et l'étala devant elle. Une dame, qui marchandait des fleurs à sa voisine, s'approcha d'elle, et lui demanda ce qu'elle avait à vendre. Pour toute réponse Pauline lui présenta l'herbier, en faisant une révérence : la dame en tourna négligemment quelques feuilles, puis le lui rendit en souriant et passa outre. Le pauvre herbier, sur lequel la sœur d'Adolphe avait tant compté, attira encore l'attention de quelques personnes : il fut trouvé tour à tour *joli, gentil, superbe,* mais aucune d'elles ne s'informa de son prix. Quelques-unes mêmes se moquèrent de la naïveté de la jeune fille, qui avait apporté une semblable marchandise. Enfin, un vieux monsieur examina l'herbier plus attentivement, en détacha deux ou trois feuilles dont il offrit cinq francs : Pauline, toute déconcertée, n'eut pas la force de lui répondre, et l'acheteur continua son chemin.

La journée s'avançait; le marché devenait désert; les jeunes compagnes de Pauline quittaient une à une leur place : elle resta bientôt seule. En voyant son espoir déçu, la pauvre enfant tomba dans l'abattement : elle remit tristement son herbier dans son panier, et chercha à s'orienter vers la demeure de la parente chez laquelle elle se proposait de passer la nuit. Mais elle ne tarda pas à s'égarer : elle ne connaissait pas Valence; dans l'agitation bien naturelle de son esprit, elle confondait les indications qui lui avaient été données à La Bergère. En sortant de la ville, elle prit le premier chemin qui s'offrit, et alla droit devant elle, rêveuse et troublée. La fatigue se fit bientôt sentir ; ses pieds étaient gonflés et meurtris, la pauvre enfant se traînait plutôt qu'elle ne marchait. La nuit commençait à devenir sombre et il n'y avait personne sur le chemin pour rassurer la jeune voyageuse qui, d'ailleurs, ressentait les atteintes de la faim. La frayeur la prit : incapable d'aller plus loin, elle s'arrêta devant la porte d'un beau château situé au bord de la route, et s'assit sur un banc de pierre ; elle était dans cette triste position depuis quelque temps lorsque le bruit d'un cheval attira son attention ; celui qui le montait s'arrêta à la porte et Pauline reconnut alors en lui l'étranger qui, le matin, lui avait offert cinq francs de quelques feuilles de son herbier. Le vieux monsieur reconnut également la petite marchande si habile à conserver les fleurs ; il fut frappé de son abattement et de la tristesse répandue sur son visage ; il la questionna sur la cause de son chagrin ; voyant que la timidité l'empêchait de répondre, il descendit de cheval et engagea Pauline à entrer au château. Le baron de Lannoy, c'était le nom de l'étranger, était un de ces hommes dont le cœur sensible s'intéresse vivement au malheur des autres : son air de bonté rassura Pauline, qui lui raconta naïvement son histoire. Le baron la fit entrer dans le salon où se trouvait ses quatre jeunes demoiselles; leur père leur fit part du récit de la pauvre marchande, et leur recommanda sa protégée. La connaissance fut bientôt faite, comme il est facile de l'imaginer. Pauline leur montra son herbier qui excita leur admiration. Toutes quatre voulurent savoir par quel art secret la jeune paysanne conservait si habilement les fleurs, Pauline s'empressa de satisfaire leur curiosité. Les jeunes demoiselles se montrèrent si attentives à l'écouter, qu'au bout d'une heure elles se trouvèrent en état de conserver des fleurs aussi bien que la jeune paysanne. Le baron de Lannoy, qui aimait passionnément la botanique, fut enchanté de leur voir acquérir ce talent agréable et précieux pour ses études.

— Ce n'est pas tout, mes enfants, dit-il en les prenant à part, nous devons trop à la jeune étrangère pour nous contenter de simples compliments : elle vous a initiées à un talent que sans elle vous n'auriez jamais possédé et qui vous procurera d'agréables distractions : que ferez-vous, mes filles, pour votre institutrice?

— Mon cher père, dit avec timidité une des plus jeunes, celle dont l'âge se rapprochait le plus de celui de Pauline, je crois que la meilleure manière de nous acquitter envers elle serait de remplir le but que cette bonne sœur s'était proposé : elle voulait vendre ses fleurs pour conserver son frère. Il faut les lui acheter. Nos petites économies pourraient peut-être fournir la somme nécessaire...

Les trois autres demoiselles adoptèrent vivement cet avis.

— Eh bien, voyons, dit le baron, d'un air assez incrédule.

Cette parole à peine prononcée, les jeunes filles quittèrent le salon : elles reparurent bientôt avec une jolie bourse pleine de pièces d'or et d'argent. Elles l'offrirent à Pauline en lui disant :

— Tenez, bonne jeune fille, peut-être cette somme vous aidera-t-elle à racheter votre frère chéri : nous vous donnons avec plaisir tout ce que nous possédons, c'est trop peu sans doute pour vous payer de votre intéressante leçon.

Pauline fut vivement émue ; elle voulut parler ; mais la joie, l'émotion, la surprise ne le permirent pas ; ses yeux se remplirent de larmes, et exprimèrent mieux que des paroles toute sa reconnaissance. Elle se jeta au cou de ses jeunes bienfaitrices et les pressa vivement contre son cœur.

Pendant cette scène attendrissante, M. de

Lannoy s'était approché de la table sur laquelle Pauline avait déposé la bourse ; il la prit, et en examina le contenu.

— Certes, dit-il, je ne laisserai pas la bonne action de mes chers enfants imparfaite : voici cinq napoléons pour l'herbier et cinq autres pour la leçon que vous avez bien voulu donner ce soir à mes filles.

En voyant cette preuve nouvelle de la bonté de leur père, les quatre jeunes demoiselles se jetèrent avec émotion dans ses bras et le remercièrent de sa générosité.

— Maintenant, mon enfant, dit-il en se tournant vers Pauline, vous devez avoir besoin de sommeil, allez vous reposer. Demain je vous reconduirai moi-même chez vos parents et je les féliciterai de posséder une aussi bonne fille ; puis nous chercherons un remplaçant pour ce frère que vous aimez tant.

Les nouvelles amies de Pauline la conduisirent dans une jolie petite chambre préparée pour elle. De si douces émotions, après un grand désespoir, ne permirent pas à Pauline de goûter les douceurs du repos : les événements de la soirée lui semblaient un rêve ; elle pensait au bonheur de ses parents à son retour, elle pensait à son frère chéri, et ces images de bonheur prolongèrent longtemps sa veille. Mais enfin la fatigue l'emporta : elle s'abandonna au sommeil.

Le lendemain, bien remise de ses fatigues et après avoir fait honneur au déjeûner qui lui fut offert, elle adressa ses adieux aux jeunes demoiselles dont elle avait reçu un accueil si gracieux, et partit montée sur une bonne anesse. Le baron l'accompagnait à cheval : ils arrivèrent en peu d'heures à la chaumière. A la vue de Pauline, Adolphe s'élança vers elle en jetant un cri de joie : sa mère et son père accoururent et la serrèrent dans leurs bras. Mes jeunes lecteurs se figureront facilement cette scène attendrissante : les larmes de reconnaissance et les expressions de dévouement de toute la famille payèrent dignement M. de Lannoy de sa généreuse action. Vous devinez le dénouement de cette histoire. On acheta un remplaçant pour Adolphe : le baron afferma un vignoble considérable à ses parents qui vécurent heureux, remerciant Dieu chaque jour de leur avoir donné une fille aussi bonne et aussi dévouée.

FIN.

Imprimerie de LÉAUTEY, rue Saint-Guillaume, 21.

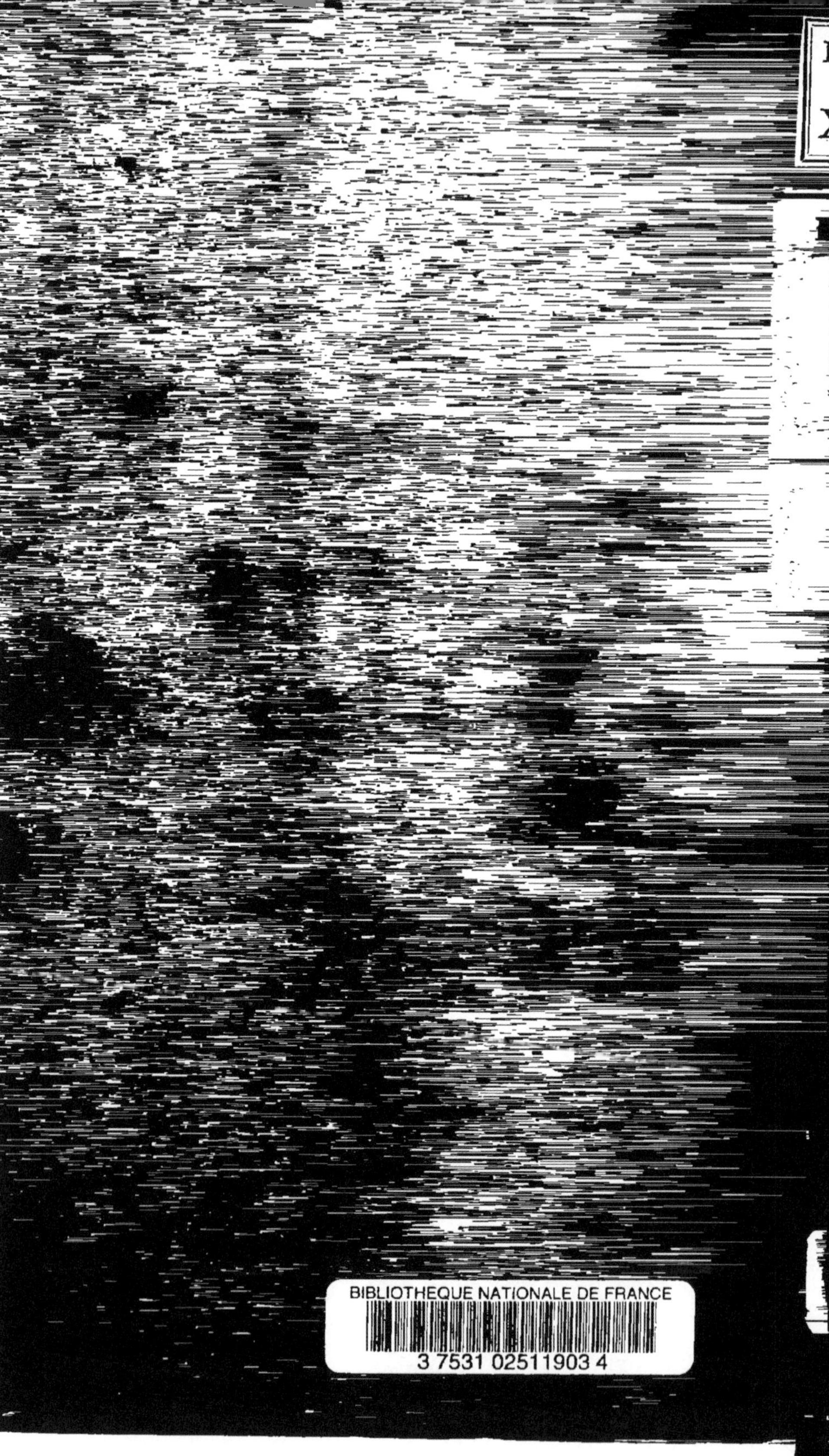

www.ingramcontent.com/pod-product-compliance
Ingram Content Group UK Ltd.
Pitfield, Milton Keynes, MK11 3LW, UK
UKHW022324190726
13856UKWH00001B/200

9 782013 254281